★図解★

最新 社会保険・労働保険の 基本と手続きがわかる事典

社会保険労務士・
中小企業診断士
森島 大吾 監修

これだけは知っておきたい!

「病気・ケガ」「失業」
「介護サービス」
「年金受給」など。
ビジネスや生活に不可欠な
公的保険のしくみ、
給付内容、手続きを網羅。
医療保険・介護保険・公的年金、
雇用保険・労災保険を1冊で網羅!

●本書ではこんな問題を扱っています		
社会保険／労働保険／年度更新／報酬／定時決定／報酬月額算定／電子申請／健康保険／高額療養費／高額医療・高額介護合算療養費制度／保険外併用療養費／入院時食事療養費・生活療養費／家族療養費／	傷病手当金／出産手当金・出産育児一時金／訪問看護療養費・移送費／埋葬料・埋葬費／任意継続被保険者／国民健康保険／後期高齢者医療制度／介護保険／要支援／要介護／介護報酬／地域密着型サービス／介護給付／予防給付／老齢基	礎年金／老齢厚生年金／加給年金／振替加算／確定拠出年金／障害年金／障害手当金／遺族年金／労災保険／業務災害／通勤災害／労災保険の給付内容／労災認定／雇用保険／失業等給付／雇用継続給付など

三修社

はじめに

　社会保険は、医療保険、介護保険、年金保険、雇用保険、労災保険の5つから構成されています。ほぼすべての国民が、社会保険のすべてに加入するか、一部に加入しています。

　社会保険は、相互扶助の考え方によって成り立っています。この相互扶助によって、すべての国民が保険料を出し合い、誰しもが起こり得る事態に対し、必要な人に必要な支援がなされています。そのため、社会保険は、生活のセーフティネットとしての側面を持っています。セーフティネットといえば、生活保護が思い浮かびますが、生活保護費を受給する以前に、必要な支援を社会保険が行っています。

　社会保険の支援を受けるためには、先ほども書いたとおり保険料を負担する被保険者となっていなければなりません（例外的に、労災保険は事業主が全額負担する）。被保険者となる（＝保険に加入する）ことを忘れていて、いざ必要な時になって、慌てて加入しても遅く、必要な支援を受けることができないこともあります。社会保険の多くは、会社が加入・喪失の手続をしており、従業員は何も知らないということは多くありますが、他人任せにすることなく制度の内容を知ることは、非常に大切です。

　本書では、社会保険の目的、給付内容、加入条件などについて網羅的に解説し、初めての人でも読みやすいように専門的な言葉を使わず記載しています。本書に記載されている基本的な内容だけでも知っておくことで、万が一、生活で困った場合に必要な支援を受けることができます。具体的には、失業した時、治療が必要な時、生活に手助けが必要となった時などです。

　本書をご活用いただき、皆様のお役に立てていただければ監修者として幸いです。

監修者　社会保険労務士、中小企業診断士　森島　大吾

Contents

はじめに

第1章　社会保険・労働保険の基本

1	社会保険と労働保険の全体像	10
2	労働保険とは	12
3	労働保険料の区分と算定方法	14
4	労働保険料の納付方法	16
5	雇用保険料の計算	18
6	特別加入者の労災保険料	19
7	社会保険とは	20
8	報酬	24
9	社会保険料の決定方法	26
10	報酬月額算定の特例	28
11	社会保険の各種手続き①	30
12	社会保険の各種手続き②	32
13	社会保険の各種手続き③	34
14	社会保険事務の電子申請	36

第2章　健康保険のしくみと手続き

1	健康保険	38
2	療養の給付	40
3	高額療養費	42
4	高額医療・高額介護合算療養費制度	46
5	保険外併用療養費	47
6	入院時食事療養費・生活療養費	48
7	家族療養費	50
8	傷病手当金	52
9	出産手当金・出産育児一時金	54

10 訪問看護療養費・移送費　　　　　　　　　　　56

11 埋葬料・埋葬費　　　　　　　　　　　　　　57

12 退職と医療保険制度　　　　　　　　　　　　58

13 健康保険の資格喪失後の給付　　　　　　　　60

14 任意継続被保険者　　　　　　　　　　　　　61

15 国民健康保険　　　　　　　　　　　　　　　62

16 後期高齢者医療制度　　　　　　　　　　　　64

17 日雇労働者と日雇特例被保険者　　　　　　　66

18 損害賠償請求の代位取得　　　　　　　　　　68

Column　保険給付が制限される場合　　　　　　70

第3章　介護保険のしくみと手続き

1 介護保険制度の全体像　　　　　　　　　　　72

2 介護保険制度の特徴　　　　　　　　　　　　74

3 介護保険制度の被保険者　　　　　　　　　　76

4 国や都道府県・市区町村の役割　　　　　　　78

5 介護保険を利用できる人　　　　　　　　　　80

6 介護保険利用の手続き　　　　　　　　　　　82

7 訪問調査①　　　　　　　　　　　　　　　　84

8 訪問調査②　　　　　　　　　　　　　　　　86

9 意見書　　　　　　　　　　　　　　　　　　88

10 1次判定　　　　　　　　　　　　　　　　　90

11 2次判定　　　　　　　　　　　　　　　　　91

12 判定の通知を受けた後の不服申立て　　　　　92

13 ケアプラン①　　　　　　　　　　　　　　　94

14 ケアプラン②　　　　　　　　　　　　　　　96

15 要支援　　　　　　　　　　　　　　　　　　98

16 要介護 　　　　　　　　　　　　　　　　100

17 事業者・施設 　　　　　　　　　　　　　102

18 介護保険施設の役割と種類 　　　　　　　103

19 介護保険施設以外の施設 　　　　　　　　104

20 利用者の負担する費用 　　　　　　　　　106

21 利用料の上限 　　　　　　　　　　　　　108

22 介護報酬 　　　　　　　　　　　　　　　110

23 介護給付と予防給付 　　　　　　　　　　112

24 福祉用具の貸し出しや住宅改修 　　　　　114

25 訪問サービス 　　　　　　　　　　　　　116

26 通所サービス・短期入所サービス 　　　　117

27 施設サービス① 　　　　　　　　　　　　118

28 施設サービス② 　　　　　　　　　　　　120

29 地域密着型サービス① 　　　　　　　　　122

30 地域密着型サービス② 　　　　　　　　　124

31 予防給付① 　　　　　　　　　　　　　　126

32 予防給付② 　　　　　　　　　　　　　　128

33 介護認定審査会と介護保険審査会 　　　　129

34 契約を締結するときに注意すること 　　　130

第4章　公的年金のしくみと手続き

1 年金制度 　　　　　　　　　　　　　　　132

2 年金の保険料が支払えない場合の手続き 　134

3 老齢基礎年金 　　　　　　　　　　　　　136

4 老齢厚生年金 　　　　　　　　　　　　　138

5 老齢厚生年金の支給開始時期 　　　　　　140

6 加給年金と振替加算 　　　　　　　　　　142

7 老齢厚生年金と受給額の調整 　　　　　　144

8 厚生年金の離婚分割 146

9 老齢基礎年金の受給金額を増やす方法 148

10 確定拠出年金（DC）などの新しい年金制度 150

11 60歳を過ぎても年金に加入できる制度 152

12 老齢年金をもらうための手続き 153

13 障害給付がもらえる場合 154

14 障害手当金の受給要件 156

15 障害給付と労災・健康保険の関係 157

16 障害年金の受給金額 158

17 障害年金がもらえない場合 160

18 障害年金をもらうための手続き 161

19 遺族給付 162

20 遺族年金の受給金額 164

21 遺族厚生年金のさまざまな特例 166

22 遺族年金はどんな場合にもらえなくなるのか 168

23 第1号被保険者のための特別な遺族給付 169

24 遺族年金をもらうための手続き 170

第5章　労災保険のしくみと手続き

1 労災保険 172

2 労災保険の適用範囲 174

3 業務災害・通勤災害 176

4 労災保険の補償内容 178

5 療養（補償）給付 180

6 休業（補償）給付 182

7 傷病（補償）年金 186

8 障害（補償）給付 188

9 遺族（補償）給付 190

10 介護（補償）給付 192

11 葬祭料（葬祭給付） 194

12 二次健康診断等給付 195

13 労災保険の特色と申請手続き 196

14 第三者行為災害と求償・控除 198

15 副業時の労災 200

16 過労死 202

17 過労自殺 204

18 精神疾患等の労災認定 206

19 被災した場合の労災認定 208

第6章　雇用保険のしくみと手続き

1 雇用保険給付の全体像 210

2 雇用保険の給付を受ける対象 212

3 失業等給付の受給額 214

4 失業等給付の受給日数 216

5 受給日数の延長 218

6 受給期間の延長と傷病手当の受給 219

7 特定受給資格者 220

8 ハローワークでの手続き 222

9 雇用継続給付の内容 224

10 技能習得手当 226

11 再就職を支援するさまざまな給付 228

12 教育訓練給付 232

13 日雇労働被保険者と日雇労働求職者給付金の受給額 234

資料1　労災保険の料率 236

資料2　健康保険（協会、東京都）・厚生年金保険標準報酬額月額保険料額表 237

索引 238

第1章

社会保険・労働保険の基本

1 社会保険と労働保険の全体像
社会保険は加入が義務づけられた保険である

● 公的保険制度の概要

　誰しもが仕事中やそれ以外でも病気やケガをします。また、会社を失業したり、歳をとります（加齢）。これら誰にでも起こりえることについて、あらかじめ保険料を支払っておいて病気やケガ、失業、加齢が生じた場合に必要な治療や年金を受け取ることができる制度が公的保険です。

　公的保険は労働保険と社会保険に分けることができます。労働保険は労災保険と雇用保険の2つの制度からなります。広い意味で社会保険というと労働保険のことも含めるのですが、労働保険と区別して社会保険というときは健康保険、厚生年金保険、国民年金、国民健康保険、介護保険などのことを社会保険といいます。また、国民は、これらの社会保険に加入することが義務づけられています。社会保険は、国民全体のセーフティーネットとしての役割を担っています。

　公的保険制度の概要は以下のとおりです。

① 労働者災害補償保険（労災保険）

　労働者が仕事中や通勤途中に発生した事故などによって負傷したり、病気にかかった場合に治療費などの必要な給付を受けることができます。また、障害などの後遺症が残った場合や死亡した場合などについても保険給付があります。

② 雇用保険

　労働者（被保険者）が失業した場合や本人の加齢（年をとること）、家族の育児・介護などのために勤め続けることが困難になった場合に手当を支給する制度です。また、再就職を円滑に進めていくための支援も行われます。

③ 健康保険

　被保険者とその家族が病気やケガをした場合（仕事中と通勤途中を除く）に必要な医療費の補助を行う制度です。出産した場合や死亡した場合にも一定の給付を行います。

　健康保険は、主に会社員を対象としていますが、それ以外の自営業者、高齢者（職に就いていない者に限る）などについては、国民健康保険、後期高齢者医療制度の対象となります。

④ 厚生年金保険

　被保険者が高齢になり働けなくなったとき、体に障害が残ったとき、死亡したとき（遺族の所得保障）などに年金や一時金の支給を行います。会社員が加入する厚生年金保険と、自営業者などが加入する国民年金があります。

⑤ 介護保険

医療の進歩によって平均寿命が長くなり、自身の力で日常生活を継続することが難しくなるということが生じています。こういった場合に利用できるのが介護保険です。介護保険では、食事、排せつなどの日常生活上の介護を保険給付として行います。

　生命保険や損害保険などの私的保険は企業などによって運営されていますが、公的保険は国（政府）または公法人（地方公共団体・全国健康保険協会・健康保険組合・国民健康保険組合）によって管理・運営されています。公的保険で給付が行われる場合の財源は、国が負担するものの他、会社などの事業所やそこで働く労働者から徴収する保険料によってまかなわれています。国などのように保険を運営する主体を保険者といいます。また、保険に加入する者（労働者）のことを被保険者といいます。

　公的保険（労働保険と社会保険）の制度は、国または公法人が保険者ですが、実際の窓口はそれぞれの保険ごとに違います。ここでいう窓口とは、それぞれの保険制度への加入手続を行ったり、所定の書類の提出を行ったり、保険給付を行う場合の手続をする場所のことです。

　労災保険と雇用保険では、実務的に書類を提出したり、必要な手続を行ったりする窓口になるのは、国の出先機関である労働基準監督署（労基署）や公共職業安定所（ハローワーク）です。

　健康保険の窓口になるのは全国健康保険協会（協会けんぽ）の都道府県支部や各企業の健康保険組合です。

　厚生年金保険の窓口は、年金事務所となっています。介護保険の窓口は市町村です。

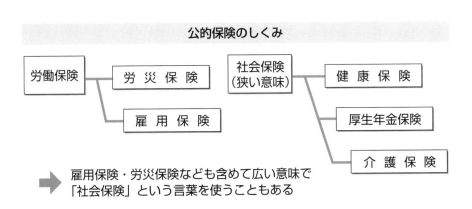

公的保険のしくみ

労働保険 ─┬─ 労 災 保 険
　　　　　└─ 雇 用 保 険

社会保険（狭い意味）─┬─ 健 康 保 険
　　　　　　　　　　　├─ 厚 生 年 金 保 険
　　　　　　　　　　　└─ 介 護 保 険

➡ 雇用保険・労災保険なども含めて広い意味で「社会保険」という言葉を使うこともある

2 労働保険とは

労働保険は事業場単位で適用される

●事業を単位として適用を受ける

　労働者保護の観点から設けられた公的保険である労働保険は、労働者災害補償保険（労災保険）と雇用保険の総称です。

　労働保険では、1人でも労働者を使用する事業場は、事業主の意思に関係なく、原則として適用事業となります。公的保険として強制的に加入しなければなりません。

　労働保険は「事業場」を単位として適用を受けます。事業とは、仕事として反復継続して行われるものすべてを指します。たとえば、本社の他、支社、支店、工場、営業所、出張所などがある会社では、本社だけでなく、支社から出張所に至るまでそれぞれが別々に事業場として成立していることになります。そのため、それぞれの事業場が個別に労働保険の適用を受けることになるので、必要な手続きについても事業場ごとに個別に行います。これが原則です。ただし、支店や営業所において労働保険の手続きを行うことのできる適任者がいないなどの理由がある場合は、本社などの上位の事業所で一括して手続きを行うこともできます。その場合、所定の届出が必要です。

●労災保険では継続事業と有期事業を区別している

　労働保険のうち労災保険では、事業の内容によって継続事業と有期事業の2つに分けられています。

　継続事業とは、通常の事業所のように期間が予定されていない事業をいいます。一方、有期事業とは、建設の事業や林業の事業のように、一定の予定期間に所定の事業目的を達成して終了する事業のことをいいます。継続事業と有期事業は労働保険料の申告書なども違いますので、どちらの事業にあたるのかを確認する必要があります。

●労災保険と雇用保険は普通一緒に取り扱う

　労働保険の保険給付は、労災保険の制度と雇用保険の制度でそれぞれ別個に行われています。

　しかし、保険料の申告・納付は、原則として2つの保険が一緒に取り扱われます。このように、雇用保険と労災保険の申告・納付が一緒に行われる事業のことを一元適用事業といい、大部分の事業が一元適用事業に該当します。そのため、一般的には会社などの事業所を設立して1人でも労働者を雇った場合には、労災保険と雇用保険の両方

の保険に同時に加入することになります。

　ただ、労災保険と雇用保険のしくみの違いなどから、事業内容によっては別個の保険関係として取り扱うことがあります。これを二元適用事業といい、下図の①～⑤に掲げる事業が該当します。

　なお、労災保険の有期事業に該当する事業は、必ず二元適用事業に該当することになります。

●事業主の責任が重い場合には費用徴収される

　事業主が故意または重大な過失によって、保険関係成立届を提出していない期間に発生した保険事故について保険給付を行った場合、保険事故発生日から保険関係成立届提出日の前日までに支給される保険給付に、支給のつど保険給付額の100分の100または100分の40に相当する額が徴収されます。

　また、事業主が概算保険料を納付しない期間中（督促状に指定する期限までの期間を除く）に発生した保険事故について保険給付を行った場合、督促状による指定期限後から概算保険料を完納した日の前日までに支給事由が発生した保険給付について、給付額に滞納率（最高40％）を掛けて算出した額が支給のつど事業主から徴収されます。

　このように、故意や重大な過失によって保険関係成立届の未提出や保険料の未納付があると、費用の徴収が行われる場合があるため、加入手続きや保険料の納付をきちんと済ませておく必要があります。

二元適用事業

① （国を除く）都道府県と市区町村の行う事業

②都道府県に準ずるものと市区町村に準ずるものが行う事業

③東京や横浜などの６大港における港湾運送関係の事業

④農林水産などの事業

⑤建設の事業

費用が徴収される場合

故意または重大な過失により成立届未提出	→	労災事故	→	保険給付	→	費用徴収 40％または100％

3 労働保険料の区分と算定方法

労働保険料は労災保険料と雇用保険料に分けられる

● 労働保険料は5種類に区分されている

国は、保険給付をはじめとする労働保険の事業の費用にあてるために労働保険料を徴収します。労働保険料は労働者の種類によって①〜⑤の5種類に区分されています。一般保険料と特別加入保険料については、保険料率によって決定しますが、印紙保険料については定額制とされています。

特別加入保険料は労災保険料にだけかかる保険料です。

① 一般保険料

事業主が労働者に支払う賃金を基礎として算定する通常の保険料です。単に労働保険料というときは、通常この一般保険料のことを指します。

② 第1種特別加入保険料

中小企業の事業主やその事業に従事する家族従事者などが労災保険に特別に加入する場合の保険料です。

③ 第2種特別加入保険料

大工や左官などの一人親方、個人タクシーの運転手などの個人で自営をする者、またはその家族従事者などが労災保険に加入（特別加入）した場合の保険料です。

④ 第3種特別加入保険料

国内の事業から海外に派遣されている者が労災保険に加入（特別加入）した場合の保険料です。

⑤ 印紙保険料

雇用保険の日雇労働被保険者についても一般保険料は必要ですが、印紙保険料は、一般保険料以外に事業主と日雇労働被保険者がそれぞれ折半で負担して、雇用保険印紙によって（印紙保険料納付計器も使用できる）納付する保険料です。印紙保険料は雇用保険だけにかかる保険料です。

● 保険事務は労働保険事務組合に委託できる

労働保険の事務負担を軽減するために、小規模な事業を営む事業主は、労働保険事務組合に労働保険事務を委託することができます。

労働保険事務組合とは、事業主の委託を受けて、労働保険の事務を代行する中小事業主などの団体です。労働保険事務組合となるには、厚生労働大臣の認可が必要です。認可を受けている主な団体としては商工会、商工会議所、事業協同組合などが挙げられます。

● 委託できるのは中小企業だけである

労働保険事務組合は中小企業の労働

保険事務の負担軽減が目的なので、事務組合に事務処理を委託できる事業主は、常時使用する労働者が、金融・保険・不動産・小売業では50人以下、卸売の事業・サービス業では100人以下、その他の事業では300人以下という制限があります。

● 労働保険料＝年間賃金総額×一般保険料率

労働保険料は、事業主が1年間に労働者に支払う賃金の総額（見込み額）に一般保険料率（労災保険率と雇用保険率を足しあわせた率）を掛けて算出した額になります。

保険料の算定にあたって賃金総額に掛ける労災保険率は、業種によって1,000分の2.5〜1,000分の88まで分かれており、事業主のみが負担することになります。また、雇用保険率は、1000分の9〜1000分の12まで分かれており、事業主と労働者が双方で負担することになります。

賃金総額を正確に計算することが難しい下図の事業については、特例によって賃金総額を計算することができます。請負による建設の事業の賃金総額は、請負金額に労務費率を掛けて計算するなどの方法がとられます。

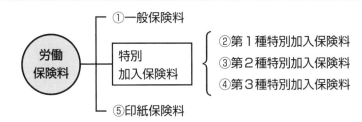

労働保険料の種類

労働保険料
- ①一般保険料
- 特別加入保険料
  - ②第1種特別加入保険料
  - ③第2種特別加入保険料
  - ④第3種特別加入保険料
- ⑤印紙保険料

賃金算定の特例が認められている事業

賃金算定の特例
- ①請負による建設の事業
- ②立木の伐採の事業
- ③造林の事業、木炭又は薪を生産する事業、その他の林業の事業
- ④水産動植物の採捕・養殖の事業

4 労働保険料の納付方法

労働保険料は概算で前払いする

●年度更新とは

　労働保険の保険料は、年度当初に1年分を概算で計算して申告・納付し、翌年度に確定申告する際に精算する方法をとっています。事業主は、前年度の確定保険料過不足と当年度の概算保険料をあわせて申告・納付することになります。この手続きを年度更新といいます。年度更新については、毎年6月1日から7月10日までの間に行うことになっています。

　窓口は一元適用事業と二元適用事業で異なります。一元適用事業とは、労災保険と雇用保険の保険料の申告・納付等を両保険一本として行う事業のことです。二元適用事業とは、その事業の実態からして、労災保険と雇用保険の適用の仕方を区別する必要があるため、保険料の申告・納付等をそれぞれ別個に二元的に行う事業のことです。一般に、農林漁業・建設業等が二元適用事業で、それ以外の事業が一元適用事業となります。

　一元適用事業の労働保険料（労災分と雇用保険分の保険料）の徴収事務については、都道府県労働局または労働基準監督署が窓口となります。これに対して、二元適用事業は、労働保険料のうち労災保険分を労働基準監督署に、雇用保険分を都道府県労働局に申告・納付することになります。

●労働保険料の分割納付

　年度更新に際して一定の条件に該当する場合は、保険料を分割して納付することができます。

　保険料を分割して納付することができるのは、①概算保険料額が40万円（労災保険または雇用保険のどちらか一方の保険関係だけが成立している場合は20万円）以上の場合、または②労働保険事務組合に労働保険事務の事務処理を委託している場合です。なお、労働保険事務組合とは、事業主の委託を受けて、労働保険の事務を代行する中小事業主などの団体のことです。

　①または②に該当する場合は、労働保険料を3回に分割して納付（延納）することができます。ただし、10月1日以降に成立した継続事業については、分割納付が認められていません。そのため、保険関係が成立した日から3月31日までの期間の保険料を一括して納付することになります。

　一方、有期事業については、事業の全期間が6か月を超え、かつ概算保険料の額が75万円以上となる場合に分割納付が認められます。延納の場合の納

付期限の原則は、第1期が7月10日、第2期が10月31日、第3期が翌年1月31日です。

○増加概算保険料の申告・納付

概算保険料申告書を提出した後に、年度の中途において、事業規模の拡大などによって労働者を大幅に増やし、それに伴って労働者に支払う賃金の総額が増加する場合があります。

このようなとき、増加が見込まれる賃金の総額によって、新たに増加した分の保険料（増加概算保険料）の申告・納付をしなければなりません。新たに申告・納付をすることになるのは、賃金総額の見込額が当初の申告の額の2倍を超えて増加し、かつ、その賃金総額によって算出された概算保険料の額が申告済の概算保険料よりも13万円以上増加する場合です。

○労働保険料の算出

労働保険料は、事業主が1年間に労働者に支払う賃金の総額（通勤手当を含む）に保険料率（労災保険料率と雇用保険料率をあわせた率）を掛けて算出した額になります。

たとえば、小売業の事業主が納付する保険料の計算方法を考えてみましょう。それぞれ労災保険料率3/1000（236ページ）、雇用保険料率9/1000（18ページ）となっています。年間の賃金総額が1000万円だった場合、1000×（3＋9）/1000＝12万円が納付する保険料ということになります。そのうち、被保険者が負担する雇用保険料（1000×3/1000＝3万円）は毎月の給与から控除します。

労働保険料の延納の納期限

【原則】	第1期	7月10日
	第2期	10月31日（11月14日）
	第3期	翌年1月31日（翌年2月14日）
【保険年度の途中で保険関係が成立した場合】①4月1日～5月31日に成立	第1期	保険関係成立日の翌日から50日以内
	第2期	10月31日（11月14日）
	第3期	翌年1月31日（翌年2月14日）
②6月1日～9月30日に成立	第1期	保険関係成立日の翌日から50日以内
	第2期	翌年1月31日（翌年2月14日）
③10月1日～翌年3月31日に成立	延納不可	

※労働保険事務組合に委託している場合はカッコ内の日付となる

17

5 雇用保険料の計算

雇用保険料は労使で折半する

保険料率は事業によって異なる

雇用保険の保険料は事業主と労働者がそれぞれ負担します。事業主は、労働者に支払う賃金や賞与の中から保険料を預かり、事業主負担分とあわせて国（政府）に納付します。

労働者から徴収する保険料は、労働者の賃金総額に労働者負担分の保険料率を掛けて算出します。令和3年4月1日から令和4年3月31日までの雇用保険料率は、下図のとおりです。季節的な変動が大きく常時雇用することが難しい農林水産業や景気の変動によって雇用が不安定になりやすい建設業は一般の事業と区分され保険料率が高く設定されています。

この保険料率の中には、事業主が全額負担することになる雇用保険二事業の率（図中の①と②の事業は1000分の3、③の事業は1000分の4）が含まれていて、雇用保険二事業の率を除いた部分を労働者と事業主が折半して負担するしくみになっています。

日雇労働被保険者について

日雇労働者とは、日々雇用される者または30日以内の期間を定めて雇用される者のことです。日雇労働被保険者は、一般の労働者に比べて失業しやすいため、前述の雇用保険料とは別に印紙保険料も負担します。

印紙保険料は、賃金日額に応じて、第1級から第3級までの3種類（第1級が176円、第2級が146円、第3級が96円）に分かれており、労使それぞれが負担します。

雇用保険料が徴収される賃金と料率

●雇用保険料率（令和3年4月1日から令和4年3月31日まで）

事業区分		雇用保険率	事業主負担率	被保険者負担率
①	一般の事業	$\frac{9}{1000}$	$\frac{6}{1000}$	$\frac{3}{1000}$
②	農林水産事業 ※1 清酒製造の事業	$\frac{11}{1000}$	$\frac{7}{1000}$	$\frac{4}{1000}$
③	建設の事業	$\frac{12}{1000}$	$\frac{8}{1000}$	$\frac{4}{1000}$

※1 「農林水産事業」のうち牛馬の飼育、養鶏、酪農、養豚、園芸サービス及び内水面養殖事業は「一般の事業」に該当する

6 特別加入者の労災保険料

特別加入者の保険料には3つの種類がある

特別加入保険料の額は

特別加入保険料は、特別加入者が労災保険に加入する際に都道府県労働局長によって承認された給付基礎日額を365倍した額（特別加入保険料算定基礎額）の総額に第1～3種特別加入保険料率を掛けた額となります。

特別加入保険料＝保険料算定基礎額の総額×第1～3種特別加入保険料率

① 第1種特別加入保険料は事業主とその家族が対象

中小事業主やその事業に従事している家族（家族従事者）が特別に労災保険への加入を認められた場合の保険料です。特別加入保険料算定基礎額は、最低3,500円から最高25,000円までの範囲内で、特別加入者本人が申請した額に基づき都道府県労働局長が承認した給付基礎日額に365を掛けた額となります。なお、第1種特別加入保険料率は一般の労災保険率と同じものを使用します。

② 第2種特別加入保険料は自営業者が対象

大工や左官などの一人親方や個人タクシーの運転手などのように個人で営業している者などが労災保険に加入する場合の保険料です。給付基礎日額は、3,500円～25,000円の範囲で申請します。

保険料率は1,000分の7から1,000分の52までの7種類が定められています。

また、農作業などで特に危険な場所で働く場合や機械を使う場合には特定作業従事者として、労災保険に加入することができます。給付基礎日額は一人親方などと同じ金額です。家内労働者については、2,000円、2,500円、3,000円という額を算定基礎日額とすることもできます。保険料率は従事する作業の種類によって異なり、1,000分の3から1,000分の18までの12種類が定められています。

③ 第3種特別加入保険料は海外派遣者が対象

国内の事業から海外に派遣されている者が労災保険に加入する場合の保険料です。第3種特別加入保険料の額は、特別加入者本人が申請し、都道府県労働局長が承認した給付基礎日額（3,500円～25,000円の範囲内）を365倍した額（特別加入保険料算定基礎額）の総額に第3種特別加入保険料率を掛けて計算します。第1種や第2種と異なり、第3種特別加入保険料だけは特別加入保険料率が定率になっていて、現在のところ、1,000分の3です。

19

7 社会保険とは
健康保険や厚生年金保険のことである

● 健康保険と厚生年金保険の手続きは一緒に行われる

　社会保険の実務では、通常、労働者災害補償保険と雇用保険を労働保険と呼び、健康保険、厚生年金保険、介護保険などのことを社会保険と呼びます。健康保険と厚生年金保険は、給付の目的や内容が異なりますが、適用事業所など多くの部分で共通点があることから、健康保険と厚生年金保険の手続きを一緒に行うケースが多くあります。健康保険と厚生年金保険は一般的に同時にセットで加入しますので、健康保険の適用事業所と厚生年金保険の適用事業所は原則として同じです。

　社会保険は事業所単位で適用されます。事業所とは、本店（本社）の他、支店、出張所、工場など、一定の場所のことです。そこで働く従業員への賃金の支払いや、人事・労務管理などが独自に行われている場合には、それぞれが適用事業所となります。ただ、出張所や工場などで社会保険の事務を処理することができないような場合は、本社で一括して事務処理を行うこともできます。

　社会保険の適用事業所は、ⓐ強制適用事業所と、ⓑ任意適用事業所の2つに分類することができます。

① 強制適用事業所

　強制的に社会保険が適用される事業所を強制適用事業所といいます。会社などの法人の場合は、事業の種類に関係なく1人でも従業員がいれば、社会保険に加入しなければなりません。

　法人の代表者は法人に使用されている者と考えるため、従業員には、一般の社員に限らず、法人の代表者（社長）やその家族従事者、役員（取締役）なども含みます。

　一方、個人事業主の事業所の場合は、強制的にすべての事業者が社会保険に加入しなければならないわけではありません。個人の事業所の場合、一定の業種（工業や金融業などの16業種）の事業所で、5人以上の従業員（個人の場合、事業主本人は加入できないため、5人の中には含みません）がいるときに社会保険の適用事業所となります。

② 任意適用事業所

　強制適用事業所に該当しない事業所であっても社会保険に加入することができます。強制適用事業所でない事業の事業主が社会保険への加入を希望する場合は、被保険者となることができる従業員の2分の1以上の同意を得て、年金事務所に加入申請を行う必要があります。そして、厚生労働大臣の認可

を受けることによって適用事業所となります。このようにして社会保険に加入することになった事業所を任意適用事業所といいます。

また、任意適用事業所の場合は、被保険者の4分の3以上の同意がある場合は、事業主の申請に基づき、厚生労働大臣の認可を受け、任意適用を取り消すことができます。この場合、従業員の全員が被保険者資格を喪失します。

●健康保険の被保険者になる人とならない人

適用事業所に常勤で使用される労働者は、原則としてすべて被保険者となります。役職や地位には関係ありません。

代表者や役員も法人に使用されるものとして被保険者になります。会社についてはどのような会社であっても社会保険の強制適用事業所となるため、社長1人だけの会社であっても健康保険に加入しなければなりません。一方、

個人事業者の場合の事業主は被保険者にはなれません（適用除外）ので注意が必要です。

また、パートタイマーやアルバイトなどの労働者は、必ずしも被保険者となるわけではありません。アルバイトやパートタイマーは、その就業実態を総合的に考慮して判断されますが、正規の社員（労働者）の勤務時間と勤務日数の両方がおおむね4分の3以上勤務する場合に被保険者となります。

たとえば、正社員の所定労働時間が1週40時間の会社で、勤務日数は1か月20日と正社員とほぼ同様に働いていたとしても、1週の勤務時間が20時間（8時間の4分の3未満）のパートタイマーは社会保険未加入者となります。これに対して、1か月の勤務日数が16日、勤務時間が1週30時間（8時間の4分の3）であれば、勤務日数・勤務時間ともに正社員の4分の3以上となるので、社会保険の加入者となります。

健康保険の被保険者となる者

	従業員区分	左の者が被保険者となる場合
①	②〜⑤以外の正社員	常に被保険者となる
②	アルバイト・パートタイマー	正社員の勤務時間と日数の概ね4分の3以上勤務する者
③	日雇労働者	1か月を超えて引き続き使用される者
④	季節労働者	4か月を超えて引き続き使用される者
⑤	臨時的事業に雇用される者	6か月を超えて引き続き使用される者

● 厚生年金の被保険者になる人とならない人

74歳まで加入できる健康保険と異なり厚生年金保険の被保険者は70歳未満の者とされています。つまり、70歳以上の者が適用事業所に勤務していた場合、その人は、健康保険については被保険者になりますが、厚生年金保険については被保険者としては扱われません。ただし、70歳になっても年金の受給資格期間（10年）を満たさず、年金を受給できない場合には、70歳以降も引き続き厚生年金に加入できる「高齢任意加入」という制度を利用することができます。

● 短時間労働者の加入基準

「正規の社員と比べ勤務時間と勤務日数のおおむね4分の3以上」が社会保険への加入基準となっています。この基準以下の短時間労働者であっても、次の①〜⑤のすべての要件に該当する場合は、健康保険・厚生年金保険に加入することができます。このような事業者を特定適用事業者といいます。

① 週の所定労働時間が20時間以上あること。
② 雇用期間が1年以上見込まれること。
③ 賃金の月額8.8万円以上であること。
④ 昼間部学生でないこと。
⑤ 被保険者数が常時501人以上の企業に勤めていること。

ただし、⑤については、下記に該当

する被保険者が常時500人以下の企業でも社会保険に加入することが可能です。
ⓐ 労使合意に基づき申出をする法人・個人の事業所
ⓑ 国・地方公共団体に属する事業所

● 働き方改革とは

「働き方改革」という言葉がよく使われるようになってきました。働き方改革は、「長時間労働の是正」や「同一労働同一賃金など非正規雇用の処遇改善」を大きな柱とする労働生産性を改善するための手段として捉えられています。これらの施策として、平成30年には、労働基準法やパートタイム・有期雇用労働法などの法改正（働き方改革法）が行われました。

また、働き方改革は、平成29年3月28日に働き方改革実現会議が決定した働き方改革実行計画に基づいて行われています。労働基準法の改正などもこの計画に沿って行われています。

働き方改革実行計画では、多様な働き方を実現するために、家事などによって労働時間が制限されやすい女性や、定年を超えた高齢者などがその能力を発揮できるような環境整備についても言及しています。たとえば、テレワークの導入支援、副業・兼業の推進、女性のリカレント教育、就職氷河期世代や若者の活躍に向けた支援、高齢者の就業促進などです。

社会保険もこのような多様な働き方

に対応した柔軟な制度が必要となってきます。たとえば、労働時間の制約が多い中で働く労働者に対する社会保険の加入拡大や高齢になっても働く労働者に対して、年金を受け取れる年齢を選択できる範囲の拡大、在職老齢年金の支給停止基準額の引き上げなどがあります。また、労働保険についても、副業・兼業者が労働災害に遭った場合の補償の充実や、雇用保険加入の拡大などの法改正が順次行われていく予定です。

 ## 社会保険にどんな影響があるのか

まず、短時間労働者（前ページ）についても社会保険の加入がしやすくなります。現在、被保険者が501人以上となる大企業に対して、短時間労働者の加入が義務付けられていますが、この対象が被保険者51人以上まで緩和されます。

さらに、現在、年金を受給できる年齢は、原則65歳ですが70歳まで繰り下げて年金を受給することができ、その分、毎月の年金額を増やすことができます。今後は、70歳から75歳まで繰り下げる年齢が拡大されます。これにより、70歳以降も働く場合、年金を受け取らず給与で生活することも選択することができます。

また、65歳以下の年金受給者が、在職しており年金額と給与額の合計が28万円を超える場合、年金額が減額されるという制度（在職老齢年金）があります。この制度は60歳以降も働く労働者が多くなっている状況では、モチベーションを下げる原因にもなっています。そのため、この基準額を28万円から47万円に引き上げることが予定されています。

働き改革と社会保険の見直し

働き方改革実行計画　➡　多様な働き方を実現

➡　社会保険分野でも、多様な働き方を実現できる施策が必要

社会保険分野では、

・短時間労働者に対する社会保険の加入拡大
・年金の受給年齢を選択できる範囲の拡大
・在職老齢年金の支給停止基準額を引き上げ

8 報酬

報酬は保険料や保険給付の基準となる

● 退職金・慶弔金などは報酬に含まない

報酬（給料）は法律によって、賃金、報酬、給料、手当などいろいろな呼び方をされます。そして、法律によって給料の範囲が異なる場合もあります。

たとえば、労働基準法では、労働契約や就業規則などによって支給条件が明確にされている退職金や結婚祝金・慶弔金などは、給料に含めます。

これに対して、社会保険（健康保険や厚生年金保険）では、次ページ図のようになっており、退職金や結婚祝金、慶弔金は給料に含めません。

また、食事や住宅（社宅や寮など）を現物給付されている場合には、その現物を通貨に換算して報酬に合計します。現物給与の価額は、都道府県別に厚生労働大臣が定めています。通勤定期券についても購入価格などを基に報酬に合計することが必要です。

一方、雇用保険についても社会保険と同様に、現物給与も賃金の総額に含めます。

● 通勤手当は報酬なのか

報酬の中には通勤手当も含まれます。通勤手当は、電車通勤の場合には定期券、車通勤の場合にはガソリン代など

の補填として支払われることが一般的です。

通勤手当は、報酬に含まれることから社会保険料や雇用保険料を計算する際には、通勤手当を含めた報酬総額を基に計算することになります。

一方で、源泉所得税などを計算する場合には、原則、通勤手当を除いた報酬総額を基に計算することになるため注意が必要です。ただし、通勤手当には非課税限度額が設定されているため、それを超える通勤手当が支給されている場合には課税対象となります。

● 賞与を支払ったら年金事務所に届け出る

一般的に賞与は、夏季（6月や8月が多い）と冬季（12月が多い）の年2回支払われています。年4回以上賞与が支給される場合は、給与とみなし、標準報酬月額の算定の対象とします。

会社などの事業所で労働者に賞与を支払ったときは、その金額を年金事務所に届け出る必要があります。年金事務所は、この届出をもとにして、賞与にかかる保険料と毎月の給与にかかる保険料を合算した金額を算出し、事業主に通知します。

事業主が年金事務所に提出する届出

を「健康保険厚生年金保険被保険者賞
与支払届」といいます。この届出は賞
与を支払った日から5日以内に提出し
なければなりません。

● 賞与の保険料は標準賞与額を基準とする

　賞与の保険料は毎月の保険料とは異
なり、標準報酬のような金額ごとに区
分けして算出するしくみにはなってい
ません。事業主が支払う賞与について
の健康保険料、厚生年金保険料は、賞
与支払届から算出する標準賞与額（実
際に支給された賞与額から1,000円未
満の部分の金額を切り捨てた額で賞与

が支給されるごとに決定される）に保
険料率を乗じて算出した額になります。
標準賞与額には上限が決められていて、
健康保険については年573万円、厚生
年金保険については、1か月150万円
が上限となっています。

　賞与にかかる社会保険料を計算する
ための保険料率は、月々の給料から差
し引く社会保険料を計算するときの保
険料率と同様です。保険料は、事業主
と被保険者が折半で負担します。

　賞与支払届を提出するときは、「健
康保険厚生年金保険賞与支払届総括
表」を添付します。

社会保険で報酬（給与）とされているものの範囲

報酬の定義		事業に使用される者が労働の対償として受ける賃金、給料、俸給、手当または賞与およびこれに準ずるものをいい、臨時的なものや3か月を超える期間ごとに受けるものを除いたもの	
		報酬となるもの	報酬とならないもの
具体例	金銭での給付	・基本給、家族手当、勤務地手当、通勤手当、時間外手当、宿直・日直手当、住宅手当、精勤・皆勤手当、物価手当、役職手当、職階手当、休業手当、生産手当、食事手当、技術手当など ・年4回以上支給の賞与	・結婚祝金、慶弔金、病気見舞金、慰労金、解雇予告手当、退職金 ・事業主以外から受ける年金、傷病手当金、休業補償、出産手当金、内職収入、家賃・地代収入、預金利子、株主配当金など ・大入り袋、社内行事の賞金、出張旅費、功労金など ・年3回までの範囲で支給される賞与、決算手当、期末手当
	現物での給付	・食事の手当（都道府県別の現物給与の標準価格による） ・住宅の供与（都道府県別の現物給与の標準価格による） ・通勤定期券、回数券	・制服・作業着 ・見舞金、記念的賞品など ・生産施設の一部である住居など

社会保険料の決定方法

資格取得時決定、定時決定、随時改定の３つがある

● 保険料は労使折半で負担

　社会保険の保険料は、被保険者の報酬に保険料率を掛けて算出した保険料を、事業主と労働者で折半して負担します。被保険者の負担分は、事業主が毎月の給料や賞与から天引き（控除）して預かります。

　ただ、毎月の給料計算のたびに保険料を計算するとなると、事務負担が相当なものになるため、社会保険では、あらかじめ給料の額をいくつかの等級に分けて、被保険者の給料をその等級にあてはめることによって保険料を決定するというしくみを採用しています。

　一度決定した保険料は、原則としてその後１年間使用し、毎年改定が行われます。賞与にかかる社会保険料も、給料と基本的に同様で、標準賞与額に保険料率を掛けて求めた額になります。

　給料から控除する保険料の決め方には、資格取得時決定、定時決定、随時改定の３つのパターンがあります。

● 資格取得時決定は初任給が基準

　会社などで新たに労働者を雇った場合、その労働者の給料（社会保険では「報酬」といいます）から控除する社会保険料を決定する必要があります。この場合に行われるのが資格取得時決定です。控除される保険料は、初任給を、あらかじめ区分された報酬の等級にあてはめて算出します。

　このようにあてはめた仮の報酬のことを標準報酬といいます。ただ、報酬の支払形態にはいくつかあります。たとえば、月給、週給、日給、時給などです。これらの形態をすべて１か月間の報酬額（報酬月額）に換算し直す必要があります。

● 定時決定は毎年７月１日に行われる

　定時決定とは、毎年７月１日現在において、その事業所に在籍する労働者の４、５、６月の報酬額を基準にして、新たな報酬月額を決定する手続きです。定時決定は被保険者全員を対象とするのが原則ですが、その年の６月１日以降に被保険者となった者とその年の７、８、９月のいずれかから随時改定によって標準報酬が改定される者は、対象外です。

　「○月分の報酬」とは、実際にその月（１日～末日）に支払われた報酬のことです。たとえば、報酬が毎月末日締めの翌月15日払いの事業所では、３月分の報酬を４月15日に支払うことになりますが、これは定時決定の算定上は、３月分の報酬としてではなく、４

月分の報酬として取り扱うことになります。

また、4～6月のうち、報酬の支払の基礎となった日数が17日未満の月は除いて計算します。3か月のすべてが17日未満の場合は、原則として、従前の標準報酬月額を使用します。

新しい報酬月額は、「（4～6月に受けた通勤手当を含む報酬の額）÷3」という式によって求めた額を報酬月額表にあてはめて、年金事務所が決定します。新しく決定された（年金事務所から通知を受けた）標準報酬月額は、その年の9月1日から改定されます。

なお、社会保険料は当月分を翌月の報酬から控除する場合、10月1日以降に支給される報酬から新しい社会保険料を控除することになります。

●大幅な昇給・降給時に行う随時決定

標準報酬月額の改定は原則として1年に1回だけ行います。しかし、現実的には、定時昇給（一般的には4月）以外のときに大幅な報酬額の変更（昇給または降給）が行われることもあります。そこで、以下の条件すべてに該当するときには、次の定時決定を待たずに標準報酬月額を変更することができます。これが随時改定です。

① 報酬の固定的部分（基本給、家族手当、通勤手当など）に変動があった
② 報酬の変動があった月とその月に続く3か月の報酬（残業手当などの変動する部分も含む）の合計額の平均が現在の標準報酬月額に比べて2等級以上上がった（下がった）
③ 3か月とも報酬支払基礎日数が17日以上ある

定時決定による標準報酬月額の求め方

〈例1〉3か月ともに支払基礎日数が17日以上あるとき

月	支払基礎日数	支給額
4月	31日	305,000円
5月	30日	320,000円
6月	31日	314,000円

→ 3か月間の合計　　　　　　939,000円
　平均額　939,000円÷3＝313,000円
　標準報酬月額　　　　　　320,000円

〈例2〉3か月のうち支払基礎日数が17日未満の月があるとき

月	支払基礎日数	支給額
4月	31日	312,000円
5月	16日	171,000円
6月	31日	294,000円

→ 2か月間の合計　　　　　　606,000円
　平均額　606,000円÷2＝303,000円
　標準報酬月額　　　　　　300,000円

※支払基礎日数は暦日数ではなく、給与支払いの対象となった日数を記載する。たとえば、「20日締め25日支払い」の場合、4月25日に支払われる給与についての支払基礎日数は3月21～4月20日までの31日間となるため、4月の支払基礎日数は31日となる。5月25日支払われる給与については、4月21～5月20日までの30日間となるため、5月の支払基礎日数は30日となる。

10 報酬月額算定の特例

報酬月額の算定方法には特殊な方法もある

● 保険者が報酬月額を算定することもある

定時決定または資格取得時決定によって報酬月額を算定することが困難であるときは、保険者（政府または健康保険組合）が報酬月額を決定する（保険者算定）ことになっています。定時決定、資格取得時決定、随時改定によって算定した額が著しく不当な場合にも保険者算定によります。

「算定することが困難であるとき」とは、定時決定において、4〜6月の3か月のいずれの月の報酬支払基礎日数も17日未満であった場合です。また、「額が著しく不当な場合」として、定時決定の場合であれば、次ページ図のように5つのケースがあります。

また、病気休暇などで4〜6月の3か月とも無給となった場合についても以前の標準報酬月額で保険者算定されます。

● 特殊な場合の標準報酬はどうやって決めるのか

産前産後休業や育児休業の終了後、家庭を優先し、勤務日数や勤務時間を短縮したり、時間外労働を制限する従業員もいるようです。こういった場合、復職前よりも給与が減ってしまいます。

しかし、報酬支払基礎日数が17日以上必要となる定時決定では改定が行われないケースも多く、高いままの保険料を負担し続けることになります。

そういった事情を考慮して、従業員が産前産後休業や育児休業により復職した場合の保険料は、定時決定の条件に該当しなくても、保険料を改定することが可能です。具体的には、休業終了日の翌日が属する月以後3か月間に受けた報酬の平均額に基づいて、4か月目の標準報酬月額から改定が行われます。

● 短時間就労者などの特例

通常、4〜6月の3か月のいずれかの月の報酬支払基礎日数が17日未満であった場合には、以前の標準報酬月額が適用されることになります。

しかし、正規社員より短時間の労働条件で勤務する人（短時間就労者）や特定適用事業者に勤務する人（短時間労働者、22ページ）については、17日以上の出勤条件を満たすことが難しい場合があります。そこで、このような勤務体系の人について支払基礎日数の特例を設けています。

短時間就労者については、4〜6月の3か月のうちいずれも支払基礎日数

が17日未満の場合、支払基礎日数15日以上17日未満の月の報酬総額の平均を基に標準報酬月額を決定します。また、支払基礎日数が15日未満であった場合には、以前の標準報酬月額を引き続き適用します。なお、短時間就労者とはパートタイマー、アルバイト、契約社員、嘱託社員など名称に関わりません。

特定適用事業者に勤務する短時間労働者については、4〜6月の支払基礎日数11日以上の月の報酬総額の平均を基に標準報酬月額を決定します。

●任意継続被保険者の保険料はどうするのか

会社などの事業所を退職すると健康保険の被保険者の資格を失います。しかし、資格喪失の前日まで被保険者期間が継続して2か月以上ある者であれば、退職後も引き続き2年間健康保険の被保険者でいることができます。こ

れを任意継続被保険者といいます。在職中の被保険者の場合、保険料は被保険者と会社が折半して負担しますが、任意継続被保険者の場合の保険料は全額自己負担することになります。このため、保険料は在職中の倍額になります。任意継続被保険者の保険料は退職時の標準報酬月額と、その者の属する保険者（全国健康保険協会または健康保険組合）の標準報酬月額の平均額とのいずれか低い方の額に保険料率を掛けた額となります。

また、厚生年金保険の高齢任意加入制度（152ページ）を利用している70歳以上の高齢任意加入被保険者については、事業主がこれまで通りの保険料を半額負担することに同意した場合には保険料の半額を負担すればよいのですが、事業主が同意しない場合には高齢任意加入制度を利用する高齢者が保険料を全額自己負担しなければなりません。

著しく不当な場合にあたるケース

①	4〜6月のいずれかの月に3月以前の給料をさかのぼってもらった場合のように通常受けるべき給料（報酬）以外の報酬を受けた場合
②	4〜6月のいずれかの月に通常受ける報酬の額と比較して低額の休職給を受けた場合
③	4〜6月のいずれかの月にストライキによる賃金カットがあった場合
④	4〜6月給与から算出した標準報酬月額と前年7月以降1年間の給与から算出した標準報酬月額とで2等級以上差があり、それが例年続くと見込まれる場合
⑤	月の途中で入社した場合など、4〜6月のいずれかに1か月分の報酬を受けることができなかった月がある場合

社会保険の各種手続き①

労働者の入退社などで手続きが必要になる

●採用したら5日以内に手続きをする必要がある

会社などの事業所で新たに労働者を採用した場合、採用日から5日以内に「被保険者資格取得届」を年金事務所に提出しなければなりません。たとえば、4月1日の採用（入社）であれば、資格取得届は4月5日までに提出する必要があります（当日起算）。たとえ試用期間中であっても、採用（試用）開始時点で資格取得の手続きを行わなければなりません。

その労働者に被扶養者がいる場合は、資格取得届と同時に「被扶養者（異動）届」も提出します。被扶養者（異動）届には、扶養となることができる収入要件と被扶養者の範囲（39ページ）を特定できる書類の添付を求められる場合があります。

●労働者が退職したときの手続きも5日以内

労働者が退職した場合、退職日の翌日から数えて5日以内に「被保険者資格喪失届」を年金事務所に提出します。添付書類としては、健康保険被保険者証が必要になります。たとえば、3月31日付けで退職したのであれば、4月5日までに喪失届を提出する必要があ

ります。なお、社会保険の資格を喪失する日は退職日の翌日になります。

●再雇用で給料が下がった場合の特例がある

定年後にその者を再び雇用する制度（再雇用制度）を実施している会社もあります。再雇用制度を実施した場合には、給料が定年前の給料より低い水準に変更されることもあります。

ところが、随時改定（27ページ）を行ったとしても、随時改定は、継続した3か月の報酬を基にして4か月目から標準報酬を改定するので、改定された標準報酬が実際の給与に反映されるのは、賃金を改定した月から5か月目ということになります。被保険者にしてみれば、再雇用後、給料が下がったにもかかわらず、変更されるまでの間、定年前の水準のまま保険料を徴収されるのでは経済的にも負担が大きくなってしまいます。

そこで、定年退職後の再雇用時の特例として、被保険者の資格の喪失と取得を同時（同日）に行うことが認められています（この手続を同日得喪といいます）。同日得喪ができる者は、60歳以上の人が対象です。この特例は、正社員に限らず、パートタイマーなど

にも適用されます。

● 資格喪失届と資格取得届を同時に提出する

同日得喪とする場合、定年退職日の翌日を資格喪失日とする資格喪失届と、それと同じ日を資格取得日とする資格取得届を同時に保険者に提出します。退職日がわかる書類や再雇用後の雇用契約書などを添付します。これにより、再雇用後の月分の保険料は、再雇用後の給料額をもとにして決定された標準報酬月額によって算出されます。

● 労働保険についてはどんな届出が必要なのか

新たに労働者を雇用した場合、労災保険について届出などは必要ありません。入社した日から自然に労災保険が適用されるため、入社日に労働災害に遭ったとしても各種給付を受けることができます。

一方、雇用保険については、労働者を雇用した場合や退職した場合には必要な手続きを行います。

労働者を雇用した場合には、雇用した日の属する月の翌月10日までに「雇用保険被保険者資格取得届」を提出します。

労働者が退職した場合には、退職した日の翌日から起算して10日以内に「雇用保険被保険者資格喪失届」を提出します。この際、「雇用保険被保険者離職証明書」を添付します。「雇用保険被保険者離職証明書」は退職直前の6か月間の給与が記載されており、この証明書を基にハローワークは基本手当などの日額を決定します。

離職証明書は、次の転職先が決まっている場合など、退職者が不要である旨を申し出ているときは提出する必要はありません。ただし、退職者が59歳以上の場合には本人の希望に関わらず添付する必要があります。

社員を採用した場合の各種届出

事　由	書類名	届出期限	提出先
社員を採用したとき（雇用保険）	雇用保険被保険者資格取得届	採用した日の翌月10日まで	所轄公共職業安定所
社員を採用したとき（社会保険）	健康保険厚生年金保険被保険者資格取得届	採用した日から5日以内	所轄年金事務所
採用した社員に被扶養者がいるとき（社会保険）	健康保険被扶養者（異動）届	資格取得届と同時提出	

12 社会保険の各種手続き②

家族に異動があった場合には届出を行う

● 産前産後休業、育児休業期間中は保険料が免除される

産前産後休業や育児休業期間中は、会社からの給与が支給されないのが一般的です。その分の給与補てんとして、健康保険や雇用保険から一定の条件であれば手当金や給付金が支給されます。ただ、休業前の給与全額が補てんされるわけではなく、労働者の経済的負担が大きいことに変わりはありません。そこで保険者に届出を行うことで社会保険料を免除する制度があります。産前産後休業、育児休業のそれぞれ休業開始月から終了予定日の翌日の月の前月までは、給料の支給の有無に関係なく、本人負担分と事業主負担分の社会保険料が免除されます。

保険料の免除を受けるためには、年金事務所にそれぞれの休業に対して「産前産後休業取得者申出書」「育児休業等取得者申出書」を事業所経由で提出します。免除されている期間は、将来、年金額を計算する際、保険料を納めた期間として扱われるので、厚生年金等の給付で不利益になることはありません。

● 労働者や家族の異動があったら必要な届出をする

被保険者や被扶養者に異動があったときは、異動内容によってそれぞれ届出をしなければなりません（次ページ図参照）。なお、氏名を変更した場合や住所を変更した場合について、マイナンバー（個人番号）と基礎年金番号が紐づいているとき（マイナンバーが年金事務所に登録されているとき）は原則届出不要です（35ページ）。ただし、被扶養者の氏名変更については、「被扶養者異動届」を提出する必要があります。

● 出産育児一時金として42万円が支給される

被保険者あるいはその被扶養者である家族が妊娠4か月以後（妊娠85日以後）に出産したときに、一児につき42万円が支給されます（産科医療補償制度に加入していない医療機関での出産の場合には40万4000円）。

被扶養者が出産する場合には、被保険者に対して家族出産育児一時金が支給されます。

なお、退職などの理由で健康保険の被保険者でなくなったとしても、被保険者資格を喪失する日の前日まで継続

して１年以上被保険者期間のある人が資格喪失後６か月以内に出産したという場合であれば、出産育児一時金が支給されます。

出産育児一時金を請求する場合、出産から２年以内に事業所管轄の全国健康保険協会（協会けんぽ）の都道府県支部または会社の健康保険組合に「健康保険出産育児一時金支給申請書」または、「健康保険出産育児一時金内払金支払依頼書・差額申請書」を提出します。

また、出産により休業する場合（産前産後休業）、会社から賃金が支払われないことが一般的です。そのため出産手当金が支給されます。出産手当金

は、協会けんぽや健康保険組合に「健康保険出産手当金支給申請書」を提出します。支給申請時点で資格喪失していたとしても、資格喪失日の前日まで被保険者期間が１年以上あり、出産手当金を受けられる要件を満たしていた場合には支給を受けることができます。

第1章
社会保険・労働保険の基本

●育児休業や介護休業においても申請手続きがある

育児休業や介護休業についても、一定の要件を満たした場合には雇用保険から給付金が支給されます。支給のために「育児休業給付金支給申請書」や「介護休業給付金支給申請書」をハローワークへ提出する必要があります。

労働者や家族に異動があったときに提出する届出（社会保険関係）

異動内容	届出書類	提出期限
結婚して氏名が変わったとき（※）	健康保険厚生年金保険被保険者氏名変更届	すみやかに
結婚して配偶者を扶養するとき	健康保険被扶養者(異動)届	扶養することになった日から5日以内
被保険者の住所が変わったとき（※）	健康保険厚生年金保険被保険者住所変更届	すみやかに
子が生まれたとき	健康保険被扶養者(異動)届	出生してから5日以内
	健康保険出産育児一時金支給申請書	出産から2年以内
	健康保険出産手当金支給申請書	すみやかに（時効は2年）
被扶養者が就職したとき	健康保険被扶養者(異動)届	扶養しなくなった日から5日以内
家族の退職などで被扶養者が増えたとき	健康保険被扶養者(異動)届	扶養することになった日から5日以内

※マイナンバーが登録されている場合は届出不要。

13 社会保険の各種手続き③

社会保険、労働保険、税金関係の変更手続きを行う

● 事業所の名称や住所を変更する場合の届出

事業所の変更（事業所の名称を変更する場合や事業所を移転する場合など）や、事業主の変更（事業主の住所の変更や事業主の変更など）があった場合、その変更を、年金事務所、公共職業安定所、税務署などに届け出なければなりません。

・社会保険関係の手続き

名称を変更した事業主、同一の都道府県内に移転する事業主は、管轄する年金事務所は変わりませんので、「健康保険・厚生年金保険適用事業所名称/所在地変更（訂正）届（管轄内）」を提出します。提出は、電子申請・郵送・窓口持参のいずれの方法でも行うことができます。添付書類としては、法人の登記事項証明書が必要になります。なお、法人の登記事項証明書については、直近の状態を確認するために、提出日からさかのぼって90日以内に発行されたものでなければならないとされています。

一方、都道府県をまたいで移転する事業主は、「健康保険・厚生年金保険適用事業所名称/所在地変更（訂正）届（管轄外）」を提出します。いずれの場合も、従来の管轄年金事務所に提出します。変更のあった日から5日以内に届け出ます。なお、事業主の住所の変更や事業主の変更など、事業主に変更があった場合には変更があった日から5日以内に、管轄の年金事務所または健康保険組合に「健康保険・厚生年金保険事業所関係変更（訂正）届」を届け出ます。

・労働保険関係の手続き

名称、所在地に変更があった日の翌日から10日以内に管轄の労働基準監督署に「労働保険名称・所在地等変更届」を届け出ます。また、「雇用保険事業主事業所各種変更届」を公共職業安定所に届け出ます。ただし、他の都道府県に移転した場合には、変更届ではなく、改めて変更後の所在地で「労働保険関係成立届」と「雇用保険適用事業所設置届」を提出します。

・税金関係の届出

事業所の移転により、納税地が移転した場合には移転後すみやかに納税地の税務署に異動事項に関する届出を提出します。たとえば本店事務所の移転であれば「本店の所在地」と記入し、「異動前」及び「異動後」の欄にそれぞれの住所を記入します。なお、登記に異動があったことを証明する書類として、移転手続完了後の履歴事項全部

証明書を添付します。

　また、移転日から1か月以内に、移転前及び移転後の地域を管轄するそれぞれの税務署に、給与支払事務所等の開設・移転・廃止届出書を提出します。給与の支払事務を行う事務所の移転を、管轄税務署に届け出ることが目的であるため、添付書類などは不要です。

◯ 従業員の氏名や住所に変更があった場合

　社会保険と雇用保険では別々に届出をする必要があります。

　社会保険ではマイナンバーと基礎年金番号が紐づいている場合、届出をする必要がなく、年金事務所は住所地の住民票を基に自動的に氏名変更と住所変更を行います。事業主は、基礎年金番号とマイナンバーの紐づけを行う手続きを事前にやっておく必要があります。なお、被扶養者の氏名や住所が変更になった場合には、変更届の提出が必要になります。

　一方、雇用保険では、被保険者の氏名が変わった場合、その都度、氏名変更届を提出するのではなく、資格喪失届等の手続をすると同時に届け出ることになります。住所については、もともと届出が不要であるため、変更があっても届出をする必要はありません。

　また、転勤などで従業員が他の支店に勤務することになった場合、「雇用保険被保険者転勤届」を転勤した日の翌日から10日以内に転勤後の事業所管轄の公共職業安定所に届け出ます。

会社についての主な社会保険・労働保険の変更手続き

	変更内容	提出書類	提出先と期限
社会保険	事業所の名称、所在地変更	健康保険・厚生年金保険適用事業所名称/所在地変更（訂正）届（管轄内・管轄外）	変更前の管轄年金事務所に、変更日から5日以内
	事業主の変更、事業所の電話番号の変更等	健康保険・厚生年金保険事業所関係変更（訂正）届	管轄年金事務所に、変更日から5日以内
労働保険	事業所の名称、所在地変更	労働保険名称・所在地等変更届	所轄労働基準監督署に、変更日の翌日から10日以内
		雇用保険事業主事業所各種変更届	所轄公共職業安定所に、変更日の翌日から10日以内
	事業主の変更	届出の必要はない（事業主の変更のみの場合）	

14 社会保険事務の電子申請
いつでも、どこからでも申請が可能になる

●電子申請とは

パソコンを使ってインターネット経由で申請を行うことができるようになりました。このように、インターネットを利用してパソコンで申請することを電子申請といいます。

電子申請のメリットは、システムのメンテナンス時間を除いて、いつでも、どこからでも、申請することができる点です。紙による申請のように、実際に出向いて書類の提出や手数料の納付をすることなく、一連の手続きを済ませることができます。

●どんな手続きに利用できるのか

電子申請を行う場合には、申請データに対する電子署名をしなければなりません。この電子署名をするには、認証局が発行する電子証明書が必要になります。次に、電子申請に利用するパソコンを設定します。設定する前に、そのパソコンで電子申請を行うことができるかどうかを確認しておく必要があります。イーガブ（e-Gov、行政機関への申請、届出の電子申請等ができる政府の総合窓口）のサイトに掲載されている要求スペックを確認し、性能の面で問題がないかどうか確認するようにしましょう。また、申請データ作成をサポートするソフトウェアも多数発売されており、業務支援ソフトウェア製品等を使用することによって、より簡単に電子申請を行うことができるようになってきています。手続きの流れは下図のとおりです。

電子申請を利用した手続きの流れ

電子証明書の取得・プログラムのインストールなど動作環境を整える → 電子申請システムの画面で、申請する手続を検索し、申請データを作成する → 作成した申請データに電子署名を行い、申請データを保存した上で送信する → 受信した申請書の内容と電子署名の検証が行われ、問題がなければ申請書の到達として扱われる → 到達番号、問合せ番号が申請者に送信されるので、状況照会画面で番号を入力し申請状況を確認する → 申請手続きが終了する

※上記の手続きの流れは一般的な流れを概略して記載したもので、代理人申請を行う場合、手順が異なることもある

36

第2章

健康保険のしくみと手続き

1 健康保険

業務外の事故で負傷した場合に治療などを受けることができる

● 健康保険とは

健康保険は、被保険者と被扶養者が
ケガ・病気をした場合や死亡した場合、
さらには分娩した場合に必要な保険給
付を行うことを目的としています。健
康保険の納付内容は、次ページ図のと
おりです。業務上の災害や通勤災害に
ついては、労災保険が適用されますの
で、健康保険が適用されるのは、業務
外の事故（災害）で負傷した場合に限
られます。

健康保険を管理・監督するのは、全
国健康保険協会または健康保険組合で
す。これを保険者といいます。これに
対し、健康保険に加入する労働者を被
保険者といいます。さらに、被保険者
に扶養されている一定の親族（次ペー
ジ）などで、保険者に届け出た者を被
扶養者といいます。

● 協会・健保組合が管理・監督する

健康保険は全国健康保険協会と健康
保険組合が運営しています。

① 全国健康保険協会の場合

全国健康保険協会が保険者となって
いる場合の健康保険を全国健康保険協
会管掌健康保険（協会けんぽ）といい
ます。保険者である協会は、被保険者
の保険料を適用事業所ごとに徴収した

り、被保険者や被扶養者に対して必要
な社会保険給付を行ったりします。

手続きの種類によっては、全国健康
保険協会の都道府県支部ではなく、年金
事務所が窓口となって行われています。

協会管掌の健康保険の保険料率は、
地域の医療費を反映した上で、都道府
県ごとに保険料率（3～13％）が設
定されます。40歳以上65歳未満の人に
は、健康保険料率に加えて介護保険料
率がかかります。

② 健康保険組合の場合

健康保険組合が管掌する場合の健康
保険を組合管掌健康保険といいます。
組合管掌健康保険の場合、実務上の事
務手続の窓口は健康保険組合の事務所
になります。健康保険組合の保険給付
には、健康保険法で必ず支給しなけれ
ばならないと定められている法定給付
と、法定給付に加えて健康保険組合が
独自に給付する付加給付があります。

● 被扶養者も対象となる

健康保険の被保険者が配偶者や子供
などの家族を養っている場合、その家
族のことを「養われている者」という
ことで、被扶養者と呼びます。健康保
険では被保険者の被扶養者についても
被保険者と同じように保険の給付を受

けることができます。

　健康保険において被扶養者になる人は、主に被保険者に生計を維持されている者です。生計を維持されているかどうかの判断のおおまかな基準は、被扶養者の年収が130万円未満（60歳以上の者と障害者については180万円未満）で、被保険者の年収の半分未満であるかどうかです。

　年収130万円が基準ですから、たとえば、パートタイマーとして働いている主婦（または主夫）に年収が150万円ほどある場合、勤め先で社会保険に加入していないとしても、夫（または妻）の被扶養者になることができません。

　被保険者の被扶養者となることができる親族については、あらかじめ範囲が決まっており、それ以外の者はたとえ現実に扶養されている場合であっても健康保険の被扶養者となることができません。

　被保険者の①直系尊族（父母や祖父母）、配偶者、子、孫、兄弟姉妹については、被保険者との間に「生計維持関係」があれば被扶養者として認められます。一方、②被保険者の3親等以内の親族で①に挙げた者以外の者については、被保険者との間に「生計維持関係」と「同一世帯」があれば被扶養者として認められます。

健康保険の給付

種　類	内　容
療養の給付	病院や診療所などで受診する、診察・手術・入院などの現物給付
療養費	療養の給付が困難な場合などに支給される現金給付
家族療養費	家族などの被扶養者が病気やケガをした場合に被保険者に支給される診察や治療代などの給付
入院時食事療養費	入院時に提供される食事に要した費用の給付
入院時生活療養費	入院する65歳以上の者の生活療養に要した費用の給付
保険外併用療養費	先進医療や特別の療養を受けた場合に支給される給付
訪問看護療養費	在宅で継続して療養を受ける状態にある者に対する給付
高額療養費	自己負担額が一定の基準額を超えた場合の給付
移送費	病気やケガで移動が困難な患者を移動させた場合の費用給付
傷病手当金	業務外の病気やケガで働くことができなくなった場合の生活費
埋葬料	被保険者が業務外の事由で死亡した場合に支払われる給付
出産育児一時金	被保険者およびその被扶養者が出産をしたときに支給される一時金
出産手当金	産休の際、会社から給料が出ないときに支給される給付

2 療養の給付

現物給付としての療養の給付である

● 現物支給で、自己負担部分がある

業務外の病気、ケガなどについて、病院や診療所などで診察を受けたり、手術を受けたり、入院したりしたときに受けることができる給付が療養の給付です。また、保険薬局で薬を調剤してもらったときも給付を受けています。療養の給付は治療（行為）という現物により支給されます。

しかし、治療費用のすべてが支給されるわけではなく、被保険者は診療を受けるごとに一部負担金を支払うことになります（次ページ）。一部負担金は、かかった医療費のうち、一定割合を負担します（定率負担）。

なお、健康保険の療養の給付の範囲は次ページの図のようになっています。

● 保険医療機関とは

ケガをしたり、病気になったりすると、保険証（健康保険被保険者証、現在はカード形式になっている）をもって病院などの医療機関に行きます。そして、その病院などの窓口に、持参した保険証を提示して、必要な治療を受け、薬をもらいます。このときかかった病院などの医療機関が保険医療機関です。すべての医療機関が保険医療機関であるわけではありません。保険医療機関には次の3つの種類があります。

① **保険医療機関または保険薬局**

都道府県知事の指定を受けた病院、医院、診療所、薬局などがあります。一般的に保険医療機関というと、この①のことを指します。

①の保険医療機関または保険薬局は、全国健康保険協会管掌、組合管掌を問わず、健康保険の被保険者およびその被扶養者が利用することができます。

なお、①の保険医療機関で保険診療に従事する医師は都道府県知事の登録を受けた保険医でなければならないことになっています。保険薬局も保険調剤に従事する薬剤師は都道府県知事の登録を受けた薬剤師でなければなりません。

② **特定の保険者が管掌する被保険者のための病院、診療所または薬局で、保険者が指定したもの**

健康保険組合が管掌する事業主の直営病院や会社内の診療所がこの②にあたります。

③ **健康保険組合が開設する病院、診療所または薬局**

健康保険組合が設営した医療機関で、その組合が管掌する被保険者とその被扶養者だけを保険診療の対象とします。

● 療養費とは

　健康保険では、病気やケガなどの保険事故に対して、療養という形で現物給付するのが原則です。しかし、保険者が療養の給付が困難であると認めたときや、被保険者が保険医療機関・保険薬局以外の医療機関・薬局で診療や調剤を受けたことにつきやむを得ないと認められたときは、療養費として現金給付が行われます。

● 一部は自己負担する

　健康保険の被保険者やその被扶養者がケガや病気をして、病院や診療所などの医療機関などで保険診療として診察、治療などを受けた場合、かかった治療費などの一定の割合を自分で負担する必要があります。療養の給付にかかった費用のうちのこの自己負担分を**一部負担金**といいます。

　一部負担金の割合は、次のようになっています。

・**義務教育就学前の者**
　2割

・**義務教育就学後70歳未満の者**
　3割

・**70歳〜74歳**
　2割（現役並みの所得がある者は3割）
　「現役並みの所得がある者」とは、会社員で協会けんぽや組合健保に加入している場合は標準報酬月額が28万円以上、自営業などで国民健康保険に加入している場合は住民税課税所得145万円以上です。

　ただし、年収が、単身世帯は383万円未満、2人以上世帯は520万円未満であれば、申請により非該当（現役並みの所得にあたらない）とすることができます。

療養の給付の範囲

	範　　囲	内　　容
①	診察	診断を受けるための各種の行為
②	薬剤、治療材料の支給	投薬、注射、消耗品的な治療材料など
③	処置、手術　その他の治療	その他の治療とは、理学的療法、マッサージなど
④	居宅における療養上の管理とその療養に伴う世話その他の看護	寝たきりの状態にある人などに対する訪問診療、訪問看護
⑤	病院または診療所への入院とその療養に伴う世話その他の看護	入院のこと。入院中の看護の支給は入院診療に含まれる

※業務災害・通勤災害による病気やケガの治療、美容整形、一般的な健康診断、正常な妊娠、出産などは療養の給付の対象とはならない

3 高額療養費
治療費が高額になったときの給付である

● 高額療養費は高度医療の自己負担額を抑える

病院や診療所で医療サービスを受けた場合、少ない負担でより良い医療を受けられる反面、長期入院や手術を受けた際の自己負担額が高額になることもあります。そういった状況では適切な治療を継続して受けることが困難になる被保険者も出てくることが懸念されます。そのため、自己負担額が一定の基準額を超えた場合に被保険者に給付されるのが高額療養費です。

高額療養費は、昨今の少子高齢化によって階層や限度額の見直しが頻繁に行われています。

● 高額療養費は所得が低い人ほど手厚く支給される

高額療養費は、被保険者や被扶養者が同じ月に同じ病院などで支払った自己負担額が、高額療養費算定基準額（自己負担限度額）を超えた場合、その超えた部分の額が高額療養費として支給されます。高額療養費算定基準額は、一般の者、上位所得者、低所得者によって、計算方法が異なっています。上位所得者ほど自己負担額が高くなります。

次ページ図の、「医療費の負担限度額」欄の総医療費（療養に要した費用）とは、同じ月に同じ病院などで支払った医療費の総額です。

「同じ月に同じ病院など」とは、暦月1か月内（1日から末日まで）に通院した同じ診療科であることが必要です。したがって、たとえ実日数30日以内であっても、暦月で2か月にまたがっている場合は「同じ月」とはいえません。

また、同じ月で同じ病院に通院していたとしても、診療科が異なっている場合も対象外です。なお、同じ診療科でも入院・通院別に支給の対象になるかどうかを計算します。

この場合、差額ベッド代や食事療養費、光熱費などは高額療養費の対象にはならないので注意が必要です。なお、差額ベッド代とは、治療上の必要性がないものの、患者本人が希望して、プライバシー確保のための設備などの一定水準以上の環境を備えた病室に入る場合にかかる費用のことをいいます。

高額療養費に該当するかどうかは領収書に記載されている一部負担額が保険内か保険外かを見て判断します。

● 高額療養費はどのように計算するのか

次ページ図のように高額療養費は70

歳未満、70～74歳で自己負担限度額が異なります。70～74歳では一般的に収入がないため、限度額が低めに設定されています。ただし、現役並みに所得がある場合は、70歳未満と同様の負担限度額が定められています。

医療費の自己負担限度額

●1か月あたりの医療費の自己負担限度額（70歳未満の場合）

所得区分	医療費の負担限度額	多数該当
標準報酬月額 83万円以上の方	252,600円＋ （総医療費−842,000円）×1%	140,100円
標準報酬月額 53万円〜79万円の方	167,400円＋ （総医療費−558,000円）×1%	93,000円
標準報酬月額 28万円〜50万円の方	80,100円＋ （総医療費−267,000円）×1%	44,400円
一般所得者 （標準報酬月額26万円以下）	57,600円	44,400円
低所得者 （被保険者が市町村民税の非課税者等）	35,400円	24,600円

●1か月あたりの医療費の自己負担限度額（70〜74歳の場合）

被保険者の区分		医療費の負担限度額	
		外来（個人）	外来・入院（世帯）
① 現役並み所得者（負担割合3割の方）	現役並みⅢ（標準報酬月額83万円以上）	252,600円＋（総医療費-842,000円）×1% （多数該当：140,100円）	
	現役並みⅡ（標準報酬月額53万〜79万円）	167,400円＋（総医療費-558,000円）×1% （多数該当：93,000円）	
	現役並みⅠ（標準報酬月額28万〜50万円）	80,100円＋（総医療費-267,000円）×1% （多数該当：44,400円）	
②一般所得者（①および③以外の方）		18,000円 （年間上限14.4万円）	57,600円 （多数該当：44,400円）
③ 低所得者	市区町村民税の非課税者等	8,000円	24,600円
	被保険者とその扶養家族すべての方の所得がない場合		15,000円

43

具体的な高額療養費の計算は、70歳未満の者だけの世帯と70〜74歳の者がいる世帯では異なります。

① 70歳未満の者だけの世帯

高額療養費には世帯合算という制度があります。世帯合算は、同一世帯で、同一の月1か月間（暦月ごと）に21,000円以上の自己負担額を支払った者が2人以上いるときに、それぞれを合算して自己負担を超えた分が高額療養費として払い戻される制度です。世帯合算する場合もそれぞれの個人は同一医療機関で医療費を支払っていることが要件になります。

つまり、被保険者や被扶養者が同一の月に同一医療機関から受けた療養の自己負担分（21,000円以上のものに限る）を合算した額から、前ページの上図の該当金額を控除した額が高額療養費として給付されます。

また、高額療養費には「多数該当」という自己負担限度額を軽減させる制度があります。具体的には、同一世帯で1年間（直近12か月）に3回以上高額療養費の支給を受けている場合は、4回目以降の自己負担限度額が下がります。

② 70〜74歳の者がいる世帯

この世帯では、世帯合算を行う前に、前ページの下図の個人ごとの外来療養について、自己負担額から該当する限度額を控除して高額療養費を計算します。さらに、それでも残る自己負担額

を世帯（70〜74歳のみ）ごとに合算した金額から該当する限度額を控除して高額療養費を計算します。この際、外来療養だけでなく、入院療養の自己負担額を加えることができます。最後に①の70歳未満の世帯合算の計算を行うことになります。つまり、3段階で高額療養費を計算するということです。

次ページの計算例では、まず、70〜74歳のBさんとCさんの外来療養の高額療養費を計算します。それぞれ、外来療養費を支払っているため、各階層の上限額以上に支払った費用は払戻を受けることができます。Bさんの外来療養費は5万円、Cさんは7万円なので、自己負担限度額18,000円をひいた、32,000円と52,000円が高額療養費となります。

次に、70〜74歳の世帯ごとの外来・入院療養の高額療養費を計算します。先に計算した外来の高額療養費の自己負担額36,000円（18,000円＋18,000円）と入院費用100,000円を合算し、世帯ごとの上限額（57,600円）以上に支払った費用の払戻を受けます。外来・入院療養の高額療養費は、78,400円になります。

最後に、70歳未満のAさんを含めて世帯での外来・入院療養で支払った費用を合算します。Aさんの外来で支払った費用は21,000円以下のため、高額療養費の対象外となりますから、入院費用450,000円と、BさんとCさんの

外来・入院療養の高額療養費57,600円を合算し、世帯ごとの上限額（57,600円）以上に支払った費用の払戻を受けます。最終的な、高額療養費の総額は、612,400円になります。

● 事前に申請すると自己負担限度額だけの支払いですむ

高額療養費が支給され、最終的な負担額が軽減されても、医療機関の窓口で一度支払いをしなければなりません。したがって金銭的な余裕がないと、そ

もそも医療を受けることができないこともあります。医療費が高額になることが事前にわかっている場合には、高額療養費の現物支給化の制度を利用することができます。申請は、国民健康保険の場合は市区町村の窓口、協会けんぽの場合は各都道府県支部、それ以外の医療保険に加入の場合は勤め先の健康保険組合に、限度額適用認定証の申請を行います。これを医療機関に提示することで、自己負担限度額のみの支払いですみます。

高額療養費の計算例

Aさん (52歳、所得：一般)	Bさん (72歳、所得：一般)	Cさん (74歳、所得：一般)
自己負担額 ○○病院（外来） 　　　　10,000円 △△病院（入院） 　　　450,000円	自己負担額 ○○病院（外来） 　　　　50,000円	自己負担額 ○○病院（外来） 　　　　70,000円 △△病院（入院） 　　　100,000円

① **70〜74歳の個人ごとの外来療養の高額療養費を計算**

　Bさん　50,000−18,000（43ページ下図）＝32,000円
　⇒18,000円は自己負担

　Cさん　70,000−18,000（43ページ下図）＝52,000円
　⇒18,000円は自己負担

② **70〜74歳の世帯ごとの外来・入院療養の高額療養費を計算**

　18,000＋18,000＋100,000−57,600（43ページ下図）＝78,400円
　⇒57,600円は自己負担

③ **70歳未満も含めた世帯ごとの外来・入院療養の高額療養費を計算**

　57,600＋450,000−57,600（43ページ上図）＝450,000円

　高額療養費　32,000＋52,000＋78,400＋450,000＝612,400円
　※Aさんの外来療養は21,000円以下なので対象外となる

高額医療・高額介護合算療養費制度

医療費と介護サービス費の合計が上限を超えた場合、返金される

● 自己負担軽減の目的で設けられた

1か月の間に医療費が高額となり、一定の額を超えて自己負担額を支払ったとき、「高額療養費」として一定の額を超えた分が支給されます。また、同様に介護サービス費が高額となり、一定の額を超えた場合は、「高額介護サービス費」が支給されます。介護サービス費の高額負担者は、医療費の高額負担者であることも多く、それぞれの制度の自己負担上限額を負担する場合、その合計額は大きな負担となります。

そこで、その自己負担を軽減する目的で、高額医療・高額介護合算療養費制度が設けられました。この制度は、年額で限度額が設けられ、医療費と介護サービス費の自己負担額の合計が著しく高額となる場合、申請して認められるとその超過額が後から支給されます。

対象となるのは、被用者保険、国民健康保険、後期高齢者医療制度の医療保険各制度の世帯で、介護保険の受給者がいる場合です。毎年8月1日からの1年間で、その世帯が自己負担する医療費と介護サービス費の自己負担額の合計が、設定された自己負担限度額を超えたときに、超えた金額が支給されます。

この自己負担限度額は、60万円が基本ベースとなっていますが、加入している医療保険の各制度や世帯所得によって細かく設定されています。

自己負担限度額は、世帯の年齢構成や所得区分によって図のように異なります。

高額医療・高額介護合算療養費の自己負担限度額

70歳未満の場合

所得区分	基準額
標準報酬月額　83万円以上の者	212万円
標準報酬月額　53万円〜79万円の者	141万円
標準報酬月額　28万円〜50万円の者	67万円
標準報酬月額　26万円以下の者	60万円
低所得者 （被保険者が市町村民税の非課税者等）	34万円

※70〜74歳の場合、上表と異なり、①現役並み所得者（標準報酬月額28万円以上で高齢受給者証の負担割合が3割の方67〜212万円、②一般所得者（①および③以外の者）56万円、③低所得者で被保険者が市町村民税の非課税者等である場合31万円、被保険者とその扶養家族すべての者の所得がない場合19万円となります。

5 保険外併用療養費

保険診療と保険外診療を併用した場合の給付

● 保険診療との併用がある場合に行われる給付

健康保険では、保険が適用されない保険外診療があると保険が適用される診療も含めて、医療費の全額が自己負担となるしくみとなっています（混合診療禁止の原則）。

ただし、保険外診療を受ける場合でも、厚生労働大臣の定める評価療養と選定療養については、保険診療との併用が認められています。具体的には、通常の治療と共通する部分（診察・検査・投薬・入院料など）の費用は、一般の保険診療と同様に扱われ、その部分については一部負担金を支払うことになり、残りの額は保険外併用療養費として健康保険から給付が行われます。

なお、介護保険法で指定されている指定介護療養サービスを行う療養病床などに入院している患者は、介護保険から別の給付を受け取ることができます。そのため、二重取りにならないように、保険外併用療養費の支給は行われません。

● 評価療養と選定療養

評価療養とは、保険適用前の高度な医療技術を用いた医療や新薬など、将来的な保険適用を前提としつつ保険適用の可否について評価中の療養のことです。たとえば、先進医療、薬事法承認後で保険収載前の医薬品、医療機器、再生医療等製品の使用、薬価基準収載医薬品の適応外使用なども評価療養に含まれます。

一方、選定療養とは、個室の病室や、予約診療、紹介状なしの大病院受診、保険で認められている内容以上の医療行為など、患者本人が希望して受ける「特別な療養」のことです。200床以上の病院の未紹介患者の初診、200床以上の病院の再診、制限回数を超える医療行為、180日を超える入院、前歯部の材料差額などが選定医療に含まれます。

● 保険外併用療養費の具体例

たとえば、総医療費が120万円、うち先進医療についての費用が30万円だった場合、先進医療についての費用30万円は、全額を患者が負担することになります。

一方、通常の治療と共通する部分（診察、検査、投薬、入院料）については90万円の7割（63万円分）が保険外併用療養費として給付される部分になります。結局、30万円と27万円を合わせた57万円について、患者が自己負担することになります。

6 入院時食事療養費・生活療養費

入院に伴い食事の提供を受けたときの給付

● 入院中の食事の提供を受けることができる

　病気やケガなどをして入院した場合、診察や治療などの療養の給付（現物給付）の他に、食事の提供を受けることができます。この食事の提供（現物給付）としての保険の給付を入院時食事療養費といいます。

　入院時食事療養費の給付を受けた場合、原則として1食あたり460円の自己負担額（標準負担額）を支払う必要があります。標準負担額を超える分については、保険者が医療機関へ直接支払います。なお、標準負担額については、下図のような住民税非課税者への減額措置が設けられています。さらに、長期入院の負担軽減の観点から入院日数が90日を超える場合にも減額を行う措置が設けられています。

　また、70歳以上の低所得者（市民税非課税で世帯全員の所得が0円の世帯における70歳から74歳までの者）についても軽減があります。

　入院時の食事代については、高額療養費の対象外となることに注意が必要です。

● 入院時生活療養費はどんな場合に支給されるのか

　介護保険が導入され、要介護認定された人はさまざまな介護サービスを受けることができるようになりました。一方で入院患者は、症状が重い間は、医師や看護婦により十分な看護を受けていますが、ある程度症状安定し、リハビリが必要となる段階で、看護が少なくなり、65歳以上の高齢者は介護を受けながら生活するようになります。

　そこで、介護保険との均衡の観点から、入院する65歳以上の者の食事や居

食事療養についての標準負担額

	対象者区分	標準負担額（1食あたり）
1	原則	460円
2	市区町村民税の非課税対象者等で減額申請の月以前12か月以内に入院日数90日以下の者	210円
3	2の者で減額申請の月以前12か月以内に入院日数90日を超える者	160円
4	70歳以上の低所得者	100円

住に要した費用（光熱水費相当額）について、保険給付として入院時生活療養費が支給されています。

入院時生活療養費の額は、生活療養に要する平均的な費用の額から算定した額をベースに、平均的な家計における食費及び光熱水費など、厚生労働大臣が定める生活療養標準負担額を控除した額、となっています。

なお、低所得者などの生活療養標準負担額については、下図のように軽減されています。また、一定の難病患者については、食費が1食につき260円、居住費が1日につき0円になることがあります。

入院時の食事代や居住費については、高額療養費の対象外となることに注意が必要です。

●事前に申請することで軽減措置を受けることができる

入院時食事療養費と入院時生活療養費については、収入に応じて標準負担額の軽減が認められています。標準負担額の軽減を受けるためには、被保険者証と低所得を証明できる書類を添付して、健康保険であれば協会けんぽの都道府県支部、あるいは国民健康保険であれば、市町村の担当窓口に事前に申請をします。申請をすると、「限度額適用・標準負担額減額認定証」が交付されるため、入院中の病院等にそれを提示すると、標準負担額の軽減を受けることができます。

なお、事前にやむを得ない理由で「限度額適用・標準負担額減額認定証」を病院窓口で提示できなかった場合には、後日、申請にて差額が支給される場合があります。

入院が長期間に及ぶ場合には、高額療養費と併せて申請しておくとよいでしょう。

入院時の生活療養についての標準負担額

区　分	食費についての患者の負担額	居住費についての患者の負担額
①　一般の被保険者で、栄養管理などの面で厚生労働大臣の定める保健医療機関に入院している者	1食につき 460 円	1日につき 370 円
②　一般の被保険者で、①以外の保険医療機関に入院している者	1食につき 420 円	
③　市区町村民税の非課税対象者	1食につき 210 円	
④　70歳以上の低所得者	1食につき 130 円	

7 家族療養費
被保険者の被扶養者が病気やケガをした場合の給付

● 被扶養者には家族療養費が支給される

　被保険者の被扶養者が病気やケガをして、保険医療機関で療養を受けたときは、家族療養費が給付されます。

　家族療養費は被保険者が受ける療養の給付、療養費、保険外併用療養費、入院時食事療養費、入院時生活療養費を一括した給付です。

　これらの給付は被扶養者本人に支給されるのではなく、あくまで保険の原則に則って被保険者に対して支給されます。

　なお、家族療養費は、扶養制度のある健康保険にのみ設けられている保険給付です。国民健康保険や後期高齢者医療制度については、扶養という考え方がないためです。

　家族療養費は、現物（治療行為など）で給付を受けるもの（現物給付）と現金で給付を受けるもの（現金給付）とがあります。家族療養費の給付内容は、被保険者が受ける療養の給付などの給付とまったく同じもので、診察、薬剤、治療材料の支給、処置・手術、在宅で療養する上での管理・看護、病院への入院等が給付されます。

　療養の給付であれば、保険医療機関の窓口で健康保険被保険者証（カー

ド）を提出して、診察、薬剤・治療材料の支給などを受けますが、被扶養者も同様に健康保険証を提示して治療などを受けます。70〜74歳の場合には高齢受給者証もあわせて提示します。

　現物給付として家族療養費の支給を受けることができない場合に、現金給付である家族療養費の支給を受けることができますが、家族療養費の支給を受ける場合には、被保険者に対する療養費と同様に以下の要件を満たすことが必要です。

・保険診療を受けることが困難であるとき
・やむを得ない事情があって保険医療機関となっていない病院などで診療・手当などを受けたとき

　この場合には、いったん治療費の全額を保険医療機関に支払い、後から保険者に家族療養費を請求するという手順をふみます。

● 被扶養者が治療を受けた場合の自己負担額

　自己負担額（被保険者が負担する部分）も被保険者と同じように、義務教育就学後70歳未満の者については3割、義務教育就学前の者は2割、70歳以上の者は2割（ただし、一定以上の所得

者については３割）となっています。

　なお、一定以上の所得者とは、療養を受ける月の標準報酬月額が28万円以上である者（被保険者）の被扶養者（70歳に達する日の属する月の翌月以後にある被扶養者に限る）です。

　ただし、標準報酬月額が28万円以上の者であっても年収が一定額以下の場合には申請により、自己負担割合は２割が適用されます。

◉療養の給付以外にも他の給付も包括している

　家族療養費は、療養の給付以外にも入院時食事療養費、入院時生活療養費、保険外療養費について被保険者と同様の給付を受けることができます。一方で、高額療養費や高額介護合算療養費、扶養者が死亡した場合の埋葬料、扶養者が出産した場合の出産育児一時金に

ついても被保険者と同様に保険給付を受けることができ、給付内容は同様です。

　また、訪問介護療養費や移送費については別途、家族訪問介護療養費と家族移送費が設けられているため、そちらから給付が行われます。

◉家族療養費が支給されない者もいる

　後期高齢者医療制度（64ページ）の給付を受けることができる者には、そもそも被保険者の被扶養者に該当しないため家族療養費の支給は行いません。また、介護保険法に規定する指定介護療養施設サービスを行う療養病床などに入院中の者にも家族療養費が支給されません。

被扶養者に対する給付

家族療養費
被保険者が受け取る療養の給付、療養費、保険外併用療養費、入院時食事療養費・生活療養費を一括した給付

高額療養費・高額介護合算療養費
被保険者の場合と同様

家族埋葬料
５万円

家族出産育児一時金
被保険者の場合と同様

被扶養者に対する給付

8 傷病手当金
３日間の待期期間が必要である

● 傷病手当金とは

労働者（被保険者）が業務外の病気やケガで働くことができなくなり、その間の賃金を得ることができないときに、健康保険から傷病手当金が支払われます。

傷病手当金の支給を受けるには、連続して３日間仕事を休んだことが要件となりますが、この３日間はいつから数える（起算する）のかを確認しておきます。

３日間の初日（起算日）は、原則として病気やケガで働けなくなった日になります。たとえば、就業時間中に業務とは関係のない事由で病気やケガをして働けなくなったときは、その日が起算日となります。また、就業時間後に業務とは関係のない事由で病気やケガをして働けなくなったときは、その

翌日が起算日となります。

休業して４日目が傷病手当金の支給対象となる初日です。それより前の３日間については傷病手当金の支給がないため、「待期の３日間」と呼ばれています。待期の３日間には、会社などの公休日や有給休暇も含みます。また、この３日間は必ず連続している必要があります。

● １年６か月まで支給される

傷病手当金の支給額は、１日につき標準報酬日額の３分の２相当額です。ただ、会社などから賃金の一部が支払われたときは、傷病手当金と支払われた賃金との差額が支払われます。

標準報酬日額とは、標準報酬月額の30分の１の額です。傷病手当金の支給期間は１年６か月です。これは、支給

傷病手当金の待機期間

①	3/1	3/2	3/3	3/4	3/5	3/6	3/7	3/8	3/9	3/10
	出	休	出	休	休	出	出	休	休	出

②	4/5	4/6	4/7	4/8	4/9	4/10	4/11	4/12	4/13	4/14
	出	休	出	休	休	休	休	休	休	休

休業した日が連続３日間なければ待期期間が完成しない
①では、連続した休業が２日しかないため、待期期間は完成しない
②では、４月８日、４月９日、４月10日と連続した休業が３日間あるので４月10日に待期が完成、４月11日から支給される

を開始した日からの暦日数で数えます。たとえば、4月11日分から傷病手当金をもらっている場合であれば、翌年の10月10日までの1年6か月間が最長の支給期間ということになります。1年6か月間のうち、実際に傷病手当金が支給されるのは労務不能による休業が終わるまでの期間です。

なお、被保険者期間が1年以上あり、会社を退職した日に傷病手当金を受けている、または受けられる状態であるときは、退職後も受給期間が満了するまで傷病手当金を受けることができます。

● 出産手当金・障害厚生年金との調整

傷病手当金と出産手当金（次ページ）とでは、支給根拠は異なりますが、どちらも生活保障の役割で支給されます。したがって両方を同時に受給することはできません。両方の支給要件に該当するときは、出産手当金が支給さ

れ、傷病手当金は支給されません。

また、同一の傷病により傷病手当金と障害厚生年金の両方の支給要件に該当するときは、障害厚生年金が支給され、傷病手当金は支給されません。ただし、障害厚生年金の額が少なく、障害厚生年金の年額を360で除した額が、1日当たりの傷病手当金の額に満たない場合は、その差額分の傷病手当金が支給されます。

● 労災の休業補償給付との調整

傷病手当金は、業務外の傷病により支給されるもので、労災保険の休業補償給付は業務上の傷病により支給されるものです。傷病の原因は別物ですが、どちらも生活保障の役割で支給されます。したがって同時に支給要件に該当しても両方を同時に受給することはできません。両方の支給要件に該当するときは、休業補償給付が支給され、傷病手当金は支給されません。

傷病手当金の支給期間

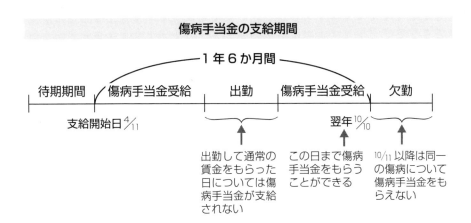

出産手当金・出産育児一時金
産前産後について支給される

● 出産のための給付

出産は病気やケガではありませんので、出産にかかる費用については療養（費）の給付を受けることができません。

そこで、健康保険では、出産のために仕事を休んだ場合の賃金の補てんと出産費用の補助を行っています。賃金の補てんとしての給付を出産手当金、出産費用の補助としての給付を出産育児一時金といいます。

● 出産手当金とは

被保険者が出産のため、休業することによって、賃金を得ることができなかった場合（または減額された場合）に支給されます。

出産手当金の支給を受けることができる期間は、出産日以前（産前）42日（双児以上の妊娠は98日）から出産日後（産後）56日までの間です。出産日当日は産前に含まれます（次ページの図参照）。出産手当金の支給額は、休業1日につき標準報酬日額（標準報酬月額の30分の1の額）の3分の2相当額です。ただ、会社などから賃金の一部が支払われたときは、出産手当金と支払われた賃金との差額が支給されます。

出産手当金の出産とは妊娠85日（4か月）以上の出産をいいます。生産、早産、死産、流産、人工中絶も含みます。

出産手当金と出産育児一時金

	出産手当金	出産育児一時金
内容	出産のため会社を休み、事業主から報酬が受けられないときに支給される手当	妊娠4か月以後（妊娠85日以後）に出産したときに支給される一時金
支給額	1日につき標準報酬日額の3分の2に相当する額	1児ごとに42万円（原則）
取得手続き	産前、産後別または産前産後一括してそれぞれの期間経過後に、事業所管轄の全国健康保険協会の都道府県支部または会社の健康保険組合に提出する	出産から2年以内に事業所管轄の全国健康保険協会の都道府県支部または会社の健康保険組合に提出する

また、実際の出産が当初の予定日より遅れた場合は、実際に出産した日までの期間について出産手当金が支給されます。つまり、出産手当金の産前の支給期間が42日（双児以上の場合は98日）よりも延びることになります。逆に出産が予定日よりも早まったときは、すでに支給された出産手当金について、産後の出産手当金である56日の一部を支給したものとみなします。予定よりも出産が早まった日数分は支給されません。

　出産手当金は傷病手当金と違い、対象となる休業期間に働くことができるかどうかは関係ありません。実際に働かなかった日があれば、出産手当金の支給の対象となります。

◉出産育児一時金とは

　健康保険の被保険者またはその被扶養者である家族が妊娠4か月以後（妊娠85日以後）に出産したときに、一児につき42万円が支給されます（双児以上の場合は42万円×人数分）。

　ただし、妊娠週数が22週に達していない、産科医療補償制度（出産時の事故で重度の脳性麻痺児が生まれた場合の補償制度）が適用されない出産の場合、支給額は40.4万円となります。

出産手当金が支給される期間

● **予定日に出産、または予定日より前に出産した場合**

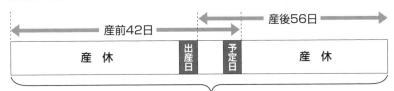

出産手当金が支給される期間

※出産予定日より出産が早まった場合、早まった分、産前期間が短くなる。

● **予定日より遅れて出産した場合**

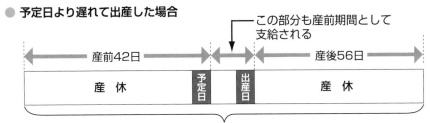

出産手当金が支給される期間

10 訪問看護療養費・移送費

自宅で療養する者への訪問看護サービスである

● 訪問看護療養費とは

　在宅で継続して療養を受ける状態にある者は、健康保険の給付の対象となります。これを訪問看護療養費といいます。訪問看護療養費は、かかりつけの医師の指示に基づき、指定訪問看護事業者（訪問看護ステーションに従事する者）の看護師等による訪問看護サービスの提供を受けたときに支給されます。指定訪問看護事業者とは、厚生労働大臣の定めた基準などに従い、訪問看護を受ける者の心身の状況などに応じて適切な訪問看護サービスを提供する者です。

　訪問看護サービスを受けた場合、被保険者は厚生労働大臣の定めた料金の100分の30の額を負担する他、訪問看護療養費に含まれないその他の利用料（営業日以外の日に訪問看護サービスを受けた場合の料金など）を自己負担します。

● 移送費とは

　医師の指示によって、緊急に転院した場合などのように、転院に伴って必要になるタクシー代などの移動費について、健康保険から給付を受けることができます。これを移送費といいます。移送費は現金給付です。いったんタクシー代などの移送費を自分で支払い、後で、移送費相当額の給付を受けることになります。

　移送費として受けることができる額は、低廉かつ通常の経路および方法によって移送した場合の運賃になります。

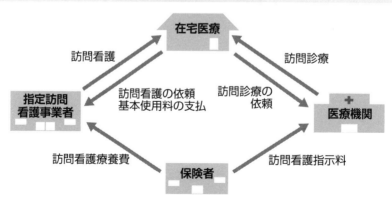

訪問看護療養費の支給要件

埋葬料・埋葬費
支給される者は、被扶養者だけとは限らない

● 埋葬料・家族埋葬料とは

　被保険者が業務外の事由で死亡した場合に、その被保険者により生計を維持されていた人で埋葬を行う人に対して埋葬料が支払われます。被保険者が自殺した場合にも支払われます。

　「被保険者により生計を維持されていた人」とは、被保険者である親が死亡した場合の子などです。ただ、民法上の親族や遺族でない者でも、同居していない者であってもかまいません。

　また、生計の一部を維持されていた人も含みます。健康保険の被扶養者である必要はありません。

　「埋葬を行う人」とは、常識的に考えて埋葬を行うべき人をいいます。たとえば、被保険者の配偶者や子がこれにあたります。被保険者の配偶者や子がいない場合は、被保険者の兄弟姉妹やその他親戚の者などです。

　埋葬料の額は、標準報酬月額にかかわりなく協会けんぽの場合、一律５万円です。埋葬料を請求するときは、「健康保険埋葬料請求書」に、死亡診断書などを添付して保険者に提出します。

　また、被扶養者が死亡したときは、被保険者に対して家族埋葬料が支給されます。家族埋葬料の支給額は協会けんぽの場合一律５万円です。死産児は家族埋葬料の支給対象にはなりません。請求方法は埋葬料の場合と同じです。

● 埋葬費とは

　身寄りのない１人暮らしの被保険者が亡くなったときのように、被保険者と生計維持関係にあった者がいないため、埋葬料を受ける者がいない場合は、実際に埋葬を行った者に埋葬費が支給されます。埋葬費の額は、埋葬料の金額の範囲内で、実際に埋葬に要した実費相当額です。費用には霊柩車代、霊前供物代、僧侶謝礼、火葬料などが含まれますが、参列者の接待費用や香典返しなどは含まれません。

第2章　健康保険のしくみと手続き

死亡した場合の給付

 ┌─ 被保険者の死亡
　　　　　……５万円（埋葬料）
└─ 被扶養者の死亡
　　　　　……被保険者に対して５万円支給（家族埋葬料）

12 退職と医療保険制度

任意継続を選択しなければ国民健康保険に入ることになる

● 退職後の医療保険

医療保険制度には、個人で契約して加入する民間の医療保険制度と公的医療保険制度があります。健康保険は、国などの保険者が「病気・ケガ・死亡・出産」に際して給付を行い、国民の健康と生活の安定を図るための制度です。医療機関の利用などを通じて受けられる最も身近な公的な医療保険制度といえます。健康保険は会社を退職すると加入資格を失いますので、在職中に使っていた健康保険証（健康保険被保険者証）は、会社を通して返却しなければなりません。退職した日の翌日からは使えません。

現在の健康保険制度は、国民すべてが、いずれかの公的医療保険制度に加入することになっています。これを国民皆保険制度といいます。会社を退職した後は、国民健康保険などのいくつかの制度の中から該当するものを選ぶことになります。

● 退職証明書類を会社からもらっておく

従業員が退職する場合、加入している医療保険の保険者が退職者についての退職手続きを行います。保険者とは制度を運営するために、保険料を徴収

したり保険給付を行ったりする事業主体のことで、健康保険の保険者には、全国健康保険協会と、企業団体等が認可を受けて設立した健康保険組合があります。退職手続きについては、全国健康保険協会管掌であれば年金事務所、組合管掌ではそれぞれの健康保険組合の事務所が窓口となり、事業主（または担当者）が手続きを行うことになります。

一方、国民健康保険の手続きの窓口は、住所地の市区町村役場です。会社の退職後、国民健康保険に加入する場合、退職日の翌日から14日以内に、住所地にある市区町村役場の国民健康保険窓口に「国民健康保険被保険者資格取得届」を提出します。添付書類として、健康保険の「資格喪失届」のコピーなど退職を証明できる書類が必要になることもありますので、退職前に国民健康保険窓口に確認し、あらかじめ会社からもらっておくようにしましょう。

● 保険料や給付内容をチェックする

退職後にも、加入していた保険制度に関する手続きが必要となる場合があります。念のため、全国健康保険協会や健康保険組合などの退職前の健康保

険証に記載されている記号番号、年金事務所や健康保険組合の住所・電話番号などをあらかじめメモしておきましょう。

　会社に勤めている間は、組合または全国健康保険協会管掌の健康保険の被保険者になっています。しかし、会社を辞めると、後にどの健康保険に入るのかを自分で決めなければなりません。

　会社を退職した後は、通常、再就職して再度健康保険の被保険者となるまでの間、任意継続被保険者（61ページ）になるか、国民健康保険へ加入することになります。また、家族の誰かが健康保険に加入している場合で、一定の条件を満たす場合には、家族の被扶養者となることも選択肢のひとつです。

　国民健康保険に加入すると、別に健康保険に加入している者を除いて本人とその配偶者、子供など家族全員が被保険者となり、それぞれに保険料がかかってきます。国民健康保険の保険料は、前年の所得に基づいて計算されます。健康保険に加入していたときと比べると、保険料が安くなることが多いようですが、給付内容が違いますし、扶養家族の人数、住宅などの資産の有無などにより、かえって保険料が増える場合もあります。

　それぞれの制度によって保険料や給付内容が異なります。自分や家族の健康状態などをよく考えて決めるようにしてください。

退職後の健康保険

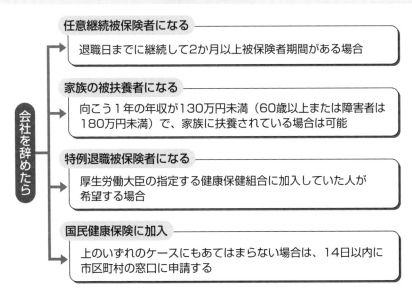

会社を辞めたら

任意継続被保険者になる
退職日までに継続して2か月以上被保険者期間がある場合

家族の被扶養者になる
向こう1年の年収が130万円未満（60歳以上または障害者は180万円未満）で、家族に扶養されている場合は可能

特例退職被保険者になる
厚生労働大臣の指定する健康保健組合に加入していた人が希望する場合

国民健康保険に加入
上のいずれのケースにもあてはまらない場合は、14日以内に市区町村の窓口に申請する

健康保険の資格喪失後の給付
被保険者期間に一定の制限がある

◉資格喪失後に受給できる手当

　会社を辞めた場合など、資格を喪失した後でも給付を受けることができる場合があります。資格喪失後に受給できる給付は、以下の傷病手当金、出産手当金、出産育児一時金、埋葬料または埋葬費の4つです。ただし、任意継続期間中に傷病手当金、出産手当金の受給要件が発生しても、これらの手当金を受給することはできません。

・傷病手当金

　退職の際にすでに支給を受けているか、または、支給を受けられる状態であったことが支給要件になります。

・出産手当金

　出産手当金は、出産予定日（または出産日）の42日前（多胎の場合は98日前）に在籍しており、退職日に勤務していないことが支給要件になります。

・出産育児一時金

　出産育児一時金を受給するには、資格喪失後、6か月以内に出産していることが要件となります。

・埋葬料、埋葬費

　埋葬料、埋葬費の給付が受給できるのは、①資格喪失後3か月以内の死亡、②資格喪失後の傷病手当金・出産手当金の継続給付を受けている間または受けなくなってから3か月以内に死亡したときのいずれかです。埋葬料・埋葬費については、任意継続被保険者の資格を喪失した場合であっても、通常の資格喪失と同様の基準で受給の可否を判断します。

資格喪失後も受けられる健康保険の給付

給　付	資格喪失前の要件	資格喪失後の要件
傷病手当金	・資格喪失日の前日まで1年以上継続した被保険者期間 ・資格喪失時に受給していたか受給できる状態	
出産育児一時金	資格喪失日の前日まで1年以上継続した被保険者期間	資格喪失後6か月以内の出産
出産手当金	・資格喪失日の前日まで1年以上継続した被保険者期間 ・資格喪失時に受給していたか受給できる状態 ・出産日または出産予定日の42日前（多胎の場合は98日）に在籍	
埋葬料(費)		資格喪失後3か月以内の死亡

14 任意継続被保険者
退職後も2年間健康保険に加入することができる制度

● 任意継続被保険者とは

　健康保険には、退職後も在籍していた会社の健康保険制度に加入できる任意継続被保険者という制度があります。

　退職日まで被保険者期間が継続して2か月以上あれば、被保険者資格を喪失してから2年間、任意継続被保険者になることができます。

　在職中と同様に、健康保険の給付を受けることができます。ただ、在籍中は、会社が保険料の半分を負担してくれていましたが、任意継続後は、全額を自己負担することになります。

　任意継続においては、保険料に上限があるのがポイントです。上限額は保険者によって異なりますが、全国健康保険協会管掌健康保険では標準報酬月額30万円の場合の保険料が上限になります（東京都の介護保険第2号被保険者該当者の場合、令和3年3月分からは34,920円）ので、在職中の保険料がこの上限を超えていた者や被扶養者の多い者は、国民健康保険を選択するよりも保険料が安くなることもあります。

● 納付が遅れると資格を失う

　任意継続被保険者になるためには、退職日の翌日から20日以内に、「健康保険任意継続被保険者資格取得申出書」を保険者に提出します。

　毎月の保険料は、月初めに送付される納付書で原則として毎月10日までに納付することになります。毎月の保険料の納付が1日でも遅れると、原則として被保険者資格がなくなります。

　任意継続をする場合、継続期間中は保険料が変わりません。これに対して、市区町村によって運営されている国民健康保険の保険料は前年の所得などによって、毎年度変わりますので、どちらに加入すべきかを検討することが大切です。

任意継続被保険者の手続き

任意継続被保険者　➡
- 全国健康保険協会管掌健康保険　・・・・・　全国健康保険協会の都道府県支部
- 組合管掌健康保険　・・・・・・　従前の健康保険組合事務所

15 国民健康保険

現住所のある市区町村で国民健康保険に加入する

● 国民健康保険のしくみ

国民健康保険の対象となるのは、健康保険や船員保険などが適用されない農業者、自営業者、そして企業を退職した年金生活者などです。その内容は国民健康保険法に細かく定められており、日本の医療保険制度の基となっています。保険者は市区町村となります。

被保険者は現住所のある市区町村で国民健康保険に加入します。保険者は各市区町村で、保険証の交付もここで行われます。手続は原則として退職後14日以内に行います。

保険料は被保険者の収入などにより、その料率が定められています。詳しくはそれぞれの市区町村に問い合わせなければなりません。療養の給付の自己負担額は以下のとおりです。

・小学校就学前までの被保険者
　2割
・小学校就学以後から70歳未満までの被保険者
　3割
・70歳以上の被保険者
　2割

ただし、健康保険と同様、70歳以上であっても一定以上の所得がある場合には、3割負担とされています。

● 国民健康保険の給付

国民健康保険の給付は、基本的には会社員の加入する健康保険と同じですが、一部の給付については行われていない場合があります。保険給付などについて不服のある場合には、都道府県が設置する国民健康保険審査会に審査請求を行うことができます。審査請求は、処分が行われたことを知った日の翌日から3か月以内に行います。

具体的には、以下のような給付がなされています。

① 療養の給付

被保険者が病気・ケガをした場合に行われる診察や治療のことです。

② 入院時食事療養費・入院時生活療養費

入院時に必要となる食事や居住費の給付のことです。

③ 保険外併用療護費

保険適用の医療と保険適用外の医療を併用した場合に、その保険適用の医療と共通する部分について行われる給付のことです。

④ 療養費

やむを得ない理由で被保険者証を持参しないで診察を受けて医療費を全額支払った場合などに、後から一部負担金を除いた額が現金で給付されます。

⑤ **移送費**

緊急に別の病院に移送された場合などに移動費用が現金で給付されます。

⑥ **高額療養費**

同一月に同一の保険医療機関に一定額以上の一部負担金を支払った場合、その超過分が現金で支給されます。

⑦ **訪問看護療養費**

主治医の指示により、訪問看護を利用した場合に、その費用が訪問看護療養費として現物給付されます。

⑧ **特別療養費**

保険料滞納などによって被保険者証を市区町村に返還せざるを得なくなった場合に医療機関に医療費を全額支払った際に、被保険者資格証明書の交付を受けることによって一部負担金相当額を除いた医療費が現金で給付されます。

⑨ **出産育児一時金**

産科医療補償制度に加入している産院で出産した場合は、1児につき42万円が支給されます。

⑩ **葬祭費**

市区町村によって1～5万円程度が支給されます。

国民健康保険の給付内容

種　類	内　容
療養の給付	病院や診療所などで受診する、診察・手術・入院などの現物給付
入院時食事療養費	入院時に行われる食事の提供
入院時生活療養費	入院する65歳以上の者の生活療養に要した費用の給付
保険外併用療養費	先進医療や特別の療養を受けた場合に支給される給付
療養費	療養の給付が困難な場合などに支給される現金給付
訪問看護療養費	在宅で継続して療養を受ける状態にある者に対する給付
移送費	病気やケガで移動が困難な患者を医師の指示で移動させた場合の費用
高額療養費	自己負担額が一定の基準額を超えた場合の給付
高額医療・高額介護合算療養費	医療費と介護サービス費の自己負担額の合計が著しく高額となる場合に支給される給付
特別療養費	被保険者資格証明書で受診した場合に、申請により、一部負担金を除いた費用が現金で支給される
出産育児一時金	被保険者が出産をしたときに支給される一時金
葬祭費	被保険者が死亡した場合に支払われる給付
傷病手当金(任意給付)	業務外の病気やケガで働くことができなくなった場合の生活費
出産手当金(任意給付)	産休の際、会社から給料が出ないときに支給される給付

16 後期高齢者医療制度

国民皆保険を維持するために後期高齢者医療制度が作られた

● 後期高齢者医療制度とは

　後期高齢者医療制度が施行される以前については、老人保健法によって低額の自己負担で受けられる医療制度が市町村によって運営されてきました。しかし、日本では世界に類をみないほど高齢化が進行しており、それに伴い入院の長期化、高い医療水準による平均寿命の延びなど医療費の増大リスクが問題となってきました。後期高齢者の医療費は国民医療費全体の3割を占めているというデータもあり、その割合は年々増加しています。また、仕事を定年すると、ほとんどの人は市町村が運営する国民健康保険に加入するのが一般的となっており、それらの医療費が市町村財政を圧迫しているという問題もあります。

　そのため、これまでの国民皆保険を維持するために、75歳以上の高齢者を市町村ではなく広域の地域が運営する独立した後期高齢者医療制度に加入させ給付を行うことにしました。これを後期高齢者医療制度といいます。

　似たような制度として、前期高齢者医療制度があります。これは65歳から74歳までの前期高齢者について、国民健康保険・各被用者保険（協会けんぽ、健康保険組合など）の間で費用の負担の不均衡を前期高齢者の割合で調整す

る制度です。

　後期高齢者医療制度では、都道府県ごとにすべての市町村が加入する広域連合を設け、疾病、負傷、死亡に関して必要な給付を行います。また、保険料を納める所とそれを使う所を都道府県ごとの広域連合に一元化することで、財政と運営責任が明確になるというメリットがあります。

　前期高齢者医療制度、後期高齢者医療制度はともに、「高齢者の医療の確保に関する法律」に規定されています。

● 後期高齢者医療の給付には何があるのか

　後期高齢者医療においても、給付の種類は大きく変わりません。

① 法定必須給付（必ず行わなければならない給付）

　療養の給付、療養費、高額介護合算療養費、入院時食事療養費、訪問介護療養費、特別療養費、入院時生活療養費、移送費、保険外併用療養費、高額療養費

② 法定任意給付（原則として行わなければならない給付）

　葬祭費、葬祭の給付

③ 任意給付（任意に行うことができる給付）

　傷病手当金

64

なお、法定必須給付に含まれる特別療養費は、保険料の滞納などにより保険証を返却した場合に現金給付で受ける療養のことです。

　療養の給付の負担金は、原則100分の10（1割負担）です。ただし、所得が145万円以上の現役並み所得者については、100分の30（3割負担）を負担しなければなりません。

　なお、政府が主催する「全世代型社会保障検討会議」において、75歳以上の後期高齢者の窓口負担について1割から2割に引き上げる案が検討されています。令和4年以降、団塊の世代が後期高齢者となり始めることから、令和4年の後半で施行されるスケジュールのようです。令和2年12月14日に行われた検討会議では、令和3年の通常国会に必要な法案の提出が行われることが示されています。

　なお、課税所得が28万円以下、あるいは単身世帯の場合、年収200万円以下、複数世帯の場合、年収320万円以下の人は1割負担のまま維持される予定です。

●療養の給付などの負担割合

　費用の負担割合は、50％を公費、40％を国民健康保険や被用者保険からの支援金、10％を高齢者の保険料から賄うことになっています。運営は都道府県単位の広域連合が行うため、原則、都道府県ごとに保険料が決定され、医療費水準に応じて、高齢者全員で公平に負担することが可能になっています。また、現役世代が支援金として金銭的に援助するため、より持続可能なしくみとなっています。

　費用の負担割合のうち10％を高齢者の保険料で賄うことから、毎年の保険料は増加傾向にあります。被保険者一人当たりの平均保険料は、東京都の場合で平成20、21年度は7,223円（月額）から平成30、31年度は8,094円（月額）に増加しています。

高齢者の医療費の自己負担割合

70歳　　　75歳

- 国民健康保険
- 健康保険（協会・組合）
- 共済組合

自己負担割合：原則2割
（一定の所得がある場合、自己負担割合は3割）

自己負担割合：原則1割
（一定の所得がある場合、自己負担割合は3割）

費用の負担割合		
公費　5割		
現役世代からの支援 4割		高齢者の自己負担 1割

17 日雇労働者と日雇特例被保険者
日々雇われる者や短期に雇用される者のことである

日払いで働く者のことである

日雇労働者とは、その日ごとに労働関係を清算する特殊な労働形態を常態とする労働者です。健康保険では日々雇われる者について、短期雇用者という性質上、保険料の徴収や保険給付に関し、一般被保険者と異なるしくみをとっています。そのため、適用事業所で働く場合であっても一般被保険者としては扱いません。

強制適用事業所や任意適用事業所で働くことになった日雇労働者は、健康保険の日雇特例被保険者になります。適用事業所以外の事業所で働く場合は日雇特例被保険者にはなりません。

日雇労働者の形態には以下の4つの形態があります。

・1か月以内だけ臨時に使用される者で日々雇い入れられる者（2か月目以降は一般被保険者となる）

・臨時に使用される者で2か月以内の期間を定めて雇用される者

・4か月以内の季節的業務に使用される者

・6か月以内の臨時的事業に使用される者

日雇特例被保険者は、年金事務所などで労働者自ら加入手続きを行う必要があります。取得手続きを行うと「健康保険日雇特例被保険者手帳」が交付されます。

日雇特例被保険者とは

日雇労働者が強制適用事業所や任意適用事業所で使用される場合、健康保険の日雇特例被保険者になります。

次ページ図の①～⑤のいずれかに該当する日雇労働者は、厚生労働大臣の承認（実務上は年金事務所長等の承認）を得て日雇特例被保険者にならないでいることもできます。日雇特例被保険者の保険料は、日雇特例被保険者手帳に健康保険印紙を貼付し、これに事業主が消印することによって納付します。手帳は使用された日ごとに事業主に提出し、貼付・消印する必要があります。

日雇特例被保険者の保険給付の種類

日雇特例被保険者の受けることができる保険給付は、基本的には一般の被保険者が受ける保険給付の内容とほぼ同じです。ただ、特別療養費は日雇特例被保険者だけの給付です。

特別療養費は、初めて日雇特例被保険者になった者が療養の給付の受給要件を満たせないことに対する救済措置

としての給付です。

◉ 療養の給付の支給を受けるには

　次の要件のいずれかを満たした場合にはじめて療養の給付を受給することができます。この要件は、最初に療養の給付を受ける月において満たしていればよく、その後、保険料納付日数が不足しても、所定の給付期間は療養の給付を受給できます。

① 　初めて療養の給付を受ける日の属する月より前の2か月間に通算して26日分以上の保険料を納付していること

② 　初めて療養の給付を受ける日の属する月より前の6か月間に通算して78日分以上の保険料を納付していること

◉ 受給資格者票を提示する

　日雇特例被保険者が療養の給付を受

ける場合、まず、日雇特例被保険者手帳を自分の住所地を管轄する全国健康保険協会の都道府県支部に提示して、保険料納付実績の確認を受けた上で「受給資格者票」を交付してもらいます。受給資格者票は一般被保険者の保険証にあたるもので、これを保険医療機関や保険薬局に提示することによって、療養の給付を受けることができます。日雇特例被保険者の一部負担金（自己負担）は、一般の被保険者と同じです（原則3割）。

◉ 受給期間と手帳の所持期間の関係

　日雇特例被保険者の受給期間は療養の給付の開始の日から1年間ですが、結核性疾患の場合には5年間です。ただし、保険料の納付要件を満たしている場合には、当該期間を過ぎた後も療養の給付などを受けることができます。

日雇特例被保険者にならない者

①	適用事業所で引き続き2か月間に通算して26日以上使用される見込みのないことが明らかなとき
②	任意継続被保険者であるとき
③	農業、漁業、商業等、他に本業がある者が臨時に日雇労働者として使用されるとき
④	大学生などが夏休みや春休みなどに臨時にアルバイトとして使用される場合
⑤	主婦などの健康保険の被扶養者が日雇労働や短期間の労働に従事するとき

18 損害賠償請求の代位取得

交通事故などで負傷した場合の処理がある

●代位取得とは

自動車事故にあってケガをした場合、被害者である被保険者（または被扶養者）は事故の加害者に対して、ケガの治療費など（治療費や治療で仕事を休んだために収入が減った分の補てんなど）の損害相当額を請求できます。これが民法が規定する損害賠償請求権です。

ただ、事故のように緊急を要する場合には、とりあえず健康保険を使って治療を受けることもあります。こういったケースでは、本来、事故の加害者が負うべき被害者の治療費を健康保険が支払った形になります。この場合、被害者が健康保険からの給付に加えて加害者からの損害賠償を受けることができるとすると、二重に損害の補てんを受けることができることになります。いかに被害者とはいえ、そこまで認めるのは不合理です。

そこで、このケースのように先に健康保険からの給付を受けた場合、保険者（全国健康保険協会または健康保険組合）は保険給付を行った額を限度として、被害者（被保険者または被扶養者）が加害者（第三者）に対して有する損害賠償請求権を取得することとしました。これを損害賠償請求権の代位取得といいます。保険者は第三者への

通知や承諾を得なくても当然に権利を取得しますので、直接、第三者に対して損害賠償を請求することができます。

●先に損害賠償を受けると健康保険は支給されない

代位取得の場合とは逆に、健康保険の保険給付を受ける前に加害者から損害賠償としての治療費などの支払いを受けた場合は、支払いを受けた価額の限度において健康保険の給付を行わなくてもよいことになっています。

なお、ひき逃げされた場合などのように加害者としての第三者がわからないこともありえます。こういったケースでは、被害者は健康保険の保険給付を受けることになります。

●代位取得の範囲はどこまでか

保険者が代位取得する損害賠償請求権は、療養の給付としての現物給付相当額に限らず、傷病手当金を受けた場合のその額や被害者が死亡した場合の給付である埋葬料（費）についても含みます。ただ、保険給付とは関係のない精神的損害の補てんである慰謝料や見舞金などについては、代位取得の対象とはなりません。

また、被害者と加害者の間で示談が

成立している場合、被害者が賠償金を受け取った日において被害者が加害者に対して持っている損害賠償請求権が消滅し、それに伴い保険者による代位取得の余地もなくなるので、保険給付は行われないことになります。損害賠償の一部についてだけ示談が成立した場合は、残りの部分について代位取得の余地が残ります。

●「第三者行為による傷病届」を提出する

傷病の原因について加害者がいる場合には「第三者行為による傷病届」を提出することになります。第三者行為には、相手のある車同士の自動車事故の他、相手のいない自損事故であって同乗者にケガをさせた場合も運転者が加害者となります。

また、他人の飼い犬などによりケガをした場合、外食などで食中毒になった場合、スポーツなどで他人の行為によりケガをした場合も含まれる可能性があります。

保険者は、提出された「第三者行為による傷病届」を基に、加害者や自動車保険会社に治療費を請求します。

代位取得の範囲

代位取得
- ・療養給付としての現物給付相当額
- ・傷病手当金相当額
- ・埋葬料（費）相当額　など

第三者行為災害による治療費支払いのしくみ

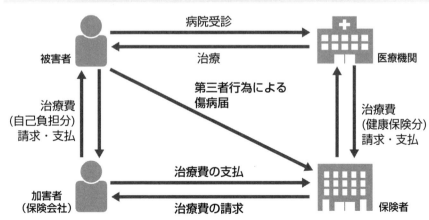

Column

保険給付が制限される場合

　健康保険制度では、業務外の事由により生じたケガや病気について必要な治療を受けることができます。しかし、その原因が故意の犯罪行為や意図的に起こした事故であった場合には給付が制限されることがあります。給付制限のため必要な治療は全額自己負担する必要がありますが、一部給付が認められる場合もあります。

　保険給付が制限される場合として、協会けんぽでは次のような場合を示しています。

① 　故意の犯罪行為や故意に事故をおこしたとき

② 　ケンカ、酔っ払いなど著しい不行跡により事故をおこしたとき

③ 　正当な理由なく医師の指導に従わなかったり保険者の指示による診断を拒んだとき

④ 　詐欺その他不正な行為で保険給付を受けたとき、または受けようとしたとき

⑤ 　正当な理由がないのに保険者の文書の提出命令や質問に応じないとき

⑥ 　感染予防法等他の法律によって、国または地方公共団体が負担する療養の給付等があったとき

　なお、自殺未遂などによって治療が必要な場合、傷病の発生が精神疾患などによって起因すると認められる場合には、「故意」にはあたらないとされ必要な保険給付を受けることができます。

　また、自動車事故に代表されるような第三者行為によってケガをした場合にも保険給付を受けることは可能です。その場合には、保険者に「第三者行為による傷病届」を提出する必要があります。一方、健康保険を利用せず加害者に治療費の損害賠償を請求することもできますが、自身に過失があった場合には高額の請求を負担することもあります。

第3章

介護保険のしくみと
手続き

1 介護保険制度の全体像
自分にあった介護サービスが利用できる

●介護保険制度はなぜできたのか

　従来から、高齢者の介護は行政側が一方的に提供する施策のひとつでした。一定年齢になれば誰でも享受できましたが、高齢者自身に内容を選ぶ自由はありませんでした。介護保険は、介護保険が施行される前の制度の不自由な面を改善し、家族介護者の負担を減らし、急増する介護費用に対応するために作られました。

　以前の制度では、措置という制度がとられており、介護サービスを利用したいと思ったら行政に申請をし、行政が適切な施設を決めるという手続きがとられていました。利用者にとっては、自分にあった介護サービスを選択できるという決定権がありませんでした。

　また、平均寿命が急速に伸びる中で、認知症や寝たきりになると、生活や経済面に不安を抱える高齢者も増えてきました。家族が介護を行っている場合には、介護している人自身の心身・経済面での負担も大きなものとなっていました。

　こうした事情から、課題を解決するために現在の介護保険制度が導入されました。

　介護保険制度は、契約方式が採用され、利用するサービスを利用者自身が選択し、契約を結ぶという利用者本位の制度設計になっています。サービスの提供者も行政だけでなく民間の事業者に拡大され、提供されるサービスも多様で良質なものとなるように工夫されています。

　高齢者本人が、自分に必要な介護サービスを選べるようにする一方で、サービスを利用するためには市区町村の認定を受けることが必要とされています。介護サービスを受けたい人自身が、サービスの提供を受けることを申請する必要があります。申請した内容について、市区町村の介護認定を受けてはじめて介護保険による介護サービスを受けることができるのです。

　また、介護にかかる費用を継続的に確保するために、介護保険制度は社会保険と同様のシステムを採っています。

　社会保険とは、会社などで働く人たちが保険料を収入に応じて出し合って、いざというときの生活の安定を図るために作られた制度です。この社会保険システムのおかげで、必要な介護サービスを低い費用負担で利用することが可能です。さらに、所得に応じた軽減も充実しています。原則、介護サービス費用の1割を負担することで利用できますが、所得が高い人の場合3割負

72

担になることがあります。一方で、自己負担額が一定額以上となった場合には、超えた額が返還される制度もあります。

このように、介護保険はサービスの提供が利用者全体に公平に行きわたり、かつ効率的に運用できるようにさまざまな工夫がなされています。また、急激な高齢化社会に対応するために、ムダを省き、介護が必要になる前の予防を重視することで、高齢者福祉にかかる費用を抑え、安定的に制度を支えるように作られています。

● 介護保険の被保険者は誰か

原則として40歳以上の人がなる被保険者は、第1号被保険者と第2号被保険者に分かれています。65歳以上の人が第1号被保険者で、医療保険に加入している40～64歳の人が第2号被保険者です。介護保険制度では、被保

者が住んでいる市区町村がその被保険者の保険者となります。

第1号被保険者や第2号被保険者に介護が必要となったときは、保険者である市区町村に申請を行います。ただし、第2号被保険者は一定の特定疾病であることが必要です。

● 介護認定はどのように受けるのか

介護認定は、どの程度の介護や支援を必要とするか、という観点から判断されるもので、要介護認定と要支援認定の2種類があります。要介護認定は介護を必要とする度合いによって5段階に分けて認定されます。要支援認定は2段階に分けて認定されます。介護サービスを受ける必要がないと判断されれば、要介護・要支援の認定を受けることができず、介護保険を利用したサービスを受けることはできません。

高齢者福祉の特色

介護保険制度ができる前
- ・家族介護者の心身、経済的負担が高い
- ・行政機関（国や地方公共団体）による措置

介護保険制度開始時
- ・高齢者介護に関するサービスの一元化
- ・利用するサービスを利用者自身が決める利用者本位の制度
- ・サービスの利用には認定を受けることが必要

介護保険改正時
- ・要介護・要支援認定を受けた人以外の高齢者への予防プランの創設
- ・地域密着型の制度の創設

2 介護保険制度の特徴
介護サービスの質の向上をめざす

● どんなサービスがあるのか

　介護保険が適用されるサービスは、大きく分類すると、要介護者を対象に行う介護給付と、要支援者を対象に行われる予防給付に分けられます。どちらのサービスも、通常、居宅サービス、施設サービス、地域密着型サービスの3つに分類・整理されています。

　居宅サービスとは、利用者の自宅で行われるサービス（訪問介護）、あるいは、利用者が自宅から施設に通ってサービスを受ける（通所介護）ような、利用者の住まいが自宅である場合に利用可能なサービスです。施設サービスとは、利用者が生活の中心を施設で過ごす場合に、受けることができるサービスです。そして、地域密着型サービスとは、利用者が住み慣れた地域から離れず、暮らし続けることができるように、提供されるさまざまなサービスのことです。

● 介護保険の重点項目

　介護保険制度では、介護が必要な人へのサービスの提供だけでなく、介護が必要になる一歩手前の人が要介護状態になるのを予防するサービスに重点が置かれています。つまり、要支援者は要介護者にならないように、介護の予防サービスが提供されています。また、要介護の状態を悪化させないためのシステムとして、地域支援事業があります。

　地域支援事業は市区町村が行うもので、事業内容は、介護予防事業・包括的支援事業・市区町村の判断により実施する事業・任意事業に分けることができます。

　また、地域包括ケアシステムが推進されています。地域包括ケアシステムとは、住み慣れた地域で、その地域の実情に合わせて、介護、医療、予防、住まい、生活支援が一体的に提供されるシステムです。地域包括ケアシステムの中心的な役割を担っているのが、地域包括支援センターです。

　この他、要介護の度合いが高い人（中重度者）の支援強化、医療と介護の連携・機能分担も行われています。特に、中重度者に対する支援強化については、いくつか具体的な方策がとられています。たとえば、若年認知症の人への支援を充実させたり、緊急時にショートステイ（短期入所サービス）をいつでも利用できるような環境作りが強化されています。

●介護予防・日常生活支援総合事業

市区町村は、その判断により、要支援者や介護予防事業対象者向けの介護予防と日常生活支援のためのサービスを総合的に実施できる介護予防・日常生活支援総合事業を実施することができます。

予防給付（112ページ）と似ていますが、配食や見守りを含めた総合的なサービスを提供することが可能になり、これまで十分なサービス提供ができなかった部分について柔軟に対応できるようになっています。制度を導入した市区町村では、サービス利用者の状態・移行を考慮して、介護予防給付、介護予防・日常生活支援総合事業のどちらで対応するかを判断することになります。

●情報公開などの見直し

介護保険制度は3年ごとに制度の見直しが行われています。その一環として介護サービスの質を向上させるためにサービス情報の公表や事業者規制の見直し、ケアマネジメント（94ページ）の見直しなどが行われています。

介護予防・日常生活支援総合事業の内容

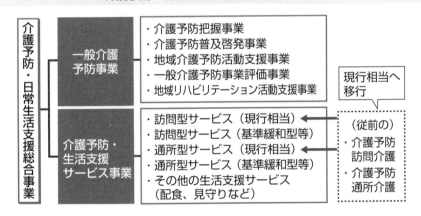

包括的支援事業とは

包括的支援事業 市町村に義務づけられた利用者の包括的・一体的支援事業
⇒市町村は老人介護支援センターなどに事業を委託可能
★市町村の委託を受けた事業者は地域包括支援センターの設置が可能

【主な事業内容】
① 介護予防ケアマネジメント業務、② 総合的な相談支援事業
③ 権利擁護事業、④ ネットワークづくり（包括的・継続的ケアマネジメント支援事業）
⑤ 在宅医療・介護連携推進事業、⑥ 生活支援体制整備事業
⑦ 認知症施策推進事業

3 介護保険制度の被保険者

第1号保険者と第2号被保険者がいる

● 被保険者とは

　介護保険制度では市区町村が保険者となり、制度の運営を主体的に行います。一方、被保険者は、40歳以上の国民全員が介護保険制度に加入して、保険料を納付し、介護が必要になったときに介護サービスを受けることができます。被保険者が実際に介護保険のサービスを受けるには、市町村から要介護・要支援の認定を受けなければなりません。

　国民健康保険の加入者が生活保護を受けることになった場合は、例外的に、被保険者の資格を失うことがあります。生活保護になると国民健康保険から脱退させられますから、介護保険の第2号被保険者の資格を失います。この場合には、生活保護制度によって介護扶助を受けることになります。

　また、被保険者には被保険者証が交付されます。この被保険者証は、介護保険の被保険者に交付されるものですが、次に説明する第1号被保険者と第2号被保険者とでは、交付の条件が異なります。

　第1号被保険者の場合には、すべての被保険者に交付され、市区町村から郵送されます。第2号被保険者の場合には、第2号被保険者で要介護・要支援の認定を受けた人と、被保険者証の交付申請をした人に対してのみ、市区町村から交付されます。

● 第1号被保険者について

　介護保険の保険者は市区町村ですから、65歳になった人は自分の住んでいる市区町村の第1号被保険者となります。第1号被保険者は、自分の住んでいる市区町村が定めている保険料を納めます。年額18万円以上の年金を受給している人は、その年金から保険料が天引きされます（特別徴収）。

　一方、年金が年額18万円に満たない年金受給者は、普通徴収の方法で納付します。なお、普通徴収とは、保険料を天引きされるのではなく、自分自身で納付書によって納める方法のことです。

　第1号被保険者で介護保険の給付を受けることができるのは、要介護や要支援の認定を受けた人です。

　なお、40～64歳の間、第2号被保険者ではなく生活保護を受給していた人も、65歳になると介護保険制度の第1号被保険者となります。この場合、生活保護の生活扶助から保険料が支払われますが、実際に介護サービスを受ける場合には、生活保護による支援ではなく、介護保険制度の給付を受ける

ことになります。

●第2号被保険者について

　第2号被保険者には、40〜64歳で医療保険に加入している人とその被扶養者がなります。医療保険に加入している人やその被扶養者が40歳になると、自分の住んでいる市区町村の第2被保険者となります。第2号被保険者は、第1号被保険者とは異なり、自分の加入する医療保険料の徴収時に介護保険料の分を上乗せして徴収されます。

　介護保険料の負担部分については、雇用者側と折半する形となります。医療保険の被扶養者も40歳以上になると第2号被保険者となりますが、介護保険料の負担はありません。第2号被保険者で介護保険の給付を受けることが

できるのは、第1号被保険者とは異なり、特定疾病によって介護や支援が必要となった場合に限られます。

　特定疾病とは、「加齢に伴って生ずる心身の変化に起因し、要介護状態の原因である心身の障害を生じさせると認められる疾病」と定義されています。具体的には、ガン、関節リウマチ、筋委縮性側索硬化症、初老期における認知症、パーキンソン病、糖尿病性神経障害、脳血管疾患などが該当します。ただし、ガンについては、医学的知見に基づき回復の見込みがない状態に至った場合に限定されています。

第1号被保険者と第2号被保険者の特色

	第1号被保険者	第2号被保険者
対象者	65歳以上の人	40〜64歳の医療保険加入者とその被扶養者
介護サービスを利用できる人	要介護・要支援認定を受けた人	特定疾病によって要介護・要支援状態になった人
保険料を徴収する機関	市町村	医療保険者
保険料の納付方法	年金額（年額）が 18万円以上：特別徴収 18万円未満：普通徴収	介護保険料を上乗せされた状態で医療保険に納付
保険料の金額の定め方	所得段階で分けられた定額保険料（市町村が設定）	〈各医療保険〉 　標準報酬 × 介護保険料率 〈国民健康保険〉 　所得割・均等割など前年の所得に応じて算出

4 国や都道府県・市区町村の役割

市区町村が保険者として運用している

● 身近な市区町村の役割

　介護保険では、都道府県や国ではなく、被保険者にとってより身近な存在である市区町村が保険者としての役割を担っています。

　市区町村は、サービスの提供を行うかどうかについての基準となる要介護認定を行ったり、保険料を徴収する他、実際に給付する介護サービスを決定し給付するといった、介護保険制度の運営上メインとなる役割を担っています。

　なお、これまで県が指定していた介護サービスを市町村が指定するなど、市町村の権限が強化され、地域の実情に沿ったサービスの提供を可能にしています。

　また、市区町村は、要介護認定を受けた人に給付する介護サービスの内容を決定する役割も担っていますが、他に、独自給付の決定と実施も行います。

　独自給付とは、全国一律で行われる介護サービスとは別に、各市区町村が独自に行う介護サービスのことです。

介護保険制度外の独自サービス

介護保険制度外の高齢者福祉制度

各市区町村が独自に高齢者の福祉施策を行うもの

上乗せサービス （介護保険制度上認められているサービスで、法定給付の上限額を引き上げること）	介護保険制度外の独自サービス 介護保険制度の横だしサービスのようなサービスをその市区町村が独自に行う介護保険制度上の横だしサービスとは財源が異なる
法定給付 （介護保険で給付されるサービス） ・介護給付 ・予防給付	**横だしサービス** （介護保険制度上認められている法定給付外のサービス） ・要介護・要支援者対象の独自サービス ・介護保険の被保険者やその家族が対象の介護支援・予防事業

●都道府県ならではの役割もある

市区町村が制度運用の主体となっている介護保険制度ですが、市区町村が担いきれない広範囲の業務については都道府県が受け持ちます。

都道府県には、実際に介護サービスを提供する事業者の指定や介護サービスの内容を公表する役割があります。これに伴って、事業者の更新手続きや取消処分といった事務も都道府県が行います。また、介護サービスの苦情受付や、それらの解決などの業務を行う機関として、都道府県の社会福祉協議会に運営適正化委員会が設置されています。

財政の面では、財政安定化基金を設置する他、介護給付費も負担します。

●国の役割について

介護保険の保険者として主体的な役割が求められる市区町村、地域密着型の介護保険制度をより広い視野から支援する都道府県それぞれの役割が大きくなったとはいえ、国も重要な役割を担っています。

国は、介護制度の設計や基準・報酬の設定といった制度の根幹に関わる全国共通のルールを作成します。

国も、市区町村や都道府県と同様に給付費の財政負担をしています。

適正な介護給付のための各機関の役割

	国	都道府県	市区町村
事業者の指定	・指定の更新、指定の要件をチェックするシステムの運営 ・事業者研修の励行	・指定の更新・取消 ・事業者への事前説明 ・市区町村への指定事務の指導	・指定の更新・取消 ・事業者への事前説明
サービス内容	・都道府県・市区町村に対する運営指導・監査指針の提示（ガイドラインの作成）	・国のガイドラインに基づく指定事業者への運営指導・報酬請求指導 ・国の監査指針に基づく指定基準違反の摘発	・ガイドラインや指針に基づく事業者への運営指導・報酬請求指導 ・指定基準違反の事業者の摘発 ・包括的支援事業
その他	・地方自治体に対する報酬請求指導指針の提示 ・介護給付適正化システムの構築 ・介護給付適正化推進運動	・不正請求の摘発 ・介護給付適正化推進運動 ・介護給付適正化システムの利用	・不正請求の摘発 ・介護給付適正化推進運動の実施 ・介護給付適正化システムの利用

5 介護保険を利用できる人
細かい判定で制度の効率的な運用が可能になる

●要支援・要介護状態にあるとされた人

　介護保険は、要支援あるいは要介護の認定を受けた人だけが、介護保険の給付を受けることができます。よく要支援者や要介護者と言われますが、要支援者とは要支援状態にある人で、要介護状態にある人が要介護者です。

　この要支援状態とは、社会的支援を必要とする状態を指します。具体的には、日常生活を送る上で必要となる基本的な動作をとるときに見守りや手助けなどを必要とする状態です。要支援者は、要支援状態の度合いによって、要支援1と要支援2に分類されます（98ページ）。

　一方、要介護状態とは、日常生活を送る上で必要となる基本的な動作をとるときに介護を必要とする状態です。基本的な動作は自分でできるものの認知症があり、自分で金銭管理ができない場合も要介護状態と判定されることがあります。要介護の場合には、介護が必要な状態の程度によって、「要介護1」から「要介護5」までの5段階に分かれています（100ページ）。

　また、要介護・要支援に非該当の場合には、介護保険を利用してサービスを受けることはできませんが、市町村が実施する介護予防・日常生活支援総合事業（75ページ）を利用することは可能です。

●手続きの流れ

　介護サービスの利用を希望する人がとらなければならない、主な手続きとして、①介護認定を受けること、②ケアプランを作成すること、という2つの手続きが挙げられます。

①　介護認定

　介護サービスは、要介護者あるいは要支援者を対象に行われます。そのため、介護サービスの利用を希望する場合には、まず、要介護者あるいは要支援者の認定を受けなければなりません。

②　ケアプランの作成

　介護サービスの利用希望者が、介護認定（要介護認定あるいは要支援認定）を受けると、介護サービス提供事業者との間で、介護サービスに関する契約を締結します。そして、実際に介護サービスが提供される段階では、限られた財源の中で、効率的にサービスを提供するため、介護サービス計画（ケアプラン）に沿ってサービスの提供が行われることになります。

　介護サービスの中で、ケアプランの作成は、居宅介護支援として、サービ

スの一環として位置付けられています。そのため、通常は専門のケアマネジャーが、利用希望者の心身の状況や、利用者・家族の希望などを考慮した上で、ケアプランを作成し、その他必要な手続きを行います。

ケアプランの作成は自分で作成することも可能ですが、介護保険の複雑さやサービス提供事業者との連絡調整など専門的知識が必要となるため、居宅介護支援事業者や地域包括支援センターのケアマネジャーに依頼することが一般的です。

●認定を受ける前でもサービスは受けられるのか

原則として、介護認定を受けた後でなければ、介護保険サービスを利用することはできません。しかし、サービスを受ける必要があるにもかかわらず、認定を受けるまでの間に相応の時間を要する場合、介護認定の申請を行った段階で、介護保険サービスの利用が認められています。また、心身の状況の変化などのため、緊急に介護保険サービスを受ける必要性が認められる場合には、申請前であっても介護保険サービスの利用が認められることもあります。

いずれの場合も、暫定ケアプランを、要介護区分の認定結果を見込んだうえで作成し、市区町村へ提出することになります。後に見込んでいた要介護・要支援認定を受けることができなかった場合（要介護度・要支援度が低かった場合）、サービスにかかった費用が全額自己負担になりますので、注意が必要です（83ページ）。ただし、市区町村によって考え方が異なる場合があります。

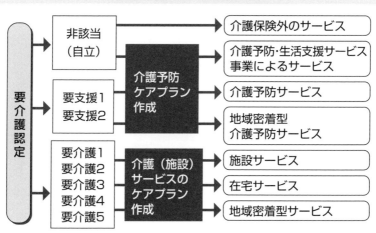

非該当・要介護・要支援の内容

介護保険利用の手続き

第１号被保険者は被保険者証を添えて申請する

利用するには申請が必要

　介護保険を利用する場合には、市町村へ申請をしなければなりません。申請時に提出する申請書類には、申請者の主治医が記入する項目があります。この主治医は、被保険者の状況について記載した意見書を提出することになります。

　要介護認定の申請を行うときには、第１号被保険者は手元にある被保険者証を添えて申請書を提出する必要があります。第２号被保険者は手元に被保険者証がありませんから、申請書だけを提出します。

　申請は、本人や家族の他、近くの居宅介護支援事業者（ケアプラン作成事業者）や、地域包括支援センター、成年後見人、介護保険施設などにも依頼できます。

　必要事項を書いた申請書を提出してから30日以内に、訪問調査、主治医の意見書の提出、１次判定、２次判定という手続を経て、最終的な要介護認定が行われます。

認定結果の通知を受ける

　介護認定審査会の審査判定結果は、要介護について１から５、要支援について１・２の合計７つの区分に従って判定が行われます。この結果に基づき、申請から原則30日以内に、市町村が最終的に要介護・要支援認定を行います。認定結果については、認定区分などの事項を記載した上で、被保険者の返還

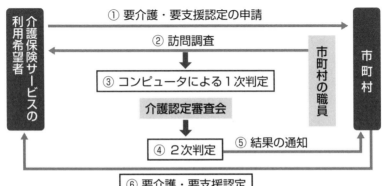

要介護認定の手続き

を通じて利用希望者に通知されます。

　なお、要介護認定をするのは市町村ですが、判定結果に不服がある場合には、都道府県が設置している介護保険審査会に不服申立てを行うことができます（92ページ）。

● 誰が申請できるのか

　要介護認定の申請は、市区町村などの介護保険制度を担当する窓口に対して行いますが、原則として本人が行わなければなりません。本人が申請できない状態の場合には、家族が申請することができます。

　申請は、本人または家族によって行うことが原則ですが、本人と家族以外の者が申請を行う場合もあります。たとえば、民生委員（福祉サービスを支援する者）や成年後見人が本人の代わりに行うこともできます。また、地域包括支援センターも代行して申請することができます。サービスを提供する

事業者では、指定居宅介護支援事業者や介護保険施設も代行可能です。

● 申請から認定までにかかる期間

　要介護認定の申請をしてから認定されるまでの期間は30日以内とされています。更新の場合には、有効期間が切れる60日前から更新申請をすることができます。更新の時期が来ると、市区町村から更新申請の用紙が送付されるので、その用紙を更新時に提出します。

　なお、介護保険の給付サービスを受けることができるのは、申請した日からです。ただ、認定結果が予想していた度合より軽かったり、非該当となった場合には、自己負担の上限額が予定よりも低くなりますので、上限額を超えて介護サービスを利用した分については全額自己負担になるため注意が必要です。非該当の場合はそもそも介護保険の対象外ですから、全額を負担しなければなりません。

要介護認定の申請ができる人

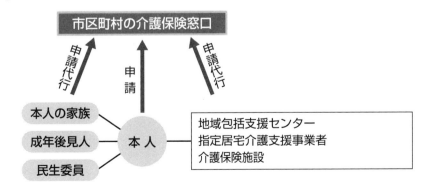

市区町村の介護保険窓口

申請代行　　申請　　申請代行

本人の家族
成年後見人
民生委員

本　人

地域包括支援センター
指定居宅介護支援事業者
介護保険施設

7 訪問調査①

全国統一の形式で作成された調査票に基づいて行われる

●訪問調査とは何か

　要介護認定の申請をすると、調査員が申請者のもとに訪れて、認定に関する調査を行います。調査は全国で行われますが、認定に差が生じないようにする必要があります。このため、調査の際には全国共通のフォーマットで書かれた認定調査票という書類が用いられます。申請者のもとに出向いた調査員は、この認定調査票に書かれている内容に従って、申請者の状況を確認していきます。要介護認定の判定は、一次判定としてコンピュータによる判定が用いられます。訪問調査で調査した内容をコンピュータに入力すると、判定が出るしくみになっています。一次判定の結果は、必ずしも最終的な判断ではありませんが、本人の状況を適切に伝えなければ、正しい判定が得られない場合もありますので、調査の際は、

家族等がサポートする必要があります。

　なお、調査員には守秘義務が課されており、調査内容について秘密を漏らすことはありません。万が一漏らした場合には刑事罰が科せられます。

●新規申請と更新・区分変更申請

　訪問調査は、新規に申請された場合の他、更新時や区分変更申請時に行われる場合があります。

　新規の場合には、原則として市区町村が訪問調査を行います。実際に訪問調査を行う人は、市区町村が委託したケアマネジャーや市区町村の職員です。ケアマネジャーは介護に関する専門家です。市区町村の職員も介護に関する専門的な知識を持つケースワーカーや保健師または看護師などが行っています。

　一方、要介護認定の有効期間が経過したため更新する場合や、認定されて

訪問調査

訪問調査
- 新規申請 ＜ ケアマネジャー・市区町村の職員
- 更新・区分変更申請 ＜ ケアマネジャー・市区町村の職員 ＋ 指定居宅介護支援事業者など

いる要介護度と現状があわないために区分変更申請を行った場合には、訪問調査を担当する調査員の範囲が新規の場合より広くなります。具体的には、新規と同様の市区町村の職員や市区町村から委託されたケアマネジャーに加え、指定居宅介護支援事業者、地域密着型介護老人福祉施設、介護保険施設、その他の厚生労働省令で定められた事業者や施設などが訪問調査を行うことができます。

●ケアマネジャーの仕事

現在のところ、新規申請時の訪問調査は、市区町村の職員を除くと、市区町村から委託されたケアマネジャーが行っています。ケアマネジャーは、要支援者や要介護者の相談に乗ったり、日常生活を送る上で必要なサービスや、本人の希望などを本人の状況を把握しながら市区町村や事業者と調整する役割を果たす介護の専門家です。ケアプランを作成するのもケアマネジャーの主な仕事のひとつです。

ケアマネジャーは介護支援専門員とも呼ばれ、5年ごとに資格の更新を行う必要があります。また、更新時には更新研修を受けることも義務付けられています。

ケアマネジャーについて

ケアマネジャーになる条件

- 以下の専門の資格を持っていること
  医師　歯科医師　薬剤師　看護師　保健師　理学療法士　作業療法士
  介護福祉士　社会福祉士　精神保健福祉士　マッサージ指圧師
  はり師　きゅう師　栄養士　管理栄養士　義肢装具士　言語聴覚士
  歯科衛生士　視能訓練士　柔道整復師
- 持っている資格の実務経験が5年以上あること
- 介護支援専門員の試験と研修を修了し、介護支援専門員の資格を持っていること

ケアマネジャー制度の特徴

- 公正性・中立性の確保　●資質・専門性の向上
  ①5年ごとの資格更新制度の導入
  ② 研修受講の義務化と研修の体系化
  ③ 二重指定制の導入
  　各事業所に対して、所属しているケアマネジャーの届出の義務化
  　各ケアマネジャーの作成したケアプランのチェック
  ④主任ケアマネジャーの創設

● 訪問調査で聞かれる内容

訪問調査は認定調査票に書かれた内容に従って行われます。基本的には自宅で行われますが、入院中で一時帰宅が困難な場合には、病院内で訪問調査を受けることができます。その際は、病状が安定していないことで正しい認定が行えない場合がありますので、主治医とよく相談してください。

調査票は、概況調査、基本調査、特記事項に分かれています。基本調査には、要介護1相当の人への給付を介護給付とするか予防給付とするかを振り分ける際の判断材料となる追加項目も含まれています。

調査票で調査する項目は全体で74項目もあり、訪問調査では膨大な量の調査項目について質問されますので、どのような内容の質問がされるのかをあらかじめ調べて、回答を用意しておくとよいでしょう。たとえば、介護をする上で注意が必要と感じる病気や怪我の既往歴がある場合は、その症状や懸念される状況などを具体的に伝えるとよいでしょう。

また、要介護者に認知症がある場合は、調査当日の様子からは伝わらない症状を明らかにするために、普段から、その人の言動についてなるべく詳細に

記録を残しておくとよいでしょう。

● 認定調査票について

認定調査票の基本調査では、たとえば以下の項目について確認が行われます。

・麻痺等の有無
・関節の動く範囲の制限の有無とその範囲
・寝返りや起き上がり、座位保持について
・両足での立位保持、歩行、移乗、移動について
・立ち上がり、片足での立位保持について
・洗身について
・嚥下、食事摂取、薬の内服について
・排尿・排便について
・はみがき・洗顔・整髪・爪切りなどの清潔、衣服着脱について
・金銭の管理、日常の意思決定について
・視力・聴力・意思の伝達について
・記憶や理解について
・物忘れなど、行動について
・特別な医療について
・日常生活自立度について
・外出頻度

基本調査では、調査項目に関する症状等の有無や程度など、選択肢が掲載されています。調査員はこの選択肢の

中から申請者の状態にあったものを選択します。さらに、特記事項では基本調査で書かれている事柄について、具体的な状況を記入するようになっています。具体的には次のような事項が挙げられています。

・麻痺・拘縮に関連する項目についての特記事項
・移動等に関連する項目についての特記事項
・複雑な動作等に関連する項目についての特記事項
・特別な介護等に関連する項目についての特記事項
・身の回りの世話等に関連する項目についての特記事項
・コミュニケーションに関連する項目についての特記事項
・問題行動に関連する項目についての特記事項
・特別な医療についての特記事項
・生活の不活発さの程度に関する項目についての特記事項

認定調査票（基本調査）の質問（一例）

1 麻痺等の有無について、あてはまる番号すべてに○印をつけてください。

　1. ない　2. 左上肢　3. 右上肢　4. 左下肢　5. 右下肢　6. その他

2 間接の動く範囲の制限の有無について、あてはまる番号すべてに○印をつけてください。

　1. ない　2. 肩関節　3. 肘関節　4. 股関節　5. 膝関節　6. 足関節
　7. その他

3 寝返りについて、あてはまる番号に一つだけ○印をつけてください。

　1. つかまらないでできる　2. 何かにつかまればできる　3. できない

4 起き上がりについて、あてはまる番号に一つだけ○印をつけてください。

　1. つかまらないでできる　2. 何かにつかまればできる　3. できない

5 両足がついた状態での座位保持について、あてはまる番号に一つだけ○印をつけてください。

　1. できる　2. 自分の手で支えればできる　3. 支えてもらえばできる
　4. できない

9 意見書
認定において重要な判断材料になる

● 主治医の意見書とは

　介護保険を利用するには、主治医の意見書も必要になります。主治医の意見書は、申請者のもとに介護の専門家が訪れて行う訪問調査で作成される認定調査票とともに、認定の際に重要な判断材料とされます。申請者の主治医は、申請者の心身の状況を診察し、どのような介護サービスが必要なのかを意見書に記入します。また、医学的な見地から、サービス利用時に注意した方がよい点なども書き添えます。

　主治医が注意事項として確認する主な事柄は次のようなものです。

・入浴時に注意すべき点
・褥瘡(じょくそう)の有無
・体位変換の頻度
・嚥下(えんげ)障害や血行障害など、申請者に発生しやすい病態
・申請者に発生しやすい病態が生じたときの対処方法
・移動時に自力で移動できるか、車椅子等の補助具が必要か
・病状がよい方に向かっているのか、悪化の傾向にあるのか
・病状が安定しているか
・申請者が現在服用している薬やかかっている病気について

意見書の記載内容①

■ **申請者について**
氏名　生年月日　性別　住所　連絡先　　医師の氏名　医療機関名・所在地・連絡先
最終診療日　意見書作成回数・他科受診の有無

■ **傷病に関する意見**
①診断名と発症年月日
　　特定疾病・生活機能低下の直接の原因となっている傷病名と発症年月日を記入する
②症状としての安定性
　　安定・不安定・不明から選択
　　※ 不安定を選択した場合には具体的な状況を記入する
③生活機能低下の直接の原因となっている傷病または特定疾病の経過と治療内容
　　※ 治療内容には投薬内容も含めて記入する
　　※ 特定疾病の場合にはその根拠を記入する
　　※ 約6か月以内に介護に影響があったものを記入する

■ **特別な医療**
①処置内容　　　点滴の管理　中心静脈栄養　酸素療法　ストーマの処置
　　　　　　　　透析　レスピレーター　気管切開の処置　疼痛の看護　経管栄養
②特別な対応　　モニター測定（血圧・心拍数・酸素飽和度など）　褥瘡の処置
③失禁への対応　カテーテル（コンドームカテーテル・留置カテーテル）
　　※上記の項目のうち、過去14日間の間に受けたすべての医療を選択する

■ **心身の状態に関する意見**
①日常生活の自立度等について
・8段階に分かれている障害高齢者の日常生活自立度（寝たきり度）のうち該当する状態を選択する
・7段階に分かれている認知症高齢者の日常生活自立度のうち該当する状態を選択する
②認知症の中核症状（認知症以外の疾患で同様の症状がある場合にはそれも含めて選択する）
・短期記憶に問題があるかどうかを選択する
・4段階に分かれている日常の意思決定を行うための認知能力のうち該当する状態を選択する
・4段階に分かれている自分の意思の伝達能力のうち該当する状態を選択する
③認知症の周辺症状
幻視・幻聴　妄想　昼夜逆転　暴言　暴行　介護への抵抗　徘徊
火の不始末　不潔行為　異食行動　性的問題行動　その他
※ 該当する症状をすべて選択する
※ 認知症以外の疾患で同様の症状がある場合にはそれも含めて選択する
④その他の精神・神経症状
※ その他の精神・神経症状の有無を選択し、「有」の場合は、症状名を記入する
※ 専門医受診の有無を選択する
⑤身体の状態
利き腕（左右から選択）身長　体重　過去6か月の体重の変化の傾向
以下の項目に該当する場合、その部位を記入する
四肢欠損　麻痺　筋力の低下　関節の拘縮　関節の痛み
失調・不随意運動　褥瘡　その他の皮膚疾患

■ **生活機能とサービスに関する意見**
①移動（該当する項目を選択）
屋外歩行　車椅子の使用　歩行補助具・装具の使用
②栄養・食生活（該当する項目を選択）
食事行為　現在の栄養状態
③現在ある、または今後発生する可能性の高い状態とその対処方針（該当する項目を選択し対処方針を記入）
尿失禁　転倒・骨折　移動能力の低下　褥瘡　心肺機能の低下　閉じこもり
低栄養　徘徊　意欲低下　摂食・嚥下機能低下　脱水　易感染症　ガン等による疼痛その他
④サービス利用による生活機能の維持・改善の見直し（該当する項目を選択）
改善　不変　悪化　不明
改善への寄与が期待できるサービス
⑤医学的管理の必要性（該当する項目を選択、特に必要なものには下線を引く）
訪問診療　訪問看護　訪問歯科診療　訪問薬剤管理指導　訪問リハビリテーション
短期入所療養介護　訪問歯科衛生指導　訪問栄養食事指導　通所リハビリテーション
その他
⑥サービス提供時における医学的観点からの留意事項（該当する項目を選択し、留意事項を記入）
血圧　移動　摂食　運動　嚥下
⑦感染症の有無
※ 「有」の場合には感染症について具体的に記入する

■ **特記すべき事項**
※ 要介護認定・介護サービス計画作成時に必要な医学的な意見等を記入する
※ 別の専門医に意見を求めた場合には、その内容と結果も記入する
※ 情報提供書、身体障害者申請診断書の写しなどを添付してもよい

第3章　介護保険のしくみと手続き

10 1次判定

まずはコンピュータで処理する

● 1次判定が出るまでのしくみ

　要介護認定の申請がなされると、市区町村の調査員が申請者のもとに行き、訪問調査を行います。申請を受け付けた市区町村では、申請者の主治医が書いた意見書とともに、この訪問調査を経て作成された認定調査票をもとにして、1次判定を出します。この1次判定は、コンピュータで自動的に処理されます。1次判定でコンピュータがチェックする項目は、訪問調査で作成された認定調査票の基本調査（74項目）と特記事項、主治医の意見書に記載される内容です。そして、次の5つの分野を参照し、その行動に費やす時間がどの程度であるかを割り出します。

① 直接生活介助時間（食事・排せつ・移動・清潔保持など）
② 間接生活介助時間
③ 問題行動関連介助時間
④ 機能訓練関連行為時間
⑤ 医療関連行為時間（特別な医療を除く）

● 要介護を判定するときの指標となる

　上記の「時間」のことを要介護認定等基準時間と言い、1次判定ではこれら5つの分野の行動に費やす時間について、算定します。

● 1次判定とはどのようなものか

　1次判定では、コンピュータの処理によって、分野ごとに算定された要介護認定等基準時間を合計され、申請者が要介護状態にあるのか、要支援状態にあるのかを判定します。要支援状態に満たなかった場合には、非該当、つまり自立と判定され、介護保険の対象外とされます。

　基本調査項目の内訳は、以下のようになっています。

第1群：身体機能・起居動作（20項目）
第2群：生活機能（12項目）
第3群：認知機能（9項目）
第4群：精神・行動障害（15項目）
第5群：社会生活への適応（6項目）
その他：過去14日間に受けた特別な医療について（点滴の管理や透析など12項目）

　1次判定では、これらの調査項目を基に要介護認定等基準時間を算定し、要支援1・2、要介護1〜5への振り分けを行います。

　そして、この判定が妥当なものかどうかを2次判定で最終的に判断することになります。

　判断は、介護認定審査会が認定調査票や意見書をふまえて行います。

2次判定

介護認定審査会が判定する

● 2次判定が出るまでのしくみ

　要介護認定の手続きでは、認定調査票と意見書を基にコンピュータが出した1次判定の結果が妥当かどうかを判断し、必要に応じて変更が行われます。こうした判断を行うのは、市区町村が任命する標準5人の審査員で構成される介護認定審査会です。介護認定審査会が審査の結果、出した判定を2次判定といいます。2次判定の審査の際には、1次判定の結果と認定調査票の特記事項、主治医の意見書を参考にします。

　また、介護認定審査会は、1次判定の判定結果を変更するかどうかという判断に加えて、要介護1相当の人をさらに細かく判定する役割も担っています。要介護1相当の人への給付が介護給付となるか予防給付となるかはこの2次判定で行われるのです。介護給付がふさわしいと判断されれば要介護1となり、予防給付がふさわしいと判断された場合には、要支援2と判定されます。

● 2次判定が通知されるまで

　介護認定審査会の審査の際には、市区町村の担当者が書記をつとめ、次の5つの項目について審査し、決めるべき事柄を決定していきます。

① 申請者が第2号被保険者の場合、申請者がかかっている特定疾病について判断する

② 1次判定が妥当かを審査し、変更するかどうかを決める

③ 1次判定で要介護1相当と判定された申請者に対する給付を予防給付にするか介護給付にするか、審査した上で分類する

④ 介護認定を行う場合に、その認定の有効期間を定める

⑤ 介護認定審査会の「意見」を述べる

　介護認定審査会は、特に必要と考えられる場合には、ⓐ認定の有効期間を原則より短くあるいは長くする必要がある旨、ⓑ介護認定審査会資料から読み取れる状況に基づいて、要介護状態の軽減または、悪化の防止のために特に必要な療養があると考えられる旨、以上の2点に関する意見を述べることができます。

　市区町村は、介護認定審査会から審査判定結果の通知を受けると、それに基づいて要介護認定をして、申請した被保険者に結果を通知します。結果は、要支援（1・2）、要介護（1～5）あるいは非該当といった形で表記されます。

12 判定の通知を受けた後の不服申立て

自立判定や軽めの判定を受けた場合も主張はできる

● 認定に不服がある場合

認定区分が現状に比べて軽いと感じた場合は、市区町村に対して区分変更申請をすることができます。区分変更申請後の再認定は、訪問調査と主治医の意見書をもとに、介護認定審査会によって行われます。

また、不服の申立てを行うこともできます。不服の申立ては、市区町村ではなく都道府県の窓口に対して行います。

認定された区分のサービスでは不十分で、区分変更申請や不服の申立てが認められなかった場合、他のサービスの利用も検討します。たとえば、市区町村が行っている横だしサービス（78ページ図）やNPO法人、シルバー人材センターが提供するサービスを利用する方法です。

民間事業者が提供するサービスを利用することも考えられます。いずれも介護保険制度そのもののサービスではないため、費用や内容にばらつきがありますから、実際に利用するときにはよく検討するようにしましょう。

次に、自立判定を受けた場合です。この場合も軽いと感じた場合と同様に、不服の申立てを行うことができます。また、区分変更申請をすることもできます。本来、区分変更申請は、状態が悪化して現状の要介護度にあわなくなった人などが現状に合うように区分を変更するように求める制度です。

ただ、不服申立てを行うと結果が出るまでに時間がかかることが多いため、実際には区分変更申請の制度を利用する場合が多くなっています。

この他、軽い場合と同様、介護保険の適用外のサービスを市区町村や非営利法人、民間事業者などから受ける方法なども考えられます。

● 不服申立てができる内容

不服申立ては、要介護認定の通知があった日の翌日から3か月以内に行う必要があります。具体的には、審査請求書に不服理由を記入し、介護認定結果の通知書の写しを添付して都道府県設置の介護保険審査会に提出します。不服の申立てを受けた介護保険審査会は、その内容についての審査を行い、60日以内に結果を通知します。

なお、介護保険審査会からの通知が3か月経過してもないときや、通知の結果に不服がある場合などは知事を被告として裁判所に処分取消の訴えを起こすことができます。

介護保険審査会には、介護認定の結果に対するものの他に、介護給付や予

防給付に関することについても不服の申立てをすることができます。

また、介護保険料の徴収に関する事項や、保険料の滞納に対する処分についても申立てを行うことができます。

●更新や変更・取消を行う場合

要介護認定は、一度受ければずっと有効なわけではありません。有効期間は12か月となっています。ただ、この期間には例外があります。介護認定審査会が認めた場合には、その期間を短縮したり延長することができます。

いずれの場合でも、定められた有効期間が過ぎてもまだ認定された要支援や要介護の状態が続いていると考えられる場合には、要支援・要介護認定の更新申請を行う必要があります。更新の申請は、認定の有効期間が終了する日の60日前からすることができます。

また、本人の状態が、認定を受けている要介護度よりも悪化した場合には、要介護状態区分の変更の申請をするとよいでしょう。

原則としてケアマネジャーが月に1回訪問して、本人の状態を見ています。また、主治医もケアマネジャーに毎月本人の状態について報告していますので、ケアマネジャーから変更の申請の提案がある場合もあります。希望すれば申請の代行をしてもらえます。

要支援・要介護認定は、市区町村によって変更されたり取り消されることがあります。これは、本人の状態が現在有効である要支援や要介護度よりも軽い状態になった場合やその状態から回復した場合に行われます。

なお、本人が調査や命令に従わなかったような場合も、認定を取り消されることがあります。

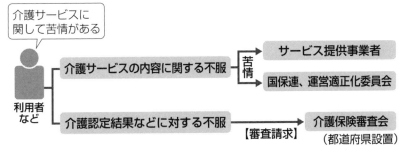

介護サービスに関する不服申立てのしくみ

13 ケアプラン①
自分で作成することもできる

● 認定後にケアプランを作成する

要介護認定あるいは要支援認定を受けると、ケアプランを作成し、プランに沿ってサービスを利用します。

ケアプランを立てるには専門的な知識が必要になります。このため、専門家によるアドバイスを受けるしくみが用意されています。こうしたしくみをケアマネジメント（居宅介護支援事業）といいます。

ケアマネジメントを行う事業者、つまりケアプランの作成を依頼した場合に実際に作成する事業者を指定居宅介護支援事業者といいます。指定居宅介護支援事業者のリストは市区町村の窓口にありますから、参考にしてください。

なお、ケアプランを自分で作成する場合には、支給限度基準額の範囲内にサービスを抑える必要があります。自分で作成したプランでも、サービスを利用するために市区町村に届け出るようにします。自分でケアプランを作成し、市区町村に届け出なかった場合、サービス利用料については償還払い方式がとられています。したがって、サービス利用時に支払った金額について、領収書が必要になります。償還払いとは、サービス事業者（または施設）に費用の全額を支払い、後で保険者（市区町村）から、その費用の全部または一部の払戻しを受けることです。

● ケアプラン作成の手続き

ケアプランとは、要支援者や要介護者の心身の状況や生活環境をもとに、利用する介護サービスの内容などを決める計画であり、大きく分けると①居宅サービス計画、②施設サービス計画、③介護予防サービス計画の3つがあります。認定された要介護度によって利

自分でケアプランを作成する場合の注意点

ケアプラン ← アドバイス 専門家

支給限度基準額の範囲内にサービスを抑える
サービス提供事業者と連携を緊密にする

用できるケアプランは異なります。

　たとえば、居宅サービス計画は、訪問介護やデイサービスなどを受けられるよう検討されたケアプランで、要介護1から5までの人が対象です。

　ケアプランは、たとえば月曜日の15時〜16時に訪問介護のサービスを受ける、というように1週間単位でスケジュールが組まれます。サービスの種類と提供を受ける日時については、1週間単位ですが、実際に要介護者や要支援者の行動予定を考える際に基準となる時間については、1日24時間単位で考えます。

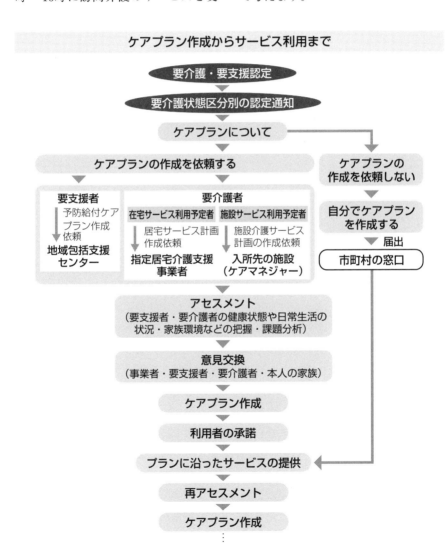

ケアプラン作成からサービス利用まで

要介護・要支援認定

要介護状態区分別の認定通知

ケアプランについて

ケアプランの作成を依頼する

ケアプランの作成を依頼しない

要支援者
予防給付ケアプラン作成依頼
地域包括支援センター

要介護者
在宅サービス利用予定者
居宅サービス計画作成依頼
指定居宅介護支援事業者

施設サービス利用予定者
施設介護サービス計画の作成依頼
入所先の施設（ケアマネジャー）

自分でケアプランを作成する
→ 届出
市町村の窓口

アセスメント
（要支援者・要介護者の健康状態や日常生活の状況・家族環境などの把握・課題分析）

意見交換
（事業者・要支援者・要介護者・本人の家族）

ケアプラン作成

利用者の承諾

プランに沿ったサービスの提供

再アセスメント

ケアプラン作成

14 ケアプラン②

要支援者・要介護者向けのプランがある

● 要支援認定を受けた人向けのケアプラン

　要支援認定を受けた人がサービスを受けるために立てるプランを介護予防ケアプランといいます。要支援者への介護予防のケアマネジメントを担当するのは地域包括支援センターで、プラン作成を担当するのは、支援センターの保健師などです。

　要支援認定を受けた人の手続は、要介護認定を受けた人と同様に、①アセスメント、②ケアプラン作成、③プランに沿ったサービス利用、④再アセスメント、といった流れになります。

　アセスメントとは、ケアプランを作成する際に行う課題分析のことです。アセスメントの段階では、要支援者が生活する上で解決すべき課題を明確にして、解決のために必要なことを把握します。要支援者のためのケアプランは、介護予防を目的としており、3つのパターンの利用モデルに分けて考えられます。そのうち、基本型と呼ばれるプランは、閉じこもりがちになったり心身機能の低下を予防するために立てられます。

　具体的には、要支援者の自宅に出向いて行われる訪問系のサービスから要支援者が施設に出向いて行われる通所系のサービス（113ページ図）への移行をめざします。

　また、リハビリ対応型と呼ばれるプランも訪問系のサービスであるリハビリを通所リハビリに移行させるねらいがあります。対象となる状況としては、医療機関を退院した直後の要支援者で短期間にあるいは集中的にリハビリを受ける必要がある場合です。この他、医療対応型と呼ばれるプランもあります。これは、長期にわたって医療を必要とする人のためのプランで、訪問看護などが採り入れられています。

● 要介護認定を受けた人向けのケアプラン

　要介護認定を受けた人向けのプランには、居宅サービス計画と施設サービス計画があります。

　居宅サービス計画は、在宅でサービスを受ける場合のプランです。施設に入所してサービスの提供を受ける場合のプランを施設サービス計画といいます。要介護者向けのケアプランのモデルとしては、①通所型、②訪問型、③医療型などがあります。

　①通所型の場合には、主に要介護者自身が施設に出向いてサービスの提供を受けるスケジュールが組まれます。

要介護1〜3の人が受ける傾向にあります。②訪問型は、主に要介護者の自宅に事業者が出向いてサービスを提供するスケジュールが組まれます。これは要介護1〜5の人で状況が合致している人が利用します。③医療型は、医療サービスを受ける必要性の高い人が利用するスケジュールで、要介護4・5の人の利用がほとんどです。

● 施設に入所する場合のケアプラン

施設に入所する場合には、入所先の施設がケアプランを作成します。施設に入所する場合のケアプランは、施設サービス計画とも呼ばれていて、自分で作成することはできません。施設サービス計画は、その施設に所属するケアマネジャーが作成します。

施設サービスの目的は、原則として要介護者の自宅への復帰です。施設に所属するケアマネジャーは各要介護者に適したプランを作成し、施設のスタッフはチームを組んで目標達成に向けてサービスの提供を行います。

ケアプランの特徴

要支援者向けのケアプラン

■ケアプランの種類
介護予防ケアプラン

■プランの作成者
本人
地域包括支援センターの保健師
地域包括支援センターの職員の
社会福祉士
地域包括支援センターから委託
されたケアマネジャー

■利用モデル
①基本型
閉じこもり・心身機能の低下の
予防が目的
訪問系のサービスから通所系の
サービスへの移行をめざす

②リハビリ対応型
退院直後に短期間でリハビリを
受ける目的
訪問系のリハビリから通所系の
リハビリへの移行をめざす

③医療対応型
長期的な医療ケアを受ける目的
訪問看護などを採り入れている

■要支援者向けプランの特徴
介護予防が目的

要介護者向けのケアプラン

■ケアプランの種類
居宅サービス計画
　在宅でサービスを受ける場合のプラン
施設サービス計画
　施設に入所してサービスを受ける場合のプラン

■プランの作成者
居宅サービス計画　本人・ケアマネジャー
施設サービス計画　入所先の施設のケアマネジャー

■利用モデル・特徴
①通所型（居宅サービス計画）
要介護者が施設に出向いてサービスを利用するスケジュール。要介護1〜3が多い

②訪問型（居宅サービス計画）
要介護者が自宅でサービスを利用するスケジュール
利用できる状況にある要介護者1〜5全般に見られる

③医療型（居宅サービス計画）
医療サービスを受ける必要性の高い人が利用するスケジュール。要介護4・5の人の利用が多い

④施設サービス計画の場合
要介護者の自宅への復帰が目的
・施設のスタッフがチーム体制で目標達成に向けたサービスの提供を行う
・要介護者が自宅に復帰できるまで随時修正して行う
・本人はケアプランを作成できない

15 要支援

要介護１相当は、要支援２と要介護１に分けられる

● 要支援状態とは

　要介護認定の１次判定で要介護状態にあると判定されなかった場合でも、１日の中で要介護状態が25〜32分未満の申請者や、間接生活介助と機能訓練関連行為のための手助けを１日のうち合計10分以上必要とする申請者は、１次判定で要支援状態にあると判定されます。

　こうした介護や手助けに必要となる時間は、要介護認定等基準時間と呼ばれ、１次判定で推計されます。要介護認定等基準時間は実際に介護サービスを受けられる時間ではありません。

　要介護認定等基準時間に算入される内容には、①直接生活介助、②間接生活介助、③問題行動関連介助、④機能訓練関連行為、⑤医療関連行為があり

ます。

　直接生活介助とは、入浴や排せつ、食事の介護などで、身体に直接ふれて行うものです。

　間接生活介助とは、衣服の洗濯や日用品の整理を行うといった日常生活を送る上で必要とされる世話のことです。

　問題行動関連介助とは、徘徊や不潔行動といった行為への対応のことで、徘徊に対しては探索を行い、不潔行動に対しては後始末をするといった対応を行うことになります。

　機能訓練関連行為とは、身体機能の訓練やその補助のことで、嚥下訓練（飲み込む訓練）を実施したり歩行訓練の補助を行うことです。

　医療関連行為とは、呼吸管理や褥瘡処置（床ずれへの処置）の実施といっ

要介護認定等基準時間に算入される内容

```
                              ┌─ 直 接 生 活 介 助
                              │
                              ├─ 間 接 生 活 介 助
                              │
要介護認定等基準時間 ─────────┼─ 問題行動関連介助
                              │
                              ├─ 機能訓練関連行為
                              │
                              └─ 医 療 関 連 行 為
```

た診療の補助を行うことです。

●要支援1と要支援2

　要支援1は、介護保険を受けられる人の区分の中では一番軽い区分です。具体的な状態は、日常の基本動作のうち、食事や排せつなどはおおむね自分で行うことができ、立ち上がる時に手助けが必要となることがある状態です。

　要支援2の場合、1次判定では「要介護1相当」と判定されます。この「要介護1相当」と判定された申請者が、2次判定で「要支援2」と「要介護1」に振り分けられます。要支援2と要介護1の介護認定等基準時間はどちらも32分〜50分です。要介護1相当の状態のうち、次に挙げる状態ではない申請者が要支援2の認定を受けます。

・病気やケガによって心身の状態が安定していない状態
・十分な説明を行っても、認知機能の障害や、思考や感情等の障害によっ

て予防給付の利用に関して適切な理解が困難な状態
・その他の事柄によって予防給付を利用することが困難な状態

　上に挙げる状態の1つに当てはまる申請者は要介護1の認定を受けます。

●認知症高齢者の日常生活自立度

　認知症高齢者の要支援・要介護状態の認定では、1次判定や2次判定の際の資料のひとつとして、認知症高齢者の日常生活自立度という基準が用いられています。

　たとえば、何らかの認知症を有するが、日常生活は家庭内及び社会的にほぼ自立しているのであれば、ランクⅠ、日常生活に支障をきたすような症状・行動や意思疎通の困難さが頻繁に見られ、常に介護を必要とするような状態であればランクⅣとなります。

要支援・要介護状態の区分

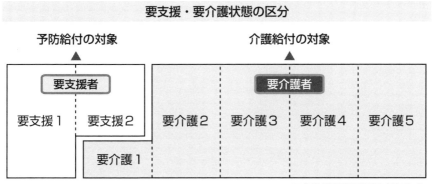

※ 厚生労働省の資料を基に作成

16 要介護

要介護認定を受けてはじめて介護給付が受けられる

● 要介護1～5について

要支援認定を受けた場合には予防給付を受けますが、要介護認定を受けた場合には介護給付を受けることができます。要介護は1～5の区分に分かれています。要介護1については、1次判定で要介護1相当と判定された人をさらに細かい基準で判定した結果、要支援2と要介護1に振り分けています。

どちらも要介護認定等基準時間は32分～50分ですが、要介護1が要支援2と異なる点は、認知症による問題行動があったり、認知症の症状が重い点です。認知症の症状が重いために、排せつや清潔保持、衣服の着脱といった行為の一部に介助が必要となるため、要支援2より重い要介護1と判定されるのです。

要介護2には、1日に1回は介護サービスが必要となる状態の人が認定されます。たとえば歩くときや立ち上がるとき、食事や排せつ、清潔保持、衣服の着脱などを行うときに、一部介助が必要な状態であったり、全面的に介助が必要な状態の場合に要介護2に認定されます。要介護者が認知症の場合には、金銭管理や服装管理を行うことが困難な状態も出てきます。

要介護3は、1日に2回の介護サー

ビスが必要となる程度の要介護状態です。具体的には、起き上がったり寝返りを打つことが、自分ひとりではできない状態です。食事や排せつ、清潔保持、衣服の着脱などを行うときには全面的な介助が必要となります。要介護者が認知症の場合には、大声を出したり物忘れが頻繁になるといった問題行動も見られます。

要介護4は、1日に2、3回の介護サービスが必要となる程度の要介護状態です。日常生活を送る能力が低下している状態で、寝たきりの場合も含まれます。要介護者が認知症の場合には、理解力低下によって意思の疎通が困難となる場合が多い他、目的もなく歩き回ったり（徘徊）夜眠らずにいる（昼夜逆転）といった問題行動も増えている状態です。要介護4の場合も食事や排せつ、清潔保持、衣服の着脱などを行うときには全面的な介助が必要とされる状態です。

要介護5は、日常生活を送る上で必要な能力が全般的に著しく低下していて、1日に3、4回の介護サービスを受ける必要がある状態です。寝たきりであることが多く、生活全般において全面的な介助を必要とします。認知症の場合には、意思の伝達がまったくで

きない程度まで理解力が全般的に低下していて、徘徊や昼夜逆転、夜間に大声で叫ぶといった問題行動が多くなります。

要介護度の区分は心身の状態が変化した場合、残りの有効期間にかかわらず、変更を申請することができます（93ページ）。審査・判定で要介護度が上がることもありますが、変更がない場合や下がることもあります。

◉ 要介護状態によって利用できるサービスが異なる

要介護度によって必要となる介護の量が異なることから、要支援では施設サービスを利用することはできません。施設サービスは数に限りがあり、重度の方を優先しているためです。施設サービスの中でも特別養護老人ホームは、要介護3以上から入居が可能な施設です。つまり、要介護度認定を行うことは、必要な人に必要なサービスを提供できるようなしくみといえるでしょう。

要支援・要介護状態

	要介護認定等基準時間
要支援1	25～32分未満の状態　25～32分未満に相当すると認められる状態
要支援2	32～50分未満の状態　32～50分未満に相当すると認められる状態
要介護1	32～50分未満の状態　32～50分未満に相当すると認められる状態　要支援2に比べ認知症の症状が重いために排せつや清潔保持、衣服の着脱といった行為の一部に介助が必要とされる
要介護2	50～70分未満の状態　50～70分未満に相当すると認められる状態　1日に1、2回は介護サービスが必要となる状態
要介護3	70～90分未満の状態　70～90分未満に相当すると認められる状態　1日に2回の介護サービスが必要になる程度の要介護状態
要介護4	90～110分未満の状態　90～110分未満に相当すると認められる状態　1日に2、3回の介護サービスが必要となる程度の要介護状態
要介護5	110分以上ある状態　110分以上に相当すると認められる状態　日常生活を送る上で必要な能力が全般的に著しく低下しており、1日に3、4回の介護サービスを受ける必要がある状態

※要介護認定等基準時間は、1日あたりに提供される介護サービス時間の合計がモデルとなっています。基準時間は1分間タイムスタディと呼ばれる方法で算出された時間をベースとしています。1分間タイムスタディとは、実際の介護福祉施設の職員と要介護者を48時間にわたって調査し、サービスの内容と提供にかかった時間を1分刻みに記録したデータを推計したものです。

17 事業者・施設
サービスを行うのは行政機関ではなく事業者となる

● 指定事業者がサービスを提供する

　介護保険制度は、利用者本人の選択でサービスを受ける制度です。介護保険のサービスを提供するのは、行政機関ではなく、営利法人やNPO法人といった事業者です。介護保険制度上のサービスを提供する事業者は、一定の要件を備え（下図参照）、都道府県知事などの指定を受ける必要があります。指定を受けた事業者はその提供するサービスによって、①指定居宅介護支援事業者、②指定居宅サービス事業者、③介護保険施設に分類できます。

　①指定居宅介護支援事業者は、在宅で支援を受ける利用者にサービスを提供することをメインとしており、具体的には、利用者である要介護者の依頼を受けて介護サービスの利用計画（ケアプラン）を作成する他、すでに提供しているサービスが利用者に合っているかどうかをチェックして、必要に応じてプランの調整を行います。ケアプランの作成をメインとして行うケアマネジャーは、指定居宅介護支援事業者のもとで仕事を行っています。

　②指定居宅サービス事業者は、在宅の要介護者に対してケアプランに沿った居宅サービスを提供する事業者です。指定居宅サービス事業者は、その提供するサービス内容の種類に応じて細かく指定されます。

　最後に③介護保険施設については、事業者が施設サービスを提供します。具体的には、介護保険施設は、ⓐ指定介護老人福祉施設、ⓑ介護老人保健施設、ⓒ指定介護療養型医療施設という３つの類型に分けられています。

　なお、事業者はいずれも業務管理体制を整備し、届出を行わなければなりません。整備すべき体制は、責任者の選任や運営規定の整備などです。

事業者の指定要件

・事業者が法人であること（原則）
・提供するサービスごとに、適切な人員基準を満たしていること
・提供するサービスごとに適正な運営を行うこと、また、運営の際には所定の運営基準や施設基準に従っていること
・欠格事由に該当しないこと

18 介護保険施設の役割と種類

利用者の状況をふまえた施設を選ぶ

● 介護保険施設の役割と種類

　介護保険施設は、原則として在宅で介護を受けることができない状態になった場合に利用が考えられるサービスです。たとえば、常に介護が必要な状態になった場合や、機能訓練などを受ける必要がある場合、などです。施設サービスを利用する場合には、こうした利用者の状況や環境を考慮した上で、適切な施設を選ぶ必要があります。

　介護保険施設には大きく分けると、①指定介護老人福祉施設、②介護老人保健施設、③指定介護療養型医療施設、の3種類があります。

　このうち、指定介護老人福祉施設は、認知症などによって心身上の著しい障害がある人や寝たきりの高齢者の利用に適しています。指定介護老人福祉施設は、一般的には特養ホーム（特別養護老人ホーム）と呼ばれている施設で、従来からある相部屋の他、ユニット型の個室を備えている施設も増えています。この施設に入所すると、作成されたケアプランに沿って、身の回りの世話や機能訓練といったサービスを受けることができます。

　介護老人保健施設は、入院治療などを終えた人が自宅に戻るまでの一定期間に、集中的に機能訓練のサービス等を受けて、自宅に復帰できるようにする役割を担っています。こうした事情があるため、介護老人保健施設には、医師が常勤している他、看護職員や薬剤師、理学療法士、作業療法士といった専門家が配属されています。

　自宅への復帰が前提となるため、入所できる期間は原則として3か月までですが、3か月経過後、復帰が難しいと判断された場合には、施設サービスの提供を受ける契約を更新できます。

　最後に指定介護療養型医療施設について説明します。指定介護療養型医療施設は、医療施設ですが、通常の医療施設とは異なって介護機能に重点を置いています。そのため、医療施設としての管理体制と、介護や身の回りの世話、機能訓練といったサービスが提供されます。

　指定介護療養型医療施設は、平成29年（2017年）末で廃止されました。もっとも利用者の受入れ先が見つからない可能性などを考慮して、6年間の移行措置期間が設けられています。また、新たに「介護医療院」が新設され、今後は指定介護療養型医療施設から移行して、医療と介護の棲み分けが明確にされていくことになります。

19 介護保険施設以外の施設

在宅サービスとして扱われることもある

●施設が在宅扱いとなる場合

　介護保険制度の適用となるのは、通常は指定介護老人福祉施設、介護老人保健施設、介護医療院（平成30年4月に創設）といった介護保険施設ですが、それ以外の施設を利用した場合でも介護保険が適用されることもあります。

　たとえば、養護老人ホーム、軽費老人ホームやケアハウス、有料老人ホームやグループホームなどと呼ばれる施設です。

　こうした施設のサービスを受ける場合には、施設サービスではなく、在宅サービスとして扱われ、給付の対象となることがあります。施設サービスも在宅サービスも、どちらも介護保険制度上認められているサービスですが、要支援者・要介護者全員の利用に対して給付されるわけではありません。と

いうのも、施設サービスの利用が介護保険制度上の給付対象となるのは、原則として要介護者だけだからです。したがって、上記の施設の利用を在宅サービスとして認めるということは、要支援者も給付対象となる場合があるということです。

　また、地域密着型サービスとして利用できる施設の中にも在宅サービス扱いでサービスを受けられる施設があります。通常の介護保険施設に併設されている施設でのサービスを利用する場合にも在宅サービス扱いで受けられる場合があります。短期入所生活介護や通所介護・通所リハビリテーションなどと呼ばれるもので、短期入所生活介護は俗にショートステイと呼ばれ、通所介護・通所リハビリテーションはデイサービスと呼ばれるサービスです。

短期利用の種類と活用方法

種類	入居期間	活用方法
ショートステイ	数日〜2週間程度	介護者のリフレッシュ、旅行、短期出張、冠婚葬祭など
ミドルステイ	月単位	介護者の長期出張、本入居前の体験入居など
年単位入居	1年ごと	介護者の転勤、特養の空き待ち期間など

このうちショートステイは、在宅の要介護者が一時的に施設に入所して介護を受けたい場合に適したサービスです。

経済的にゆとりがある場合には、ケア付き住居である有料老人ホームの利用も考えられます。

一方、軽費老人ホームやケアハウスなどに入所する場合には、経済的な負担も比較的少なく入居できます。軽費老人ホームは、自分の身の回りのことは自分でできる人を対象としており、３つの類型に分かれていますが（下図）、将来的にはケアハウスに統一される予定です。

こうしたケア付きの住宅では、特定施設入居者生活介護という種類の介護保険給付を受けられる場合があるので、介護保険が適用される範囲内での利用を考えている場合には、どのサービスが適用対象となるのかを事前に調べるようにしましょう。

グループホームとは、比較的症状の軽い認知症の高齢者が集まって共同生活を送る形式の入居サービスです。グループホームの場合には、専門のスタッフが介護しながらも、食事の支度、掃除、洗濯といった利用者自身の身の回りのことについては、利用者自身と専門スタッフとが共同で行います。

このように、ある程度自分の身の回りのことができる場合には、グループホームを利用することで、認知症の状態維持や改善を図ることができます。グループホームでは利用者自身に役割を持たせることで、高齢者の心身の安定を取り戻し、認知症の進行を遅らせることができるのです。

なお、いずれの施設のサービスを利用する場合も、日常生活に必要な経費などは自己負担となります。

軽費老人ホームの種類と特徴

	入居条件　※1	特徴　※2
軽費老人ホームA型	部屋の掃除や洗濯などの身の回りのことは自分で行える状態	個室 食事など日常生活で必要なサービス提供あり
軽費老人ホームB型	身の回りのことも自炊もできる状態	個室・台所・トイレ
ケアハウス	身の回りのことを自分で行えるが自炊はできない状態、在宅での生活が困難な人	食事つきが原則で自炊も可

※1　どの類型でも60歳以上であることが必要だが、夫婦で入居する場合にはどちらか一方が60歳以上であれば可能

※2　どの類型でも、家賃に相当する分の利用料、日常生活上の経費は自己負担

20 利用者の負担する費用

安定した運用のためには利用料を負担することも必要である

● 被保険者の保険料

　介護保険制度を運用するための費用は、利用者となりうる被保険者と市区町村、都道府県、国が負担しています。被保険者の保険料の割合は、介護サービス料の全額から利用者本人が負担する1割分を除いた残りの9割のうちの半分で、残りの半分は、国や都道府県、市区町村などの機関が負担します。

　被保険者負担分のうち、第1号被保険者と第2号被保険者の負担分は人口比に基づき設定されます。

● 3年ごとの見直し

　平成12年度に始まった介護保険制度は、3年を1期とした期間で区切り、保険料の見直し等を行っています。第1号被保険者と第2号被保険者の保険料の負担割合についても、一定年数ごとに見直されることになっています。平成30年度〜平成32年度は第7期にあたります。

　第7期の第1号被保険者と第2号被保険者の負担割合は第1号被保険者が23%、第2号被保険者が27%で、合わせて50%ということになっています。

● 第1号被保険者の保険料

　第1号被保険者の具体的な保険料は、国が定めた算定方法によって算出された基準額に対して各市区町村が調整し、最終的な金額が決定されます。したがって、第1号被保険者の保険料は、市区町村によって異なります。また、第1号被保険者が全員同じ保険料を負担しているわけではなく、所得に応じて段階的に設定されている保険料を負担する方式となっています。

　第7期の介護保険料について、全国の市区町村の平均額は5,869円とされており、第6期（平成27年度〜平成29年度）と比べると、350円程度高くなっています。

● 第2号被保険者の保険料の納め方

　第2号被保険者の保険料は、第1号被保険者のように国が算定方式を示して基準額を設定し、各市区町村が調整するといった方式ではありません。第2号被保険者の保険料は原則として被保険者が加入している医療保険とともに納める形式となっています。

　したがって、第2号被保険者の保険料について、国は第2号被保険者が加入している医療保険者ごとに負担総額を割り当てるという方法をとっています。各医療保険者は割り当てられた金額を被保険者から集め、一括して社会

保険診療報酬支払基金に納付します。この納付金のことを介護給付費・地域支援事業支援納付金といいます。

納付金を徴収した社会保険診療報酬支払基金は、この納付金を全国の市区町村に交付金として配分します。この交付金は2種類に分かれており、介護給付費に充てるための交付金は介護給付費交付金、介護予防事業費に充てるための交付金は地域支援事業支援交付金と呼ばれています。

なお、社会保険診療報酬支払基金とは、社会保険診療報酬支払基金法に基づき、医療保険や公費負担医療の診療報酬の審査と支払業務、高齢者医療や退職者医療関係の支援金や拠出金の徴収と交付金の交付を行うことを目的として設立された特別民間法人です。介護保険制度ができてからは、第2号被保険者からの保険料の徴収と市区町村への交付金の交付も行っています（下図参照）。

● ホテルコストの自己負担

ホテルコストとは、居住費（家賃・光熱費など）と食費を合わせた費用のことをいいますが、施設介護サービスの利用者が負担するホテルコストは、かつて、要介護度に応じた1割の自己負担（居住費）と食費のみでした。一方、在宅での介護を受けている人は居住費と食費を自己負担しており、このような不公平をなくすために、現在では、施設利用者も原則ホテルコストは全額自己負担となっています。

施設サービス利用者のホテルコストは、施設側が利用者に対して請求することになりますが、施設間で大きな差が生じないように工夫されています。たとえば食費については、その平均的な金額を計算した基準額が設定されています。

部屋代については、個室であるかどうかといった段階的な基準によって異なる基準額が設定されています。

第2号被保険者の保険料納付の流れ

第2号被保険者　→〔保険料 納付〕→　各医療保険者　→〔介護給付費・地域支援事業支援納付金〕→　社会保険診療報酬支払基金　→〔介護給付費交付金 地域支援事業支援交付金〕→　全国の市区町村

107

21 利用料の上限
給付額は認定の度合いによって異なる

●支給限度額とは

　介護給付を受けるために認定を受けた利用者は、その認定の度合いによって受けられる給付額が異なります。このように、介護保険で利用できるサービスの費用の上限を区分ごとに定めたものを支給限度額といいます（月額）。支給限度額内で在宅サービスを利用した場合には、その費用の原則1割を利用者本人が負担します。支給限度額を超えて利用した場合には、その超えた金額は全額自己負担となります。

●介護サービスの支給限度額

　在宅サービスの支給限度額については、次ページ図を参照してください。この支給限度額は、国が算定したものですが、各市区町村は独自に限度額を引き上げることができます。その場合、第1号被保険者の保険料が財源として使われます。

　また、施設サービスについては、在宅サービスのような支給限度額は設定されていません。ただし、サービスの利用者は費用の1割を負担することから、介護報酬を基にして施設サービスを利用したときにかかる費用の目安を割り出すことができます。

●特定入所者介護サービス費

　一定の低所得者について、介護保険施設の利用料における、食費と居住費の軽減が認められる制度です。次ページ図にあるように、それぞれの負担段階区分に応じて自己負担の上限が定められており、利用者はその分を支払うだけですみます。基準費用額と自己負担分の差額が特定入所者介護サービス費として軽減されます。

　支給対象は、負担段階区分の第1段階から第3段階の者です。

●高額介護サービス費

　在宅サービスや施設サービスの利用料の自己負担額が高額になってしまった場合には、一定の基準額を上回る自己負担分について高額介護サービス費として、市区町村から払戻しを受けることができます。高額介護サービス費として市区町村から払戻しを受ける基準となる自己負担額の上限（月額）は、利用者の世帯の所得状況によって段階的に設定されています。たとえば、一般的な世帯で月額44,400円、第1段階の、生活保護受給者、世帯全員が住民税非課税かつ老齢福祉年金受給者は、個人の場合、月額1万5000円です。

　なお、同一世帯に複数の利用者がい

る場合には、その複数の利用者の自己負担額を合計した金額が上限額として計算されます。

高額介護サービス費の払戻しを受けるためには、市区町村の窓口で申請を行う必要があります。

在宅サービスの利用料の自己負担額・目安

要支援度・要介護度の区分	在宅サービスの支給限度額(月額)	支給限度額まで利用した場合の自己負担額(月額)	一定以上の所得者の自己負担額(月額)
要支援1	50,320円	5,032円	10,064円
要支援2	105,310円	10,531円	21,062円
要介護1	167,650円	16,765円	33,530円
要介護2	197,050円	19,705円	39,410円
要介護3	270,480円	27,048円	54,096円
要介護4	309,380円	30,938円	61,876円
要介護5	362,170円	36,217円	72,434円

※支給限度額・自己負担額の数値は令和元年10月以降の金額

特定入所者介護サービス費が支給されるための自己負担の上限

利用者負担段階区分	対象者	1日あたりの居住費(滞在費)				1日あたりの食費
		ユニット型個室	ユニット型準個室	従来型個室*	多床室*	
第1段階	住民税世帯非課税の老齢福祉年金受給者 生活保護受給者	820円	490円	490円 (320円)	0円	300円
第2段階	住民税世帯非課税で合計所得金額及び課税年金収入額の合計が年間80万円以下の者	820円	490円	490円 (420円)	370円	390円
第3段階	住民税世帯非課税で第1・第2段階に該当しない者	1,310円	1,310円	1,310円 (820円)	370円	650円
第4段階 (基準費用額)	非該当(食費・居住費は軽減されません)	2,006円	1,668円	1,668円 (1,171円)	377円 (855円)	1,392円

※令和元年10月以降の金額。＊については、老健や療養病床の場合は上段、特養の場合はカッコ内の金額になる
※配偶者が市民税課税、もしくは一定の預貯金がある場合は対象外

22 介護報酬

サービスの質や効率の向上をめざして見直しが行われる

●介護報酬とは

介護報酬とは、事業者が利用者に介護サービスを提供した場合に、保険者である市区町村から支払われるサービス費用のことです。

介護報酬は訪問介護や訪問入浴介護などの介護サービスの費用に応じて定められており、各事業者の体制や、利用者の状況に応じて加算・減算されます。

介護保険では、サービスの単価を単位と呼ばれる指標で設定しています。厚生労働省の告示により、1単位は原則として10円と設定されているので、月ごとに集計したサービスの単位数の合計に10を乗じた金額が、その月に事業者が提供したサービスの対価ということになります。

たとえば、訪問介護のうち、20分以上30分未満の身体介護については、介護報酬が249単位とされています（令和元年10月からの介護報酬）。このサービスを1か月に4回提供したとすると、249単位×10円×4回より、9960円が、事業者の受け取ることができる介護報酬ということになります。

介護保険は費用の1割をサービスの利用者が負担するしくみになっていますので、サービスの対価のうち1割を利用者が負担し、残りの9割を市区町村から受け取ることになります。前述した例でいえば、9960円の1割にあたる996円が利用者の自己負担分となります。

●さまざまな加算が行われる

介護報酬については、基本の報酬部分に加えて、さまざまな加算が行われます。たとえば、職員のキャリアを考慮したサービス提供体制強化加算があります。具体的には、介護福祉士、常勤職員、3年以上の勤続年数のある人などを一定割合雇用している事務所にはサービス提供体制強化加算が適用されます。

医療との連携や認知症への対応を強化するための加算もあります。医療との連携については、居宅介護を受けている人が入院した場合の対応などにつき加算が認められています。一方、認知症については、若年性認知症者の受け入れ体制や、認知症高齢者等への専門的なケア体制が整っている場合には加算の対象となります。

また、介護報酬は、地域差を考慮して、その額が変動するしくみになっています。先ほど介護報酬の単価は、原則として1単位10円と説明しましたが、それに加えて地域ごとの加算や人件費

110

の割合を考慮して事業者が受け取る介護報酬を計算することになります。たとえば、一部の中山間地域（平野の外側から山間部にかけての地域のこと）等に所在する小規模事業所が行う訪問介護などのサービスについても加算があります。

○令和3年4月の改定

令和3年4月からの介護保険にいくつかの改定が行われます。

① 業務継続に向けた取り組みの強化

感染症や災害の発生が多くなってきたことから、介護サービスを提供している事業場は事業継続にむけた体制を作ることが義務付けられました。具体的には、事業継続計画の作成、研修の実施、訓練の実施などです。

② 会議や多職種連携におけるICTの活用

運営基準等によって実施が求められる会議について、対面での会議以外にもテレビ電話などを活用することが認められます。

③ 利用者への説明・同意等に係る見直し、記録の保存等に係る見直し

ケアプランや重要事項説明書における、利用者への説明・同意について、紙の書面で行っていたものをコンピューターを利用した電磁的な対応も可能としています。また、介護記録についても電磁的な対応を認めることとしています。

④ 高齢者虐待防止の推進

虐待の発生、再発を防止するために委員会の開催、指針の整備、研修の実施、担当者の選任が義務付けられます。

⑤ 認知症介護基礎研修の受講義務付け

施設サービスについては、認知症への対応力を強化するため、医療・福祉関係の資格を有さない者について、認知症介護基礎研修を受講させることが義務となります。ただし、3年間の経過措置が設けられます。

介護サービスの実施と介護報酬の支払い

①要介護・要支援の認定申請・認定

市区町村

③介護給付費の支払い（原則として介護報酬の9割）

②介護サービスの実施

利用者

介護事業者

23 介護給付と予防給付
予防給付は介護状態の予防を目的としている

● 要支援の人が利用できる予防給付

　要支援認定を受けた人の場合には、要支援の状態から自立した生活ができるようにするために、あるいは要介護の状態にならないように予防するためにメニューが組まれます。要支援の認定を受けた人が受けられるサービスを予防給付といいます。

　予防給付は、介護が必要となる状態を予防するためのものですから、予め計画を立ててから提供されます。この計画を予防プランと言い、地域包括支援センターの職員またはその委託を受けた者が作成します。要支援の認定を受けた人が利用できるサービスは、在宅サービスと地域密着型サービスの一部で、施設サービスは利用できません。

　予防給付の各メニューの内容は、要介護の人が受ける在宅サービスとほぼ同じですが、予防給付のサービスを利用できる場所は、通所サービスが中心となります。ただし、通所サービスを利用することが難しい場合には、訪問サービスが認められます。

　なお、要支援の人の状況が悪化して要介護の認定を受けた場合には、提供されるサービスは介護給付に変更されます。予防給付のメニューの多くは、介護予防という名称がついていますが、提供されるサービス内容は基本的には要介護者が受けるものとあまり違いはありません。ただ、そのサービスを提供する目的が要介護者の場合とは異なって、介護状態の予防と現状の改善に向けられています。

● 要介護の人が利用できる介護給付

　介護保険制度では、常に誰かの介護を必要とする状態にあると判断されると、要介護と認定されます。認定は、どの程度介護を必要とするかによって、要介護1～5の5段階に分かれます。

　要介護の人は、在宅サービスと施設サービス、地域密着型サービスを利用することができます。在宅サービスには、訪問介護、訪問入浴介護、訪問看護、といったものがあります。介護が必要になっても在宅での生活が継続できるようなケアプランが作成され、実際に提供されます。施設サービスは、施設に入居し介護を受ける形式になります。地域密着型サービスは、通所、訪問、入居などのサービスを利用し住み慣れた地域から離れず生活できるようにサポートする形式です。

　要介護者のケアプランは、ケアマネジャーが作成します。介護給付にかかる費用のうち9割は介護保険でまかな

われますが、食費や居住費については原則として自己負担とされています。

　これは在宅サービスでも施設サービスでも同じです。施設を利用する場合には、従来のケアマネジャーから施設のケアマネジャーに代わり、施設のケアマネジャーが施設サービス計画の作成を行います。

予防給付と介護給付の種類

（介護給付、予防給付）

居宅サービス	訪問介護　※介護予防訪問介護は地域支援事業へ移行
	（介護予防）訪問入浴介護
	（介護予防）訪問看護
	（介護予防）訪問リハビリテーション
	（介護予防）居宅療養管理指導
	通所介護　※介護予防通所介護は地域支援事業へ移行
	（介護予防）通所リハビリテーション
	（介護予防）短期入所生活介護
	（介護予防）短期入所療養介護
	（介護予防）特定施設入居者生活介護
	（介護予防）福祉用具貸与
地域密着型サービス	定期巡回・随時対応型訪問介護看護
	夜間対応型訪問介護
	地域密着型通所介護
	（介護予防）認知症対応型通所介護
	（介護予防）小規模多機能型居宅介護
	（介護予防）認知症対応型共同生活介護
	地域密着型特定施設入居者生活介護
	地域密着型介護老人福祉施設入所者生活介護
	看護小規模多機能型居宅介護
施設サービス	介護老人福祉施設
	介護老人保健施設
	介護療養型医療施設　※令和5年度末で廃止
	介護医療院　※平成30年4月に創設
ケアプラン	居宅介護支援、介護予防支援　※ケアプランの作成

（地域支援事業）

居宅サービス	訪問型サービス
	通所型サービス
	生活支援サービス（配食、見守りなど）

24 福祉用具の貸し出しや住宅改修

少ない負担で福祉用具を借りることもできる

●福祉用具の貸し出し

　要介護・要支援の認定を受けている人のうち一定の条件にあてはまる人は、福祉用具を借りることができます。要介護の人は、日常生活をしやすくしたり、機能訓練を行って日常生活の自立をめざす上での補助として、福祉用具を借りることができます。

　要支援者も用具を借りることができます。要介護者や要支援者が借りることのできる福祉用具は、車椅子、車椅子付属品、特殊寝台、特殊寝台付属品、褥瘡予防用具、体位変換器、手すり、スロープ、歩行器、歩行補助つえ、徘徊感知器、移動用リフトなどです。

　ただ、要介護1と要支援1・2の人が用具を借りる場合、表中①〜⑥、⑪、⑫の用具の貸し出しについては、介護の程度が厚生労働大臣の定める一定の状態にあること、または医師の意見に基づいた判断、市区町村が認めた場合に利用可能です。また、表の⑬自動排せつ処理装置を借りることができるのは、原則として要介護4・5の人となります。

●福祉用具の購入補助

　用具の性質上、貸与するより購入した方がよいものもあります。

誰かの使用後に別の誰かが使用するのは難しいような用具や、たとえば体格の差などの個人差によって、万人が使うことができないような用具です。

　介護保険制度では、購入した方がよい福祉用具を特定福祉用具と定めて、用具を貸し出す代わりに、その用具の購入金額を補助しています。購入の補助は、要介護者・要支援者が先に福祉用具を自分で購入し、後からその金額を支給する方法がとられています。

　補助を受けられる特定福祉用具は、腰掛便座、特殊尿器、入浴補助用具、簡易浴槽、移動用リフトのつり具の部分です。特定福祉用具の購入費の支給上限は、年間10万円までとなっています。

●住宅改修について

　介護の必要上、住宅を改修したような場合に、費用の補助が受けられることがあります。費用の補助は、要支援でも要介護でも受けることができます。ただし、悪質な業者によるトラブルが多かったことから、住宅改修の補助を受けるには、市区町村に対して事前に申請書を提出しなければならないことになっています。支給基準限度額は要支援・要介護にかかわらず、定額の20万円までとなっています。

具体的な改修例として、階段などに手すりをとりつける工事や、段差を解消する工事があります。手すりの設置と段差を解消する工事は、実際に行われている工事の大部分を占めています。

住宅改修工事を行う際に付随して必要となる工事費についても、限度額の範囲内で支給の対象となります。

福祉用具と特定福祉用具

福祉用具

①車椅子
自走用標準型車椅子・普通型電動車椅子・介助用標準型車椅子など

②車椅子付属品
クッション・電動補助装置など

③特殊寝台
介護用のベッドのことで、サイドレールが取りつけられているか取りつけ可能なもの

④特殊寝台付属品
手すり・テーブル・スライディングボード・スライディングマットなど

⑤床ずれ防止用具
送風装置・空気圧調整装置を備えた空気マットなど

⑥体位変換器
空気パッドなどを体の下に差し入れて体位変換をしやすくできる機能を持っているもの。体位を保持する目的しかないものは不可

⑦手すり
工事をせずに取りつけられるもの

⑧スロープ
段差解消目的のもので工事をせずに取りつけられるもの

⑨歩行器
二輪・三輪・四輪→体の前と左右を囲む取っ手などがついているもの。四脚 → 腕で持ち続けて移動できるもの

⑩歩行補助杖
松葉杖・カナディアンクラッチ・ロフストランドクラッチ・多点杖など

⑪徘徊感知器
認知症用の徘徊センサーなどのことで、認知症の人が屋外に出ようとした時などに家族などに知らせる機器

⑫移動用リフト
段差解消器・風呂用のリフトなどのことで、つり具の部分は含まない。つり具は特定福祉用具となる

⑬自動排せつ処理装置
排便などを自動的に吸収し、排便などの経路となる部分を分割することができるもの（交換可能部品を除く）

特定福祉用具

■ **腰掛便座**
和式便器→上に置いて腰掛式にできるもの
洋式便器→上に置いて高さを調節するもの
便座から立ち上がるときに補助できる機能を持つもので電動式・スプリング式のもの
便座やバケツなど、移動できる便器など

■ **自動排せつ処理装置の交換可能部分**
排便などの経路となるもので簡単に交換できるもの

■ **入浴補助用具**
シャワー椅子・入浴用の椅子・浴槽用の手すり・浴槽内で使う椅子・浴槽の縁にかけて使う入浴台・浴室内のスノコ・浴槽内のスノコなど

■ **簡易浴槽**
取水や排水のための工事を必要としない簡易的な浴槽のことで、空気式や折りたたみ式など、簡単に移動できるもの

■ **移動用リフトのつり具の部分**
風呂用のリフトのつり具も含まれる・移動用リフト自体は福祉用具として貸与の対象となる

25 訪問サービス

自宅で受けることができるサービスがある

● 訪問サービスについて

在宅サービスの中でも自宅でサービスを受けられるのが訪問サービスです。訪問サービスには、訪問介護、訪問入浴介護、訪問看護、訪問リハビリテーション、居宅療養管理指導、特定施設入居者生活介護などがあります。

訪問介護は、ホームヘルパーが要介護者の自宅に出向いて、日常生活の手助けを行います。

訪問入浴介護は、浴槽設備のついた入浴車で要介護者の自宅に訪れて、入浴の介護を行うサービスです。

訪問看護は、介護を専門で行う人では対応できない医療的な看護の提供を行うものです。

訪問リハビリテーションは、理学療法士や作業療法士が要介護者の自宅に出向いて行われます。

居宅療養管理指導は、退院した要介護者の自宅に医師などが訪問し、療養上の管理や指導などを行うことです。

特定施設入居者生活介護は、指定を受けている有料老人ホームなどの施設に入居している要介護者に日常生活上の支援や介護を行うサービスです。

要介護者が利用できる訪問サービス

訪問介護 （ホームヘルプサービス）	ホームヘルパーが要介護者の自宅に出向く 要介護者の身体介護・生活援助・相談・助言
訪問入浴介護	入浴車で要介護者の自宅に出向いて入浴の介護を行う
訪問看護	病状は安定しているものの日常生活を送るには支障がある人が対象 要介護者の自宅に看護師などが出向く 看護師などが主治医の判断に基づいて医療的な看護を提供する
訪問 リハビリテーション	理学療法士・作業療法士が要介護者の自宅に出向く 要介護者の心身機能の維持回復、自立の手助けが目的 理学療法・作業療法などによるリハビリテーションを行う
居宅療養 管理指導	退院した要介護者の自宅に医療や栄養学の専門家が出向く 専門家は医師・歯科医師・薬剤師・管理栄養士・歯科衛生士など サービス内容は療養上の管理・指導・助言
特定施設入居者 生活介護	特定施設に入居している要介護者が対象 日常生活上の支援や介護の提供

26 通所サービス・短期入所サービス

事業所に出向いてサービスを受ける

● どんなサービスなのか

通所サービスは、要介護者が都道府県から指定を受けた通所介護事業所に出向いて、サービスの提供を受けるもので、通所介護サービスと通所リハビリテーションに分けられます。

通所介護サービスは、通所介護事業所が要介護者の送迎からはじまって機能訓練の実施、社会的な交流の場の提供など、入浴や食事の提供以外のサービスも幅広く提供するものです。

通所リハビリテーションは、医師の指示に基づいて立てられた計画に沿ってリハビリテーションのサービスが提供されるものです。

● 短期入所サービスについて

短期入所サービスには、短期入所生活介護と短期入所療養介護があります。どちらも、要介護者を介護している家族から介護の負担を減らすことを目的として提供されます。

なお、特別養護老人ホームや老人保健施設などに長期間入所する場合には施設サービスとなります。

有料老人ホームなどの特定施設の場合には、長期間入所していても在宅サービスの扱いとなります。特定施設入居者生活介護は、こうした特定施設で提供される介護サービスのことです。

通所サービスと短期入所サービス

通所サービス	対　　象	：要介護者
	施　　設	：デイサービスセンター（単独もしくは特養等に併設）
	特　　徴	：要介護者が施設に出向いて、機能訓練、入浴、食事の提供、レクリエーション、排せつ支援等を受ける。
短期入所サービス	■ 短期入所生活介護（ショートステイ）	
	対　　象	：認知症や中重度の要介護者
	入所する施設	：特別養護老人ホームなど
	特　　徴	：施設に短期間入所し身体介護・日常生活の支援などを受ける
	■ 短期入所療養介護（ショートステイ）	
	入所する施設	：介護老人保健施設や病院
	特　　徴	：身体介護・日常生活の支援・機能訓練を受ける医療施設の場合には医療的な処置を受ける

117

27 施設サービス①

特別養護老人ホームは原則として要介護者だけが利用できる

● 特別養護老人ホームのサービス

施設サービスの中でも、常時介護を受けることに重点を置いているサービスが特別養護老人ホームやケア（介護）つき有料老人ホームです。

特別養護老人ホームへの入所は、寝たきりになっていたり認知症が進んでいる状況の人など、在宅で生活することが難しい状態で要介護3以上と認定された人が対象となっています。

この施設に入所した要介護者は、入浴や食事、排せつ、清拭や体位変換などの身の回りの世話をはじめとする日常生活上必要となる支援を受けることができます。また、要介護状態を少しでも改善し、自立した生活をすることができるように、機能訓練を受けたり健康管理をしてもらうこともできます。

要介護者が入所した際には施設介護サービス計画が立てられます。施設介護サービス計画をケアプランともいいますが、このプランに沿って介護保険給付の対象となるサービスが決められます。

特別養護老人ホームは、短期間だけ入所してサービスを受けるショートステイの場合を除いて、要支援の人が予防給付としてサービスを受けることはできません。

なお、一般的には特別養護老人ホームや特養ホームといいますが、介護保険法上は、指定介護老人福祉施設と呼びます。

従来の特別養護老人ホームは、約4〜6名の相部屋が主流でしたが、最近ではプライバシーを重視したユニット型の個室も提供されるようになりました。ユニット型の個室の場合は、大人数の相部屋よりも料金は割高となるのが一般的です。

● 老人保健施設のサービス

老人保健施設では、看護したり医療的な管理下で介護サービスを提供することに重点を置いています。

また、医療的な視野から介護サービスを提供する一方で、機能訓練なども行い、入所している要介護者が自宅で生活できる状況をめざしています。特別養護老人ホームと同様、要支援者はショートステイで利用する以外には老人保健施設に入所することはできません。

自宅では医療的な管理をすることができない状況で、入院する必要はないような場合、あるいは病院での治療が終わり、自宅で生活できるように機能訓練などを行ってから自宅に戻れるようにするために、老人保健施設に入所

するのが適切だといえます。

　老人保健施設の場合は、介護を必要とする高齢者の自立を支援し、家庭への復帰をめざすために、常勤の医師による医学的管理の下、看護・介護といったケアや作業療法士や理学療法士等によるリハビリテーションが行われます。また、栄養管理・食事・入浴などの日常サービスまで併せて計画し、利用者の状態や目標に合わせたケアサービスを、医師をはじめとする専門スタッフが行い、夜間のケア体制も整えられています。特別養護老人ホームと比べると、医療関係のサービスが多く、実際の人員も医療関係の職員が多く配置されています。

　なお、老人保健施設よりも医療設備が整っている介護療養型老人保健施設という施設もあります。

●老人保健施設の入所期間

　入所期間についても、特に期間が限定されているわけではない特別養護老人ホームとは異なって、原則として3か月に限定されています。

　老人保健施設では、3か月程度の期間ごとにケアプランを立てますが、3か月で自宅への復帰が難しい場合には、更新もできます。

　なお、老人保健施設（老健）は、介護保険法上は介護老人保健施設と呼ばれています。

特別養護老人ホームで支援を受ける場合

在宅で生活することが難しい状態で要介護3以上　　寝たきりである
認知症が進んでいる

特別養護老人ホームへの入所が可能

施設介護サービス計画（ケアプラン）作成　　特別養護老人ホームへの入所時

施設に入所しサービスを受ける　　日常生活上必要となる支援

要介護状態の改善・自立した生活に向けた機能訓練・健康管理

特別養護老人ホームでサービスを受ける場合の特徴

施設サービスの中で常時介護を受けることに重点を置いているサービス
ショートステイの場合を除き、要支援者、要介護1・2の入所は不可
介護老人福祉施設（介護保険上の名称）＝特別養護老人ホーム（老人福祉法上の名称）
　従来：2～4人の相部屋が主流
　最近：ユニット型の個室（相部屋よりも料金は割高）

28 施設サービス②

施設サービスは要介護者しか受けることができない

●介護医療院とは

　介護医療院は、かつての介護療養型医療施設が果たしてきた、重度の要介護者の看取りやターミナルケアなどの他、利用者が生活することも可能な設備を整えています。なお、介護療養型医療施設は、長期間の療養が必要となる高齢者を対象として、医療や介護サービスを提供する施設です。通常の医療施設と比べると、介護関連の職員が多く配置されています。

　介護医療院の基本的な役割は、介護療養型医療施設と同様です。手術や集中投薬などの治療を行った後、患者の状態が安定すると、退院を求められる高齢者の受け皿として機能し、医療を提供できない特別養護老人ホームへの入居や介護老人保健施設のように短期間集中してリハビリテーションを行い在宅復帰も難しいような高齢者が対象となります。

　介護医療院が創設された背景には、医療療養病床と介護療養病床を明確に分けたいという国の方針があります。そのため、これまで介護療養病床を担っていた介護療養型医療施設が令和5年までに廃止され、介護医療院などに転換しなければなりません。

　介護療養型医療施設との大きな違い

は、「生活の場」を提供する点に違いがあります。居室の面積は介護療養型医療施設と比べ広く設定されており、レクリエーションルームも設置しなければなりません。

●在宅給付が適用される施設

　介護保険では、原則として施設に入所する場合には施設サービスとなります。施設サービスは、要介護者しか受けることができません。ただ、一定の場合には施設に入所していても在宅サービスとして介護保険の適用を受けることができます。

　施設でサービスを受けながら在宅サービスとしての保険の適用を受けることができるのは、以下の場合です。

① 　特別養護老人ホームや介護老人保健施設でショートステイという形式でサービスの提供を受ける場合
② 　地域密着型サービスのうち、施設でサービスを受けられる場合
③ 　有料老人ホームなどのケア付きの住宅のうち、特定施設として認められている施設に入居していてサービスの提供を受ける場合（特定施設入居者生活介護）

　このうち、②の地域密着型サービスには、小規模多機能型居宅介護、認知

症対応型共同生活介護、地域密着型特定施設入居者生活介護、地域密着型介護老人福祉施設入所者生活介護があります。

地域密着型サービスのうち、小規模多機能型居宅介護と認知症対応型共同生活介護は要支援者も予防給付としてサービスを受けることができます。

一方、地域密着型特定施設入居者生活介護と地域密着型介護老人福祉施設入所者生活介護のサービスは、要介護者しか受けることができません。なお、認知症対応型共同生活介護は一般的にグループホームと呼ばれています。

④ 特定施設には、有料老人ホームの他に、たとえばケアハウスや軽費老人ホーム（A型・B型）などが認められています。軽費老人ホームは、家庭の事情などから自宅で生活することが難しい高齢者で身の回りのこ

とは自分でできる人が低額で入居できる施設です（104ページ）。

A型に入居できる対象者は、炊事についてはサービスの提供を受ける程度の健康状態にある人で、B型は、自炊できる程度の健康状態にある人を対象としています。

軽費老人ホームの中でも介護利用型の施設にケアハウスがあります。身の回りのことは自分でできる健康状態にある高齢者のうち、自宅で生活することが難しい人が対象となります。軽費老人ホームは、A型・B型・ケアハウスといった類型に分かれていますが、将来的にはすべての類型がケアハウスに統一される予定です。

施設サービスが在宅サービス扱いで受けられる場合

原　則	例　外
施設に入所する場合には施設サービスとなる	施設に入所していても在宅サービス扱いとなる
施設サービスは、要介護者しか受けることができない	結果的に要支援者がサービスを受けられる場合がある

例外が認められる場合

ショートステイ
特別養護老人ホームや介護老人保健施設でサービスの提供を受ける

29 地域密着型サービス①

要支援者が利用できるサービスもある

● 地域密着型サービスとは

地域密着型サービスとは、地域に住む要介護者・要支援者に向けて市区町村が主体となって提供するサービスです。地域密着型サービスの目的は、地域に住む認知症の高齢者・一人暮らしの高齢者・支援を必要とする高齢者が生活を続けられるようにする点にあります。

もとからその地域（市区町村）に住む要介護者に向けて提供されるもので、認知症や一人暮らしの高齢者がなるべく住みなれた土地で生活を続けることができるようにするためにさまざまなサービスを身近な市区町村が主体となって提供するサービスです。

地域密着型サービスには、①小規模多機能型居宅介護、②夜間対応型訪問介護、③地域密着型介護老人福祉施設入所者生活介護（小規模の特別養護老人ホーム）、④地域密着型特定施設入居者生活介護（小規模の介護専用型有料老人ホームなど）、⑤認知症対応型共同生活介護（グループホーム）、⑥認知症対応型通所介護（デイサービス）、⑦定期巡回・随時対応型訪問介護看護、⑧看護小規模多機能型居宅介護、⑨地域密着型通所介護の9種類があります。

このうち、要支援者も受けることができるサービスは、①小規模多機能型居宅介護、⑤認知症対応型共同生活介護、⑥認知症対応型通所介護です。

● 小規模多機能型居宅介護とは

自宅で生活している要介護者を対象に、デイサービス、訪問介護、ショートステイ（短期間宿泊）といったサービスを提供するのが、小規模多機能型居宅介護です。

利用者の中には、同じ事業者から通いのデイサービスや、訪問介護、短期宿泊を組み合わせて、同じ職員にサービスを提供してほしいと希望する人もいます。これらの希望を可能にするのが、小規模多機能型居宅介護のサービスで、通い、訪問、宿泊を一体的に提供するという特徴があります。

● 夜間対応型訪問介護とは

自宅で生活している要介護者を対象に、夜間の巡回訪問サービスや入浴、排せつ、食事などのサービスを提供するのが、夜間対応型訪問介護です。夜間を対象として、次の2つのサービスを提供します。

・オムツの交換、体位変換を定期的に
　巡回して行う。

・オペレーションセンターが要介護者からの連絡を受けた際に、適切な処置及びサービス提供を行う。

地域密着型介護老人福祉施設入所者生活介護

　定員が29名以下の小規模な特別養護老人ホームのことです。既存の特別養護老人ホームと密接な連携を確保しつつ、同じ法人が別の場所で運営しているケースもあります。医療行為は行わず、日常生活の世話を中心としたさまざまなサービスが提供されます。

地域密着型特定施設入居者生活介護

　定員29名以下の少人数制の有料老人ホームやケアハウスなどで提供される介護保険サービスのことです。特定施設入居者生活介護との違いは、少人数制で家庭的な雰囲気を持つこと、介護サービスの外部委託がないことなどで

す。それ以外の点では、特定施設入居者生活介護とほとんど同じです。

認知症対応型共同生活介護とは

　認知症の高齢者が5～9人で共同生活するグループホームで行われる介護サービスを認知症対応型共同生活介護といいます。認知症の高齢者が家庭的な環境で生活できる点が特徴です。

認知症対応型通所介護とは

　自宅で生活している認知症の要介護者を対象にデイサービスセンターなどに通ってもらい、入浴、排せつ、食事などの介護や機能訓練を実施するのが認知症対応型通所介護です。事業所の職員は認知症についての研修を修了しています。利用料は、どこで実施されているかによって、単独型、併設型、共有スペース活用型の3種類の料金区分があります。

小規模多機能型居宅介護サービスのしくみ

小規模多機能型居宅介護事業所　通いサービス　利用者宅
訪問サービス
泊まりサービス

通いサービスを中心に、利用者の状況に応じて訪問サービス、泊まりサービスを提供する

30 地域密着型サービス②
24時間対応のサービスも行われている

●定期巡回・随時対応型訪問介護看護

訪問介護と訪問看護のサービスを一体的に24時間体制で提供する制度です。1つの事業所で訪問介護と訪問看護を一体的に提供するタイプ（介護・看護一体型）と、同じ地域の訪問介護を行う事業所と訪問看護事業所が連携してサービスを提供するタイプ（介護・看護連携型）があります。

身体介護サービスを中心に一日複数回のサービスを行うことを想定した制度で、要介護者を対象としています。利用者からの通報により、電話などによる応対・訪問などの随時対応が行われます。通報があってから、30分以内に訪問できるような体制を確保することを目標としています。利用者の通報に対応するオペレーターは、看護師、介護福祉士、医師、保健師、准看護師、社会福祉士または介護支援専門員の資格者であることが求められています。

●看護小規模多機能型居宅介護

看護小規模多機能型居宅介護とは、看護小規模多機能型居宅介護事業所を創設し、1つの事業所から、さまざまなサービスを組み合わせて提供するサービスです。これにより、各サービスでの調整が行いやすくなります。

ただし、現在では小規模多機能型居宅介護と訪問看護の組み合わせの1種類だけです。

看護小規模多機能型居宅介護を行う事業者は、原則として、事業所ごとに専らその職務に従事する常勤の管理者を置かなければなりません。

なお、定期巡回・随時対応型訪問介護看護と同様に、サービスの対象は要介護者です。

●地域密着型通所介護

地域密着型通所介護は、定員18名以下の通所施設などで提供されるサービスです。施設において、食事・入浴をはじめとする日常生活における支援を受けます。

また、その他にも機能訓練などを受けて、利用者が自宅で自立した生活を営むことができるように支えることが目的です。それによって、要介護者の精神的なサポートも図っています。

かつては、都道府県が指定する居宅サービスの通所介護として位置づけられていましたが、定員が18名以下の通所介護については、市町村が指定する地域密着型サービスに移行しました。

地域密着型サービスの種類と特徴

要支援者も受けることができるサービス

小規模多機能型居宅介護
■対象者
要支援者・要介護者

■特徴
24時間提供
さまざまな形態でサービスを提供
・通いが中心
・自宅への訪問・施設への宿泊も可能

■サービス内容
入浴や排せつ、食事などの介護
日常生活上の支援
機能訓練を行う

認知症対応型共同生活介護
■対象者
認知症の人（要支援2以上）

■特徴
家庭的なケアを提供する住宅つきのサービス
小規模な住宅で運営されている

■サービス内容
入浴・排せつ・食事の介護
日常生活上の支援

認知症対応型通所介護
■対象者
認知症の人

■特徴
認知症の人専用
日帰りでデイサービスセンターなどの施設でサービスを提供する

■サービス内容
入浴・排せつ・食事の介護
日常生活上の支援

要介護者だけが受けられるサービス

夜間対応型訪問介護
■対象者
その市町村に住む要介護者

■特徴
夜間に定期的に要介護者宅を訪れる巡回サービスを提供する
要介護者の呼び出しに応じたヘルパーが随時要介護者宅に訪れてサービスを提供する

■サービス内容
入浴・排せつ・食事の介護
日常生活上の支援

地域密着型介護老人福祉施設入所者生活介護
■対象者
定員29名以下の特別養護老人ホームに入所する要介護者

■特徴
施設に入所して365日24時間安心して日常生活上の介護を受けることが可能

■サービス内容
入浴・排せつ・食事の介護
日常生活上の支援
機能訓練
健康管理
療養上の世話

地域密着型特定施設入居者生活介護
■対象者
定員29名以下の特定施設に入居している要介護者

■特徴
定員29名以下の小規模な施設で市町村の指定を受けた特定施設がサービスを行う（特定施設の指定を受けられる施設）
①有料老人ホーム
②ケアハウス・軽費老人ホーム
③養護老人ホーム
④サービス付き高齢者向け住宅

■サービス内容
入浴・排せつ・食事の介護
日常生活上の支援
機能訓練

定期巡回・随時対応型訪問介護看護
■対象者
その市町村に住む要介護者

■特徴
訪問介護と訪問看護を密接に連携させながら、24時間体制で短時間の定期巡回型訪問と随時の対応を一体的に行うサービス

■サービス内容
入浴・排せつ・食事の介護
療養上の世話・診療の補助

看護小規模多機能型居宅介護
■対象者
その市町村に住む要介護者

■特徴
小規模多機能型居宅介護と訪問看護を組み合わせたサービス

■サービス内容
入浴や排せつ、食事などの介護
日常生活上の支援
医療的なケア

地域密着型通所介護
■対象者
その市町村に住む要介護者

■特徴
定員18名以下のデイサービスセンターなどの施設でサービスを提供する

■サービス内容
入浴・排せつ・食事の介護
日常生活上の世話
機能訓練

31 予防給付①
要支援の状況が改善したかどうかが評価される

● 訪問・通所・短期入所サービス

　介護予防サービスのうち、要支援者のところに出向いて行われるサービスに、①介護予防訪問介護、②介護予防訪問看護、③介護予防訪問入浴、④介護予防訪問リハビリテーション、⑤介護予防居宅療養管理指導があります。

　介護予防訪問介護はホームヘルプサービスと呼ばれているもので、ヘルパーが要支援者の自宅に訪れて日常生活の支援を行うサービスです。支援の具体的な内容は、入浴や食事、排せつなどの介護です。

　介護予防訪問看護は、要支援者の自宅に看護師などが出向いて療養上の世話を行ったり診療を補助するサービスです。

　介護予防訪問入浴は、要支援者の自宅に浴槽設備を持った車などで訪問し入浴の援助を行うサービスです。

　介護予防訪問リハビリテーションは、要支援者の自宅に作業療法士や理学療法士などの専門家が訪れて、作業療法や理学療法を行うサービスです。

　介護予防居宅療養管理指導は、要支援者の自宅に医師や歯科医などの専門家が訪問し、介護サービスを受ける上での注意や管理についての指導を行うサービスです。

　いずれのサービスも要介護者と同様の内容ですが、その目的は介護予防となっているため、要支援の状況が改善されたかどうかの結果が求められ、評価されるしくみとなっています。

　要支援者が施設などに出向いてサービスを受けるものとしては、介護予防通所介護や介護予防通所リハビリテーションがあります。

　介護予防通所介護はデイサービスと呼ばれているもので、要支援者がデイサービスセンターなどに通って、入浴・食事・排せつなどの介護や機能訓練を受けるサービスです。

　介護予防通所リハビリテーションはデイケアと呼ばれているもので、要支援者が老人保健施設や介護医療院（平成30年4月創設）などに通ってリハビリテーションや栄養改善サービスなどを受けるものです。

　予防給付の場合、通所系のサービスも訪問系のサービスと同様、介護予防が目的となっています。

　短期入所サービスには、介護予防短期入所生活介護と介護予防短期入所療養介護があります。

　どちらのサービスも要介護者に提供するものと同様のサービスを介護予防目的で提供します。具体的には、特別

養護老人ホームなどに短期間入所し、入浴や食事、排せつなどの介護を行います。この短期入所サービスは、介護している家族を一時的に介護から解放する役割もあります。

要支援者が受けることができるサービス

訪問 ･･･ 要支援者のところに出向いて行われるサービス	
介護予防訪問介護	ホームヘルプサービス 要支援者宅で提供される日常生活の支援 入浴や食事、排せつなどの介護を行う
介護予防訪問看護	要支援者宅で看護師などが療養上の世話や診療を補助するサービス
介護予防訪問入浴	要支援者宅に訪問した入浴車で入浴の援助を行うサービス
介護予防訪問リハビリテーション	要支援者宅で作業療法士・理学療法士などが作業療法や理学療法を行うサービス
介護予防居宅療養管理指導	要支援者宅で医師・歯科医などが行う介護サービスを受ける上での注意・管理についての指導
通所 ･･･ 要支援者が施設などに出向いてサービスを受ける場合	
介護予防通所介護	デイサービス 要支援者がデイサービスセンターなどで日常的な介護や機能訓練を受けるメニュー 入浴や食事、排せつなどの介護を行う
介護予防通所リハビリテーション	デイケア 要支援者が老人保健施設や介護医療院（平成30年4月創設）などでリハビリテーションなどを受けるメニュー
短期入所 ･･･ 施設に短期間入所してサービスを受ける場合	
介護予防短期入所生活介護	要介護者に提供するものと同様のサービス提供を受けるメニュー
介護予防短期入所療養介護	要介護者に提供するものと同様のサービス提供を受けるメニュー
福祉用具 ･･･ 福祉用具の貸与や購入費の補助を受ける場合	
介護予防福祉用具貸与	要介護者より貸与条件が厳しいので要注意
特定介護予防福祉用具購入費	要介護者より支給条件が厳しいが費用は同額まで認められる
住宅改修 ･･･ 住宅改修費用の補助を受ける場合 地域密着型 ･･･ 市区町村が主体となって行われるサービス	
介護予防認知症対応型共同生活介護	グループホーム 認知症の人に家庭的なケアを提供する住宅付きのサービス
介護予防認知症対応型通所介護	デイサービス 認知症の人専用のデイサービス
介護予防小規模多機能型居宅介護	通いを中心として訪問や施設への宿泊といったさまざまな形態をあわせて利用することができるサービス

● 選択的サービスとは

通所サービスとして、介護予防通所介護と介護予防通所リハビリテーションがあります。基本的なサービス内容は、要介護者に提供される通所サービスと同じですが、要支援者には基本的なサービスの他に本人の希望に応じて選択的サービスが受けられます。

選択的サービスには、運動器の機能向上サービスや栄養改善サービス、口腔機能向上サービスがあります。

運動器の機能向上サービスは、最初に3か月間分の運動器の機能向上計画が立てられ、1か月ごとに状況を見直し、修正などを行います。この計画は、

理学療法士や作業療法士、言語聴覚士、看護職員、介護職員等の専門家がチームを組んで作成します。

栄養改善サービスは、管理栄養士や看護職員、介護職員などがチームを組んで栄養ケア計画を作成して、要支援者の栄養状態を3か月ごとに評価するものです。

口腔機能向上サービスは、歯科衛生士、言語聴覚士、看護職員、介護職員などがチームを組んで立てた口腔機能改善管理指導計画に沿って提供されるサービスで、3か月ごとに口腔機能の状態を評価するしくみになっています。

運動器の機能向上・栄養改善・口腔機能向上サービス

運動器の機能向上サービス	栄養改善サービス	口腔機能向上サービス
運動器機能向上計画作成（3か月分）	栄養ケア計画作成（3か月分）	口腔機能改善管理指導計画作成（3か月分）
見直し（1か月ごと）	▼	▼
修正	▼	▼
再検討（期間満了時）	評価（3か月ごと）	評価（3か月ごと）
継続（改善されていない場合）	継続（改善されていない場合）	継続（改善されていない場合）
運動器機能向上計画の作成者 理学療法士・作業療法士・言語聴覚士・看護職員・介護職員などで編成されたチーム	**栄養ケア計画の作成者** 管理栄養士・看護職員・介護職員などで編成されたチーム	**口腔機能改善管理指導計画の作成者** 歯科衛生士・言語聴覚士・看護職員・介護職員などで編成されたチーム

33 介護認定審査会と介護保険審査会

市区町村、都道府県が設置する

● どんなことをしているのか

介護認定審査会は、市区町村が設置するもので、標準5人の委員で構成されています。介護認定審査会の主な業務は、要介護度認定の審査や要介護1相当の人を要支援・要介護に振り分けることです。審査は、訪問調査で作成された認定調査票と申請者の主治医が作成した意見書をもとに行います。

審査では、1次判定の結果の妥当性を検討し、最終的に変更するかどうかを決定します。要介護認定は、客観性と公平性を担保するために、一次判定はコンピュータが判定を行います。もっとも一次判定は最終決定とはならず、一次判定の結果をもとに、二次判定として、介護認定審査会が実質的な判断を行うことになります。

一方、介護保険審査会は、都道府県が設置するもので、被保険者代表、市区町村代表、公益代表の委員がそれぞれ3人以上集まって構成されています。介護保険審査会の業務は、要介護度の判定などについてなされる不服申立てについて、その内容を審査し、結論を決めることです（92ページ）。

介護認定審査会と介護保険審査会の役割

	介護認定審査会	介護保険審査会
所属	市区町村	都道府県
委員の人数	標準5人 （条例で定めあり）	被保険者代表者3人以上 市区町村代表者3人以上 公益の代表者3人以上で構成
委員の任期	2年	3年
業務内容	第2号被保険者がかかっている特定疾病の確認 1次判定の妥当性の審査と変更するかどうかの決定 要介護1相当と判定された申請者の振り分け 認定の有効期間の決定 介護認定審査会の「意見」を与えること	要介護認定の結果に対する不服申立てへの対応 介護給付や予防給付に関する不服申立てへの対応 介護保険料の徴収に関する不服申立てへの対応 保険料の滞納者への処分に対する不服申立てへの対応

34 契約を締結するときに注意すること
重要事項を説明することが義務付けられている

● 重要事項説明書について

　介護サービスを利用するには、要支援者や要介護者とサービスを提供する事業者との間で契約を結ぶ必要があります。こうしたことから、事業者側は重要事項についての規程を定めることが義務付けられています。重要事項とは、事業の目的や運営方針、スタッフの職種・職務内容・配置人数、サービス内容、利用料金や費用、営業日と営業時間、サービスを提供する地域、緊急時や事故発生時の対応方法などです。

　また、事業者は、契約に先立って重要事項説明書を利用申込者に渡した上で説明することが義務付けられています。重要事項説明書には、重要事項を定めた運営規程の概要、スタッフの勤務体制、サービス選択時に有効な情報などが記載されています。

　特にサービス内容に関する事柄と料金や費用については、しっかりと確認するようにしましょう。利用者負担金について、金額と内容が明らかにされているかどうか、利用料金や費用の金額、支払方法、キャンセル料についても確認します。また、解約や更新についてもチェックが必要です。

● 苦情を申し立てる場合には

　サービスが、契約と異なる内容の場合には、まずその事業所が設置している窓口に対して苦情を申し入れるようにします。事業者には、利用者からの苦情に迅速かつ適切に対応するために必要な措置をとること、また苦情の内容と事故などが発生した場合にはその状況と対応策を記録すること、が求められています。苦情を申し入れる際には、具体的にどのような点が契約と異なっているのかを明らかにし、改善を求めるようにしましょう。苦情を受けた事業者の改善策が功を奏した場合には、この段階で解決する場合があります。

　苦情に対して十分な対応が図られなかった場合、また、利用者が直接、事業者へ申立てにくい場合には、都道府県が設置する国民健康保険団体連合会（国保連と略称されます）や都道府県の社会福祉協議会が設置する運営適正化委員会に対して、苦情を申し立てることができます。

　苦情を受け付けたこれらの団体は、事業者の施設の調査などを行い、必要に応じて事業者に対して指導を行います。その結果を利用者に通知します。指導などを受けた事業者には、それに従う義務を負います。

第4章

公的年金のしくみと
手続き

年金制度

加入する年金制度によって給付額が変わる

● 老齢・障害・死亡に備えている

公的年金には国民年金、厚生年金、の２種類があります。いずれも、国の法律に基づいて加入が義務付けられています。職業によって加入する年金制度が決まります。

公的年金に加入する理由は、３つの社会的なリスクをカバーするためです。具体的には、「老齢」「障害」「死亡」です。「死亡」は、人として生まれた限り、誰でも必ず直面するリスクです。「老齢」は長生きすれば必ず直面しますし、「障害」も誰もが直面する可能性のあるリスクです。これらのように

誰もが直面する可能性のあるリスクをカバーする保険が公的年金なのです。

● ２階建ての家のイメージ

公的年金には職業によって国民年金、厚生年金の２種類がありますが、これらは名前が違うだけでなく、実は、給付される金額をはじめ、構造も違うのです。なお、かつて存在した公務員が加入する共済年金は、平成27年10月に厚生年金に統一され、被用者年金制度が一元化されています。深刻化する少子高齢化問題に備え、年金財政を確保することが目的です。これまでの共済

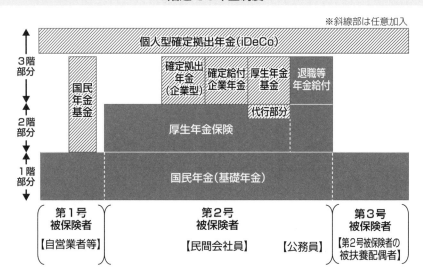

3階建ての年金制度

年金加入者は、今後は厚生年金加入者となるため、たとえば被保険者としての加入年齢に70歳という制限が設けられ、保険料率は共済年金加入時代と比べて引き上げられることになります。

公的年金の構造はよく家にたとえられます。公的年金の加入は義務ですので、一定の年齢以上の国民は一人一軒の「年金の家」を持っていると考えられます。国民年金は平屋の家で、厚生年金は２階建ての家となります。

厚生年金の１階部分は国民年金と同じ作りになっていますが、この家の所有者は国民年金に２階部分を加えた金額の年金が支給されます。厚生年金保険の２階部分を厚生年金といいます。

また、任意の制度として、国民年金の家の所有者は２階を建て増すことができます。これを国民年金基金といいます。建て増すには、国民年金に加えて、国民年金基金の掛け金を支払わなければなりません。

一方、厚生年金の家の所有者は、３階部分を建て増すことができます。この３階部分は、厚生年金基金といいます。厚生年金基金は、会社の意思で導入するかどうかが決まることに特徴があります。

●被保険者の種類は３種類

厚生年金には厚生年金に加入している会社の会社員や公務員などが加入します。公的年金制度は、国民年金（基礎年金）をすべての人が加入する年金制度として位置付けているため、厚生年金の加入者は、国民年金についても被保険者（第２号被保険者）として扱われることになります。

国民年金だけに加入している人（自営業者等）を第１号被保険者、厚生年金の加入者を第２号被保険者、第２号被保険者に扶養されている配偶者を第３号被保険者といいます。

第３号被保険者は保険料の負担なしに最低限の年金保障を受けることができるもので、主に会社員・公務員世帯の専業主婦（または主夫）が対象となります。

年金の種類と給付の種類

国民年金に加入していると…　　厚生年金保険に加入していると…

	国民年金	厚生年金保険
年をとったとき	老齢基礎年金	老齢厚生年金
障害状態になったとき	障害基礎年金	障害厚生年金
亡くなったとき	遺族基礎年金	遺族厚生年金

→ 給付には一定の要件がある

2 年金の保険料が支払えない場合の手続き
収入が一定の基準以下であれば支払が減額・免除される

● 年金保険料の免除制度

　保険料が給料から天引きされる会社員（第2号被保険者）には保険料が払えないという事態は発生しません。これに対して自分で保険料を納付する国民年金の第1号被保険者については、諸事情により保険料を払えないという事態が生じます。そういうときには保険料免除制度が利用できます。免除には法定免除と申請免除があります。

　法定免除とは自分から申し出なくても保険料が免除されることが法律で決まっている場合です。障害年金をもらっている人や生活保護を受けている人が該当します。申請免除は所得が少なくて保険料の支払いが困難な人が申請して認められると保険料を免除されるというものです。申請免除には、全額免除、4分の3免除、半額免除、4分の1免除の4種類があります。

● 若者のための支払猶予制度

　学生のための年金保険料の支払猶予制度として、在学中の保険料の納付が猶予される学生納付特例制度があります。また、経済的に苦しい者が将来不利益を被らないようにするために、50歳未満の人のための保険料納付猶予制度が設けられています。これは、20

～50歳未満の者、もしくはその配偶者の前年度の所得が一定金額を下回っていた者が対象となる猶予制度です。

　利用したい場合は、本人が申請を行う必要があります。この申請をせず放置すると、後納期間（原則2年）が過ぎてしまい、受給金額が減少することになるため、注意が必要です。

● 免除・支払猶予の申請先

　免除申請の申請先は、住所地の市区町村役場の、国民年金担当の窓口です。

　前年度の所得が次ページの表のように一定基準以下だと免除申請が通るのですが、失業した直後などは前年度の所得は在職中のものであることが多く、免除申請が認められる基準以下になっていないことが大半です。

　このときに提出を求められるのが「失業状態を証明する公的な証明書」です。公的な証明書とは雇用保険の離職の証明書、または住民税特別徴収（住民税を給与から天引きして会社が納付する方法）から普通徴収（本人が直接市区町村に住民税を納める方法）への変更納税通知書です。

● 出産による保険料免除

　厚生年金保険では、産前産後休業期

間中や育児休業期間中の年金保険料を免除する制度がありますが、国民年金にはありませんでした。そこで、平成31年4月から出産予定日または出産日が属する月の前月から4か月間について国民年金保険料が免除される制度が始まりました。免除期間中は、保険料を全額納付したものとみなされるため、老齢基礎年金などの受給額が減額されることはありません。

● 年金保険料の追納制度

学生納付特例や保険料納付猶予制度などの各免除制度、猶予制度を利用し

た者が、就職をし収入が増加したなどの理由で保険料の納付が可能になった場合は、保険料を後払いすることができます。

これを、保険料の追納制度といいます。具体的には、納付免除・猶予した期間の分について、10年前までさかのぼって納付することができます。

なお、保険料の免除期間・猶予期間の翌年から3年度を超えた期間の保険料を追納する場合は、保険料額に加えて利息としての金額（加算額）が上乗せされることに注意が必要です。

年金保険料の免除制度

| 法定免除 | → 障害基礎年金を受給している人や生活保護の生活扶助を受けている人などが、法律上当然に保険料免除となる |

| 申請免除 | → 所得が少なくて生活が困難な人などが、申請により保険料免除や猶予となる全額免除・半額免除・4分の3免除・4分の1免除・学生納付特例・納付猶予がある |

	法定免除	申請免除						
	全額免除	全額免除	4分の3免除	半額免除	4分の1免除	学生納付特例	納付猶予
年金への反映(〜H21.3)	6分の2	6分の2	6分の3	6分の4	6分の5	なし	なし
年金への反映(H21.4〜)	8分の4	8分の4	8分の5	8分の6	8分の7	なし	なし
追納できる期間	10年以内						

※保険料を全額納付した場合を1として、免除があった期間は該当の割合で年金額に反映される。

所得免除の基準

免除の種類	所得免除基準額
全額免除、納付猶予	（扶養親族等の数＋1）×35万円＋22万円
4分の3免除	78万円＋扶養親族等控除額＋社会保険料控除額等
半額免除、学生保険料納付特例	118万円＋扶養親族等控除額＋社会保険料控除額等
4分の1免除	158万円＋扶養親族等控除額＋社会保険料控除額等

135

3 老齢基礎年金

老後にもらえる給付である

25年以上の加入期間が10年へ

　老後に年金を受給するためには年金制度の加入期間が原則として25年以上なければなりませんでした。この25年の期間を受給資格期間といいます（経過措置により25年未満でも受給できるケースはありました）。しかし、最低でも25年納めないと1円ももらえないというのは諸外国と比較しても酷であることから、法改正が行われ、平成29年10月以降は受給資格期間が10年に短縮されています。

加入期間のカウント

　加入期間には国民年金、厚生年金保険の公的年金で保険料を納めた期間（保険料納付済期間）がすべて含まれます。会社員である夫に扶養されている妻（配偶者）の場合などは自分では納めていないものの、納めたものとして扱われます。

　また、保険料免除期間、合算対象期間もあわせて計算します。保険料免除期間とは、経済的な理由などで国民年金第1号被保険者としての保険料が支払えず、保険料の支払いの全部または一部を免除された期間のことです。

　合算対象期間とは、昭和61年3月以前に、国民年金への加入が任意だった者（専業主婦など）で国民年金に加入しなかった期間などです。受給資格期間を判断するときにはこの期間も含めますが、実際の年金額計算には含めませんから、年金額にも反映されません。この期間をカラ期間といいます。

　たとえば、保険料納付済期間が8年、合算対象期間が4年、未納期間が8年という人のケースを挙げてみます。この場合、保険料納付済期間だけでは受給資格要件を充たさないものの合算対象期間の4年間については受給資格期間としてカウントすることができるため、加入期間は12年間として計算され、年金を受け取ることができます。

受給額や支給時期

　老齢基礎年金は国民年金から支給される年金で、老齢給付の土台となる年金です。10年以上の加入期間（経過措置あり）で受給資格を得たすべての者に支払われます。

①　受給額

　老齢基礎年金の年金額は「何か月保険料を払ったか」で決まります。20歳から60歳まで、40年間のすべての月の保険料を払った場合、満額で年780,900円を受給できます（令和3年4月分からの金額）。なお、実際の支

給額は下図の計算式によって求めます。

② 支給時期

　老齢基礎年金は、本来65歳から支給されます。しかし、希望すれば60歳〜64歳の間で減額されますが、繰上げ支給、66歳〜70歳の間で繰下げ支給することができます（140ページ）。繰下げ支給の場合は増額されます。また、受給権取得日から5年経過した日（70歳到達日）より後に繰下げ支給の申出をした場合、翌月分からの支給でしたが、平成26年4月以降は70歳にさかのぼって増額されて支給されます。

　減額や増額は終身続きます。繰上げ受給を選ぶと、同じ減額率の年金が一生涯続きます。その他、障害基礎年金や寡婦年金がもらえないといったデメリットがあります。

●老齢基礎年金額の算出法

　20歳から60歳までの40年間の保険料の納付状況が、「保険料納付済期間：18年、未納期間：4年、全額免除期間：12年（平成21年3月以前）、半額免除期間：6年（平成21年3月以前）」という人の老齢基礎年金の額を具体的に計算してみましょう。

　保険料納付済期間が216か月（18年×12か月）、全額免除の期間が48か月（12年×12か月×2/6）、半額免除の期間が48か月（6年×12か月×4/6）で、未納期間の4年分については受給額に反映されませんので、合計312か月となります。したがって計算式にあてはめると、老齢基礎年金の受給額は、以下のようになります。

　780,900円×312/480＝507,585円

　計算にあたって端数が生じますが、100円未満の端数については、50円未満は切り捨て、50円以上は100円に切り上げという処理をするため、507,600円となります。

老齢年金の計算例

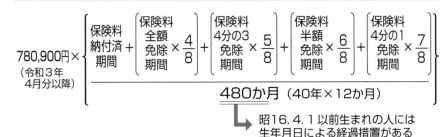

※1）学生特例納付は免除期間に含まれない
※2）国庫負担割合の引き上げにより、平成21年3月以前に免除を受けた期間については、計算式に使用する数字を、全額免除期間：$\frac{2}{6}$、4分の3免除期間：$\frac{3}{6}$、半額免除期間：$\frac{4}{6}$、4分の1免除期間：$\frac{5}{6}$、に変えて計算する

4 老齢厚生年金

給料が高かった人ほどたくさん老齢厚生年金をもらえる

● どんな場合に受給できるのか

会社員はほとんどの場合、厚生年金に加入することになるので、老後は老齢基礎年金に加えて老齢厚生年金を受給することができます。

① 被保険者

正社員だけでなく、正社員の通常勤務に比べて4分の3以上の労働時間及び勤務日数で働くパートやアルバイトも厚生年金の被保険者となります。

なお、厚生年金法などの改正により平成28年10月以降は、この4分の3の基準が緩和され、拡大されました。具体的には、501人を超える従業員を雇う事業所の場合は、ⓐ週20時間以上、ⓑ月額賃金8万8000円以上（年収106万円以上）、ⓒ勤務期間1年以上を満たすパートやアルバイトも、社会保険の加入対象者としなければなりません。

② 保険料

厚生年金の保険料は、給与や賞与を一定の標準報酬ごとに区分けして、国が定めた保険料率をかけて算出します。

③ 65歳を境に2つに分かれる

老齢厚生年金は、60歳から64歳まで受給できる60歳台前半の老齢厚生年金（特別支給の老齢厚生年金）と65歳から受給する本来の老齢厚生年金の2つに分けて考える必要があります。

④ 受給要件

老齢基礎年金の受給資格期間（10年間）を満たした人で、厚生年金の加入期間が1か月以上ある人は1階部分の老齢基礎年金とあわせて、本来の老齢厚生年金をもらうことができます。一方、60歳台前半の老齢厚生年金を受給するためには厚生年金の加入期間が1年以上あることが必要です。

● 特別支給の老齢厚生年金の金額

60歳台前半でもらう特別支給の老齢厚生年金の金額は、65歳からの老齢基礎年金に相当する部分（定額部分）と、65歳からの老齢厚生年金に相当する部分（報酬比例部分）に分かれており、定額部分については実際に保険料を納付した月数に応じて支給額が決められ、報酬比例部分については、現役時代の報酬を基に支給額が決められることになります。

① 定額部分

実際に支給される定額部分の金額は以下の計算式で求めます。

定額部分の金額＝1か月当たりの給付額（単価）×生年月日に応じた率×加入月数×スライド率

老齢基礎年金と同様に、加入月数が多いほど受給金額が多くなるしくみと

なっており、現役時代の収入の多寡は影響しません。生年月日に応じた率は、生年月日が昭和21年4月2日以降であれば「1」です。給付額は1,630円で、この金額にスライド率が加味されます。ただし、令和3年度は物価または賃金スライドが実施されたため、スライド率は昨年度から0.1％のマイナス改定です。40年間（480か月）会社勤めをした場合であれば、定額部分の金額は780,900円となります。

② **報酬比例部分**

報酬比例部分の算出方法を最もシンプルに表すと以下のようになります。

報酬比例部分の金額＝標準報酬月額×加入月数×乗率（×スライド率）

標準報酬月額とは、現役時代の給与を一定の金額ごとに区分けしてあてはめた金額です。このように、報酬比例部分は、現役時代の給料が多いほど金額が増えるしくみになっています。

ただ、年金制度の改正のためにもらえる年金が減額されないように、以前の年金額を使ってよいというしくみ（従前額保障）がとられていることもあり、実際のところ、報酬比例部分の計算は非常に複雑です。

●老齢厚生年金の受給額

65歳からの本来の厚生年金の受給額は前述の特別支給の老齢厚生年金報酬比例部分の計算式と同様です。65歳からもらえる本来の老齢厚生年金の支給額は老齢基礎年金と異なり、納めた保険料の額で決まります。つまり、現役時代に給料が高かった人ほどたくさん老齢厚生年金をもらえるしくみになっています。

報酬比例部分の年金額の算出方法

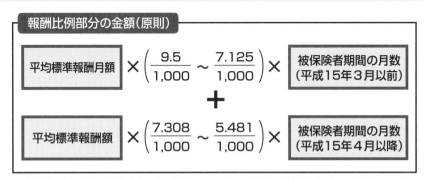

※ただし、従前額保障により、平成12年改正前の計算式で計算した方が金額が高額になるときにはその金額が報酬比例部分の金額となる
平均標準報酬月額に乗じる乗率は生年月日によって異なり、昭和21年4月2日以降に生まれた人については、1000分の7.125、1000分の5.481となる

老齢厚生年金の支給開始時期

将来は完全に65歳からの支給になる

●支給時期は今後65歳になる

　厚生年金保険は60歳（女性は55歳）から支給されていましたが、昭和61年の改正で、すべての年金の支給開始年齢を国民年金の支給開始年齢である65歳に合わせることにしました。ただ、いきなり65歳にしてしまうのではなく、生年月日によって若くなるほど段階的に年金の支給開始を遅くしていき、最終的には2025年（女性は2030年）に厚生年金保険、国民年金ともに65歳からの支給となる予定です。この段階的に遅くなっていく、65歳前に支給される厚生年金のことを特別支給の老齢厚生年金といいます。

　特別支給の老齢厚生年金は原則として報酬額に関係のない定額部分と報酬額によって受給額が変わってくる報酬比例部分という2つの部分で成り立っています。まず、定額部分の支給を段階的に遅らせて、それが完了すると今度は報酬比例部分の支給を段階的に遅らせていきます。現在は支給時期を段階的に遅らせている状況にあり、生年月日によっては60〜64歳の人にも特別に支給される年金として、老齢年金が支給されています。

　なお、女性は男性より5年遅れのスケジュールとなっています。これは、以前女性の年金が男性より5年早い55歳から支給されはじめていたことに配慮したものです。また、厚生年金保険の障害等級3級以上に該当する者や、44年以上の長期にわたって厚生年金保険に加入している者は、特例として、60歳から「報酬比例部分」だけでなく「定額部分」も合わせてもらえることになっています。

●支給時期の繰上げ・繰下げ

　男性の場合、昭和36年4月2日以降生まれ、女性の場合、昭和41年4月2日以降生まれの人は60歳台前半の老齢厚生年金を受け取ることができなくなります。そのため、これらの人は65歳からの老齢厚生年金を繰り上げて受給することが可能です。

　また、65歳からの老齢厚生年金についても支給の時期を繰り下げることができます。なお、70歳以降の繰下げはできないため、70歳到達月の翌月分から支払いが行われます。

　繰上げを行うと、一定額を減算した年金額を一生涯受給することになります。逆に、繰下げを行うと一定額を加算した年金額を一生涯受給できることになります。

年金の支給開始時期

定額部分の支給開始時期引き上げスタート

男性	女性		
昭和16.4.1以前生まれ	昭和21.4.1以前生まれ	60歳～ 報酬比例部分 / 定額部分	65歳～ 老齢厚生年金 / 老齢基礎年金
昭和16.4.2～昭和18.4.1生まれ	昭和21.4.2～昭和23.4.1生まれ	61歳～ 報酬比例部分 / 定額部分	65歳～ 老齢厚生年金 / 老齢基礎年金
昭和18.4.2～昭和20.4.1生まれ	昭和23.4.2～昭和25.4.1生まれ	62歳～ 報酬比例部分 / 定額部分	65歳～ 老齢厚生年金 / 老齢基礎年金
昭和20.4.2～昭和22.4.1生まれ	昭和25.4.2～昭和27.4.1生まれ	63歳～ 報酬比例部分 / 定額部分	65歳～ 老齢厚生年金 / 老齢基礎年金
昭和22.4.2～昭和24.4.1生まれ	昭和27.4.2～昭和29.4.1生まれ	64歳～ 報酬比例部分 / 定額部分	65歳～ 老齢厚生年金 / 老齢基礎年金
昭和24.4.2～昭和28.4.1生まれ	昭和29.4.2～昭和33.4.1生まれ	報酬比例部分	65歳～ 老齢厚生年金 / 老齢基礎年金

報酬比例部分の支給開始時期引き上げスタート

男性	女性		
昭和28.4.2～昭和30.4.1生まれ	昭和33.4.2～昭和35.4.1生まれ	61歳～ 報酬比例部分	65歳～ 老齢厚生年金 / 老齢基礎年金
昭和30.4.2～昭和32.4.1生まれ	昭和35.4.2～昭和37.4.1生まれ	62歳～ 報酬比例部分	65歳～ 老齢厚生年金 / 老齢基礎年金
昭和32.4.2～昭和34.4.1生まれ	昭和37.4.2～昭和39.4.1生まれ	63歳～ 報酬比例部分	65歳～ 老齢厚生年金 / 老齢基礎年金
昭和34.4.2～昭和36.4.1生まれ	昭和39.4.2～昭和41.4.1生まれ	64歳～ 報酬比例部分	65歳～ 老齢厚生年金 / 老齢基礎年金
昭和36.4.2以降生まれ	昭和41.4.2以降生まれ		65歳～ 老齢厚生年金 / 老齢基礎年金

6 加給年金と振替加算

配偶者が65歳になると振替加算に替わる

● 厚生年金保険独自の給付である

加給年金とは、厚生年金の受給者に配偶者（内縁関係も含む）や高校卒業前の子がいるときに支給されるものです。支給額も大きく、国民年金にはない厚生年金保険独自のメリットです。「子」とは、具体的には、18歳になった後、最初の3月31日までの者または20歳未満で障害等級1級・2級に該当する者で、どちらも未婚の場合をいいます。ただ、加給年金は、配偶者が65歳になって配偶者自身の老齢基礎年金がもらえるようになると支給が打ち切られます。その代わりに、配偶者の老齢基礎年金に、振替加算として上乗せして支給が行われることになります。

加給年金の支給対象者は、次の要件に該当する者です。

① 年金を受け取っている者（特別支給の老齢厚生年金の場合は、定額部分の支給があること）

② 厚生年金保険の加入期間が20年以上ある者

③ 一定の要件を充たす配偶者や子の生計を維持している者

なお、②の加入期間20年以上というのは原則であり、これには特例があります。生年月日に応じて、男性で40歳（女性は35歳）を過ぎてからの厚生年金保険加入期間が15年〜19年あれば受給資格が得られます。

③の「一定の要件を充たす配偶者」とは次の者です。

ⓐ 配偶者について、前年度の年収が850万円未満であること（ただし、現在の年収が850万円以上でも、年収額がおおむね5年以内に850万円未満になると認められる場合など、一定の場合には支給される）

ⓑ 配偶者がすでに老齢年金などを受給している場合は、その年金の加入期間が20年未満であること

ⓑの要件により、配偶者が長期在職（加入期間20年以上かそれと同等とみなされるもの）または障害を給付事由とする年金を受給している場合は、支給が停止されます。

● 振替加算は妻の老齢基礎年金に上乗せ

振替加算は、加給年金の対象となっていた妻自身が老齢基礎年金をもらい始めるときに上乗せ支給されます。

ただ、加給年金ほどの額はもらえません。年齢が若いほど少なく、昭和41年4月2日以降生まれはゼロになります。昭和61年以降に20歳を迎える者は自分の老齢基礎年金が理論的には満額もら

えるはずだからです。

　なお、老齢厚生年金または特別支給の老齢厚生年金を受けている者が昭和9年4月2日以降生まれの場合は、生年月日に応じて配偶者の加給年金額に特別加算があります。

○ 資格期間の特例

　平成29年には、資格期間が25年以上から10年以上ある場合に受給資格を満たすことに法改正が行われました。しかし、平成29年以前に受給開始年齢に達した人は資格期間が25年以上必要となります。そのため、生年月日によって特例が設けられています。

　まず、昭和31年4月1日以前の生年月日に応じて、厚生年金保険もしくは共済組合の加入期間が20～24年に短縮される特例があります。さらに、昭和26年4月1日以前の生年月日に応じて、40歳以降（女性は35歳以降）の厚生年金加入期間が15～19年の加入期間でも25年間加入したものとみなす特例が設けられています（中高齢の特例）。

加給年金がもらえる条件

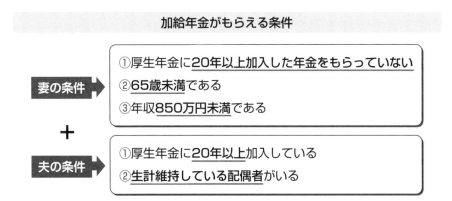

妻の条件
①厚生年金に20年以上加入した年金をもらっていない
②65歳未満である
③年収850万円未満である

＋

夫の条件
①厚生年金に20年以上加入している
②生計維持している配偶者がいる

加給年金と振替加算の例

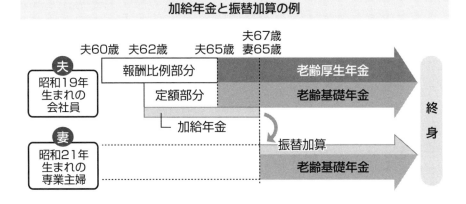

夫60歳　夫62歳　　夫65歳　夫67歳 妻65歳

夫
昭和19年生まれの会社員
報酬比例部分　　老齢厚生年金
定額部分　　老齢基礎年金
└ 加給年金

妻
昭和21年生まれの専業主婦
振替加算
老齢基礎年金

終身

7 老齢厚生年金と受給額の調整

他に収入がある場合、年金額が減額されることもある

● 高齢者が働いている場合

　年金受給者がまだ会社などで働いていて給与を得ている場合など、年金受給者に収入がある場合、その人の給与収入に応じて減額されます。これを在職老齢年金といいます。

● 60歳台前半の在職老齢年金

　60歳代前半の在職老齢厚生年金のしくみは、基本月額と総報酬月額相当額の合計額が28万円を超えているかと、総報酬月額相当額が47万円を超えているかを基にして判断します。基本月額とは、受給している老齢厚生年金額（加給年金を除く）を12で割った月額換算した額のことです。総報酬月額相当額とは、年金受給者が勤務先から受け取る賃金と過去1年間に受け取った賞与の合計額を12で割った額のことです。

　年金受給者が働いていても総報酬月額相当額と基本月額の合計額が28万円に達するまでは年金の全額が支給されます。

　総報酬月額相当額と基本月額の合計額が28万円を上回る場合は、総報酬月額相当額の増加分の半額に該当する年金額が停止されます。

　総報酬月額相当額が47万円を超える

場合は、さらに総報酬月額相当額が増加した分だけ年金が支給停止されます。

　60歳代前半の在職老齢年金は、基準となる28万円の額が低く、働く人の意欲をそぐという意見もあり、令和4年4月から60歳代後半の在職老齢年金の計算に準じることになります。

● 60歳代後半の在職老齢年金

　65歳以上の人が老齢厚生年金を受給しながら会社勤めをする場合も受け取る賃金の額に応じて老齢厚生年金の額が減額されます。ただし、調整のしくみは60歳台前半の在職老齢年金とは異なり、基本月額と総報酬月額相当額との合計が47万円を超える場合に、その超えた分の半額に相当する年金額の支給が停止されます。

　厚生年金の被保険者は原則として70歳未満の者ですが、70歳を過ぎても厚生年金が適用される事業所に雇用され、健康保険の被保険者となっている場合には同様のしくみで年金額が調整されます。

　「65歳以降」の在職老齢年金については給与収入がある場合に支給が停止されるのは老齢厚生年金だけであり、老齢基礎年金の方は全額が支給されます。60歳台前半の在職老齢年金と異な

り、その人が受け取る年金の全額が支給停止されるということはありません。

●雇用保険との調整

　年金の受給が可能になった後も働く意思がある場合、年金とともに、雇用保険の基本手当を受給することができる人がいます。両方受給できる者については、原則として、雇用保険の基本手当をもらっている間は老齢厚生年金がストップするというしくみになっています。

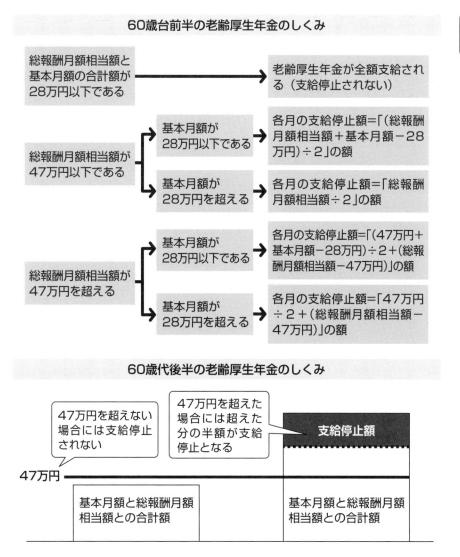

60歳台前半の老齢厚生年金のしくみ

- 総報酬月額相当額と基本月額の合計額が28万円以下である → 老齢厚生年金が全額支給される（支給停止されない）
- 総報酬月額相当額が47万円以下である
  - 基本月額が28万円以下である → 各月の支給停止額＝「（総報酬月額相当額＋基本月額－28万円）÷2」の額
  - 基本月額が28万円を超える → 各月の支給停止額＝「総報酬月額相当額÷2」の額
- 総報酬月額相当額が47万円を超える
  - 基本月額が28万円以下である → 各月の支給停止額＝「（47万円＋基本月額－28万円）÷2＋（総報酬月額相当額－47万円）」の額
  - 基本月額が28万円を超える → 各月の支給停止額＝「47万円÷2＋（総報酬月額相当額－47万円）」の額

60歳代後半の老齢厚生年金のしくみ

47万円を超えない場合には支給停止されない

47万円を超えた場合には超えた分の半額が支給停止となる

支給停止額

47万円

基本月額と総報酬月額相当額との合計額　基本月額と総報酬月額相当額との合計額

8 厚生年金の離婚分割

離婚時に夫の年金を分割することができる

● 離婚分割とは

「離婚時の年金分割」とは、離婚すると女性の年金が少額になるケースが多いため、夫の分の年金を離婚後は妻に分割できるようにするという制度です。離婚分割制度には平成19年4月1日から施行されている合意分割制度と平成20年4月1日から実施されている3号分割制度があります。

① 合意分割

結婚していた期間に夫（妻）が納めていた厚生年金保険に該当する部分の年金の半分につき、将来、妻（夫）名義の年金として受け取ることができる制度です。分割の対象となるのはあくまでも老齢厚生（退職共済）年金に限られ、老齢基礎年金は分割の対象とはなりません。報酬比例部分の2分の1（50％）を限度（共働きの場合は双方の報酬比例部分を合算して50％が限度）として、夫（妻）の合意があった場合に、妻（夫）独自の年金として支給を受けることができるようになります。

② 3号分割

妻（夫）が第3号被保険者のときは、離婚の際、婚姻期間にかかる夫（妻）の厚生年金記録を夫（妻）の合意なしに分割してもらうことができる制度です。

夫（妻）の合意が不要なのは平成20年4月以降の婚姻期間についてだけであるため、それ以前の分について合意分割を利用することになります。

● 年金分割の具体例

簡単なケースを基にして考えてみましょう。

① 合意分割

たとえば、夫の年金額が老齢厚生年金約260万円（うち定額部分約80万、うち加給年金約40万円）、妻の年金額が老齢基礎年金約50万円（65歳からの支給）、老齢厚生年金0円（脱退手当金受給のため）、婚姻期間30年とします。

このケースでは、妻の受け取る年金額は、老齢基礎年金の約50万円（月額にして4万2000円弱）だけということになります。

ただし、合意分割が成立した場合には、夫の年金額260万円のうち、定額部分約80万円と加給年金額約40万円の計120万円を分割の対象から除いた残った約140万円が分割の基礎となる老齢厚生年金の額となります。この140万円のうち、婚姻期間にかかる部分は140万円×（30年÷40年）＝105万円です。

夫が年金の分割に応じた場合、この105万円のうちの50％にあたる52万

5000円を限度として、妻に分割されることになります。月額にして4万3750円です。老齢基礎年金と合わせて月額8万5000円ほどの年金が妻に65歳以降に支給されことになります（受給資格を満たした場合に限る）。

② 3号分割

妻が年金分割を請求した場合、たとえば、夫の標準報酬月額が38万円だったとすると、夫19万円、妻19万円という記録に書き換えられます。分割された厚生年金記録は、老後は妻の年金として計算されることになります。

離婚分割の手続き

合意分割を行う場合、当事者間での公正証書（公証人という特殊の資格者が当事者の申立てに基づいて作成する公文書）による合意が必要になります。年金分割の請求は「標準報酬改定請求書」に必要な添付書類を添えて行います。提出先は最寄り（管轄）の年金事務所です。

3号分割を請求する場合、離婚や事実婚の解消をした後に、標準報酬改定請求書に添付書類を添えて管轄の年金事務所に請求をすることになります。

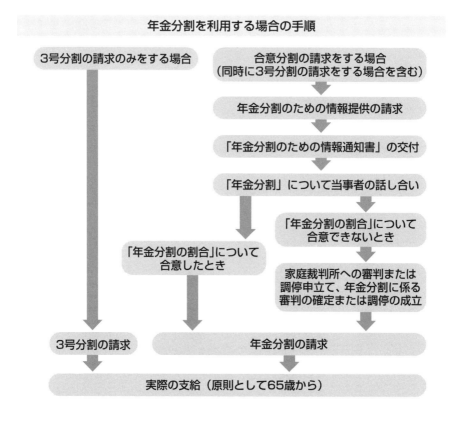

年金分割を利用する場合の手順

3号分割の請求のみをする場合

合意分割の請求をする場合
（同時に3号分割の請求をする場合を含む）

年金分割のための情報提供の請求

「年金分割のための情報通知書」の交付

「年金分割」について当事者の話し合い

「年金分割の割合」について
合意できないとき

「年金分割の割合」について
合意したとき

家庭裁判所への審判または
調停申立て、年金分割に係る
審判の確定または調停の成立

3号分割の請求

年金分割の請求

実際の支給（原則として65歳から）

9 老齢基礎年金の受給金額を増やす方法

未納分の追納や任意加入といった方法がある

●最低10年、満額40年

老齢基礎年金を満額受け取るには、20歳から60歳までの加入期間中に毎月の保険料の支払いを一度も怠らない必要があります。しかし、生活の事情などで保険料を納めることができない人はたくさんいます。その時、納められなかったからといって、年金が減額されるのを甘受しなければならないというのは、酷な話でもあります。

そこで、いろいろな事情で保険料を支払えなかった人のための救済措置があります。それは、次のようなものです。

① 過去2年以内の保険料未納であれば未納部分を納付できる

保険料の納付は国民の義務ですから、何の理由もないのに支払わなかった場合は、義務違反（＝法律違反）になります。しかし、時効期間内であれば、この義務を履行することができます。年金の保険料の納付に関する時効は2年です。2年以内の未納であれば、まとめて支払うことができるのです。

② 保険料納付の免除申請をする

失業などの経済的な理由から保険料の納付ができない人が対象の救済策です。住んでいる市区町村に保険料支払いを免除してくれるように申請し、認められると、免除された期間は、滞納期間とされず、年金も一部を受け取ることができます。

③ 60歳から65歳までの任意加入をする

未納期間があった場合、その期間分の保険料の支払いを国民年金の加入期間終了となる60歳以降に延長してもらう制度です。

●付加年金保険料とは

付加年金とは、付加保険料（月額400円）の納付済期間のある者が老齢基礎年金の受給権を得たときに支給される年金です。毎月支払う保険料にわずかのお金を追加して年金の手取り額を増やす制度です。月額400円を多く納めることによって、年間の年金受取額が200円×付加年金保険料を納付した月数だけ増えます。付加保険料を納付できる期間は、第1号被保険者と任意加入被保険者の加入期間のみとなるため、会社員等の第2号被保険者は対象となりません。

●国民年金基金とは

国民年金基金は、国民年金の加入者にとって、厚生年金や共済年金の2階部分にあたる制度です。国民年金保険料にさらに2階部分の保険料を追加納

付することによって、老齢基礎年金に加えてさらに多くの年金を受け取ることができます。

加入の条件は国民年金だけに加入している人（第1号被保険者）で、付加保険料を払っておらず、農業年金に加入していないことなどを満たす必要があります。

●66歳以降に受け取ると年金額が増える

老齢基礎年金は、65歳から受給することができますが、66歳以降に年金の受給を開始することで、月単位で増額率が加算されます。1か月請求が遅くなるごとに0.7％ずつ増額率が増えていきます。ただし、70歳以降の繰下げ支給は、70歳時点での増額率（42％）となります。つまり、72歳で繰下げ請求したとしても42％の増額となり、70歳ま

での分はさかのぼって支給されます。

令和4年4月から、65歳から75歳までの間で繰下げ受給が可能となり増額幅も最大で84％となります。65歳で100,000円の年金額であった場合、75歳で受け取ると、184,000円になる計算です。

●確定拠出年金を利用することもできる

次のページで説明する確定拠出年金も将来受け取る年金額を増やすために有効な手段です。月額最大68,000円を拠出することができ、全額、所得控除の対象となるため所得税などを抑えることができます。また、運用時の税金も非課税扱いとなり年金額を増やす以外のメリットもあります。

ただし、国民年金の保険料を免除されている人は対象となりませんので注意が必要です。

老齢基礎年金の受給額を増やす方法

```
┌─────────────┐ ┌─────────────┐      ┌─────────────┐
│受給要件は満た │ │過去に滞納があ │      │老齢基礎年金に │
│しているが過去 │ │り、今のままでは│      │加えて金額を上 │
│に滞納分がある │ │受給資格期間が │      │乗せしたい場合 │
│場合         │ │満たせない場合 │      │             │
└─────────────┘ └─────────────┘      └─────────────┘
```

```
┌─────────────────────────────────┐  ┌─────────────────────────┐
│ 手段1  直近2年分をさかのぼって納付  │  │ 手段1  付加年金           │
│ 手段2  60歳から65歳まで任意加入    │  │ 手段2  国民年金基金        │
│   ※65歳になっても受給資格が得られない場合│  │ 手段3  確定拠出年金（個人型）│
│   には、65歳から最長70歳まで特例任意加 │  └─────────────────────────┘
│   入できる                       │
└─────────────────────────────────┘
```

10 確定拠出年金(DC)などの新しい年金制度
税制上も有利になる

● 確定拠出年金とは

確定拠出年金は、基礎年金や厚生年金にプラスして加入する年金制度です。将来、受け取る年金額が決まっているわけではなく、拠出した掛金とその運用収益の合計額によって年金額が決まります。たとえば、掛金を定期預金のような安全資産で運用すれば掛金と利息相当分が将来受け取れる年金ということになります。一方、外国債券などリスクを取って掛金を運用すれば、将来受け取る年金は大幅に増えるか、逆に減ってしまう可能性もあります。

確定拠出年金は事業主が拠出する企業年金と、加入者自身が拠出する個人型年金（iDeCo）の２種類があります。確定拠出年金を実施する企業にとっては、掛金だけを負担すればよく、将来に支給する年金の原資を気にする必要もないため、確定給付企業年金から確定拠出年金へ制度移行するケースも増えています。

また、確定拠出年金は60歳になったときに、年金や一時金として受給することができます（原則）。これを老齢給付金といいます。受給要件は、国民年金と同様に確定拠出年金への加入者期間が10年以上あることなどが要件となっています。10年に満たない場合に

は支給開始年齢が段階的に先延ばしになります。

他に、70歳前に一定の障害状態になった場合に受給できる障害給付金や、死亡一時金、脱退一時金の給付があります。

● 対象者と拠出限度額

確定拠出年金に加入できる対象者は、20歳以上のほぼすべての国民です。企業型の確定拠出年金には、実施企業に勤務する従業員が加入できます。個人型の確定拠出年金には、自営業者等（第１号被保険者）、厚生年金保険の被保険者（第２号被保険者）、専業主婦等（第３号被保険者）です。また、企業型確定拠出年金加入者が、規約において個人型確定拠出年金への加入を認めている場合には両方に加入することができます。

対象者に応じて、次ページ図のように拠出限度額が決まっています。

なお、企業型確定拠出年金を実施することが困難な中小企業（従業員規模が300人以下）が、個人型年金（iDeCo）に加入する従業員の掛金に追加して事業主の掛金を拠出できる制度が、令和２年10月１日から施行されています。この制度は、中小事業主掛金納付制度

（iDeCoプラス）と呼ばれており、より簡易に従業員の年金額を増やせるように配慮されています。

◯税制上のメリットがある

確定拠出年金は、税制における優遇がある点が魅力的です。拠出した掛金は、個人の場合、全額所得控除の対象となり所得税や住民税を抑えることができます。また企業においても掛金を全額損金として計上することができます。

運用益についても非課税となっているため、通常の投資よりも有利になることがあります。

給付時についても、年金として受け取る場合には公的年金等控除、一時金として受け取る場合には退職所得控除がそれぞれ適用されます。

◯離職や転職時にも年金資産を移管できる

加入者が、同じ仕事を何十年も続けるとは限りません。たとえば、転職して別の企業に勤める場合や、起業して自営業になる場合、出産を機に専業主婦になる場合などさまざまなケースが考えられます。

そこで、これまでに拠出してきた年金資産についても持ち運びできるようになっています（ポータビリティ）。たとえば、これまで会社に勤め企業型確定拠出年金に加入していた人は、個人型確定拠出年金（iDeCo）に年金資産を持ち運ぶことができます。また、中小企業退職金共済（中退共）に加入している企業が中小企業に該当しなくなった場合や合併等の場合に限って、企業型確定拠出年金に持ち運びが可能となっています。

拠出限度額

	対象者	毎月の拠出限度額
企業型	確定給付型の年金を実施していない場合 （個人型への同時加入を認めている場合）	55,000円 （35,000円）
	確定給付型の年金を実施している場合 （個人型への同時加入を認めている場合）	27,500円 （15,500円）
個人型	自営業者等	68,000円※
	【厚生年金保険の被保険者】 確定給付企業年金、企業型確定拠出年金への非加入者 企業型確定拠出年金への加入者 確定給付企業年金への加入者 公務員	23,000円 20,000円 12,000円 12,000円
	専業主婦等	23,000円

※国民年金基金の加入者は、その掛金と合わせて68,000円まで

60歳を過ぎても年金に加入できる制度

任意加入制度や高齢任意加入制度を利用する

満額に近づける方法がある

老齢基礎年金は最低でも10年加入して保険料を納付するか免除等の手続きをしないと年金を1円も受け取れないしくみになっており（136ページ）、60歳になって初めて年金を受給できないことを知る人もいます。

ただ、まだ年金を受給できないことが確定したわけでありません。

60歳以降、年金をもらう資格ができるまで国民年金に加入できる制度があるからです。20歳から60歳までは国民年金は強制加入ですが、60歳以降は自分から申し出て、引き続き国民年金に加入するため、この制度のことを任意加入制度といいます。任意加入制度には次の2種類があります。

① 高齢任意加入

年金をもらうための資格期間が足りない人、または最低資格期間の10年は満たしたが、年金額をもっと増やしたいという60歳以上65歳未満の人が加入できます。たとえば60歳までに36年分の加入期間しかない人は60歳になって以降4年間任意加入することで、年金額を40年間の満額にすることができます。なお、高齢任意加入の被保険者は、保険料の納付期間が、老齢基礎年金の受給が可能な期間（40年＝480月）に

達すると、被保険者の資格を失います。

② 被保険者の特例任意加入

年金をもらうための資格期間が足りない人だけが加入でき、年金をもらう資格ができるとそこで終わりになる制度です。65歳以上70歳未満の人が対象です。昭和40年4月1日以前に生まれた65歳以上70歳未満の人で、日本国内に住所がある人や日本国内に住所はないが、日本国籍をもつ人が加入できます。

70歳後の厚生年金の加入

自営業者ではなく、会社員であれば厚生年金保険の加入者になります。厚生年金の場合、国民年金とは異なり、70歳まで強制加入することになります。強制加入の期間は保険料の半額を会社が負担します。ただ、70歳になっても10年の加入期間という要件を充たしていない在職中の人の場合には、70歳以降も引き続き厚生年金に加入できる高齢任意加入を利用することができます。事業主がこれまで通り保険料を半額負担することに同意した場合には今まで通り保険料の半額を負担すればよいのですが、事業主が同意しなかった場合には高齢任意加入制度を利用する高齢者が保険料を全額自己負担しなければなりません。

12 老齢年金をもらうための手続き

裁定請求という手続きを行う

● 老齢年金受給の請求

　年金は受給要件がそろっても請求手続きをしなければ、いつまでたってももらうことはできません。年金の請求手続きのことを裁定請求といいます。所定の書類に記入するだけでなく、いくつもの添付書類もあります。事前に何が必要かを確認しておき、スムーズに手続きが進められるようにしたいものです。

● 請求時に提出するもの

　請求手続きに必要な裁定請求書は、通常、受給年齢の3か月前に日本年金機構から送られてきます。添付書類のうち、戸籍謄本や住民票は受給権が発生した日以降に取得したものが必要です。法律上は、誕生日の前日にその年齢に到達したとみなされるため、受給権の発生した誕生日の前日以降に戸籍謄本などをとるようにしましょう。日

本年金機構によると、添付書類は請求書提出の「6か月以内に交付されたもの」である必要があります。なお、個人番号（マイナンバー）が登録済の場合で、請求書に個人番号を記載したときは、これらの添付を省略可能です。

　雇用保険に加入している人は、添付書類に雇用保険被保険者証を添付します。この被保険者証は非常に小さく、紛失している人も少なくありません。再交付手続きは、在職中の場合は会社に申し出ます。すでに退職している場合は、自分で住所地の公共職業安定所（ハローワーク）で手続きをします。雇用保険に加入していない場合や、雇用保険喪失後7年を経過している場合には提出する必要はありません。

　なお、場合によっては他にも添付書類が必要となるものがあります。

老齢年金の受給手続きと請求先

	年金加入状況	請求先
厚生年金	最後の加入制度が厚生年金	年金事務所または年金相談センター
	最後の加入制度が国民年金	年金事務所または年金相談センター
国民年金	国民年金第3号被保険者期間のみ	年金事務所または年金相談センター
	国民年金第1号被保険者期間のみ	市区町村役場

13 障害給付がもらえる場合

3つの要件をすべて充たす必要がある

● 障害が残ったときに受け取れる

　障害年金は、病気やケガで障害を負った人に対して給付される年金です。国民年金の加入者が障害を負った場合の給付を障害基礎年金といいます。厚生年金加入者の場合は、障害厚生年金といいます。厚生年金加入者の場合、老齢給付と同じく、障害基礎年金と障害厚生年金の両方の受給が可能です。

　障害基礎年金は、障害が最も重い障害等級1級か、次に重い2級でないと支給されないのに対し、障害厚生年金には1級と2級の他、3級と障害手当金（156ページ）があります（障害手当金は一時金であるため、年金と総称して、「障害給付」と呼ばれることもあります）。そのため、障害等級1級、2級に該当せず、障害基礎年金を受給できない人であっても、3級の障害厚生年金や障害手当金を受給できることが可能です。

● 障害年金をもらうための要件

　障害基礎年金は、次の3つの要件をすべて充たしている場合に支給されます。

① 病気やケガで診察を最初に受けた日（初診日）に国民年金に加入しているまたは過去に国民年金の加入者であった60歳から65歳の人で、日本国内に在住している

② 初診日から1年6か月を経過した日または治癒した日（障害認定日）に障害等級が1級または2級に該当する

③ 初診日の前日に以下の保険料納付要件を充たしている

・初診日の月の前々月までに国民年金の加入者であったときは、全加入期間のうち、保険料の納付期間と免除期間が3分の2以上を占める

　これらの条件を噛み砕いて説明しますと、障害基礎年金をもらえる人は、国民年金の加入者か、老齢基礎年金をまだ受け取っていない60～65歳の人で、一定の条件の下で障害等級が1級か2級と認定され、さらに国民年金の保険料の滞納が3分の1未満の人ということになります。

　③の滞納に関する規定では、特例として初診日が令和8年3月31日以前の場合、初診日の月の前々月までの直近1年間に保険料の滞納がなければ受給できることになっています。

● 初診日に年金に加入していること

　障害年金を受け取れるかどうかの基準を見ると、「初診日」が重要であることがわかります。3つの条件のすべ

てに初診日という言葉があるからです。

たとえば、初診日に厚生年金に入っていたか、国民年金に入っていたかで、2階部分を受け取れるか受け取れないかが決まるわけですから、転職、独立といった場合には注意が必要です。なお、20歳前の未成年が障害等級に相当する障害を負った場合、国民年金の被保険者ではないため障害基礎年金を受給できませんが、20歳前の障害を負う者に対する「二十歳前傷病による障害基礎年金」という制度が別途あります。

●障害認定日に障害等級に該当する

障害年金を受け取るには、障害等級が1級、2級、もしくは3級（障害厚生年金のみ支給）と認定されなければなりません。認定には、等級を認定する基準と、その等級をいつの時点で認定するかというルールがあります。

等級を認定する基準には、政令で定められた「障害等級表」と「障害認定基準」という客観指標があります（障害等級表の等級は、障害のある者が持っている障害手帳に記載されている等級とは別個のものです）。いつの時点で認定するかという点に関しては病気やケガが治癒または初診日から1年6か月経過したときと定められています。これを障害認定日といいます。

「治癒した」とは、一般的なイメージで言う「治る」ということとは違い、障害の原因になる病気やケガの治療行為が終わることです。「完治した」という意味ではありません。

●保険料をきちんと納付していること

障害年金も、老齢年金と同じく、保険料をきちんと納めている人しかもらえません。病気やケガで診察を受けて、障害が残りそうだということで慌てて滞納分を払いに行っても、時すでに遅しで、給付対象にはなりません。日頃から保険料はしっかりと払うようにしなければなりません。

障害の程度

重い障害 （1級障害）	やや重い障害 （2級障害）	やや軽い障害 （3級障害）	軽い障害 （一時金）
常時介護を要する人	常時ではないが随時介護を要する人	労働が著しく制限を受ける人	聴力や視力、言語に障害があるなど生活に制限を受ける人
1級障害基礎年金 1級障害厚生年金	2級障害基礎年金 2級障害厚生年金	3級障害厚生年金	障害手当金

14 障害手当金の受給要件

障害等級3級より軽い障害がある場合に支給される

障害等級3級に該当しない場合

障害等級3級以上に該当する障害が残った場合には、障害年金が支給されます。これに対して、障害手当金は、障害等級3級よりやや軽い障害が残った場合に、年金ではなく、一時金として支給される給付です。

病気やケガで初めて医師の診療を受けた日（初診日）において被保険者であった者が、その初診日から起算して5年を経過する日までの間にその病気やケガが治った日に、一定の障害の状態に該当した場合に支給されます。

ただし、障害手当金を受給してしまうと、その後に障害の程度が悪化しても同一の障害について障害給付を受給できなくなる場合もあります。そのため、障害手当金の受給は慎重に行うことが必要です。

障害手当金は、初診日の前日において、初診日の属する月の前々月までに被保険者期間があり、その被保険者期間のうち、保険料納付済期間と保険料免除期間をあわせた期間が被保険者期間の3分の2未満である場合は支給されません。

ただし、令和8年4月1日より前に初診日のある障害については、この納付要件を充たさなくても、初診日の前日において初診日の属する月の前々月までの1年間のうちに保険料の未納がない場合には、障害手当金が支給されます。

障害手当金が支給されない者もいる

障害を定める日において、次の年金の受給権者に該当する者には、障害手当金が支給されません。

① 厚生年金保険法（旧法を含む）の年金給付
② 国民年金法、共済組合または私立学校教職員共済法の年金給付
③ 国家公務員災害補償法、地方公務員災害補償法、公立学校の学校医、学校歯科医及び学校薬剤師の公務災害補償に関する法律、労働基準法、労働者災害補償保険法の規定による障害補償または船員保険法の規定による障害を支給事由とする年金給付

ただし、①と②に該当する者のうち、障害厚生年金等の障害給付の受給権者で障害等級1〜3級に該当しなくなった日から3年を経過した者（現に障害状態に該当しない者に限る）は、障害手当金の支給を受けることができます。

障害給付と労災・健康保険の関係

障害保険は全額支給、その他の給付は減額されるのが原則

労災保険の給付を減額する

通勤途中や、業務中の事故が原因で障害を負ってしまった場合、障害年金に加えて、労災保険からも給付があります。障害年金と労災保険は別の制度ですので、両方の受給要件を充たせば、両方の給付を受けることができます。しかし、この場合、労災保険からの給付との調整が行われます。

傷病手当金を減額する

傷病手当金も労災保険と同様、受給要件を充たせば、障害年金との併給が可能です。ただ、この場合も、調整が行われます。障害年金の支給額分、傷病手当金が減額されます。したがって、障害年金額が傷病手当金額よりも高い場合は、傷病手当金は支給されません。

障害基礎年金と老齢厚生年金の調整

一定の場合に併給が可能です。ただし、併給が認められるのは、障害基礎年金及び老齢厚生年金の併給、障害基礎年金及び遺族厚生年金の併給であり、基礎年金同士である障害基礎年金と老齢基礎年金の併給は認められません。

厚生年金からの障害給付と労災保険給付の受給調整

障害給付の種類	障害補償年金の減額率
障害基礎年金+障害厚生年金	27%
障害厚生年金のみ	17%
障害基礎年金のみ	12%

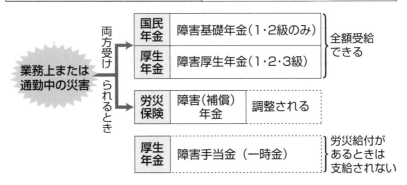

157

16 障害年金の受給金額

等級に応じて一律、家族の扶養手当もある

● 1級は2級の1.25倍もらえる

障害基礎年金は、加入期間の長短に関係なく障害の等級によって定額が支給されます。支給額については一定期間ごとに見直しが行われており、令和3年度においては、1級が年額97万6125円（2級の125％にあたる）、2級が年額78万900円（老齢基礎年金の満額と同額）です。それに加えて18歳未満の子（または一定の障害をもつ20歳未満の子）がいる場合は、子1人につき22万4700円（3人目からは7万4900円）が加算されます。

いずれの場合も、障害認定日から一生支給されます。

一方、障害厚生年金は、1級障害の場合は老齢厚生年金の1.25倍、2級障害の場合は老齢厚生年金と同一の金額が支給されます。障害の程度や収入に応じた金額が支給されるのが原則です。障害厚生年金の支給額は、その人の障害の程度や収入に応じて異なった金額となります。障害厚生年金の額を計算する場合、平成15年4月以降の期間とそれより前の期間とで、計算方法が異なります（次ページ図）。

また、生計を維持している配偶者がいる場合、障害厚生年金額に一定額が加算されます。

● 障害手当金

病気やケガで初めて医師の診療を受けた日（初診日）において被保険者であった者が、その初診日から起算して5年を経過する日までの間にその病気やケガが治った日に、一定の障害の状態に該当した場合に支給されます。

なお、障害手当金は、障害を定める日において、公的年金給付、公務員や教職員の補償の対象者、障害補償や船員保険法の規定による障害を支給事由とする年金給付の受給権者には、障害手当金が支給されません。

障害手当金の支給額は、報酬比例の年金額の2倍相当額です。ただし、最低保障額（令和3年度は117万1400円円）も定められています。

障害手当金の額には物価スライドは適用されませんが、本来の2級の障害基礎年金の額の4分の3に2を乗じて得た額に満たないときは、最低保障額を見直します。

● 障害の重さが変わる場合もある

障害認定日以降、障害の重さが変わる場合もあります。以下の5つのケースが生じた場合、改定が行われます。

① 事後重傷

障害認定日には、障害等級1〜3級

に該当しなかったが、後に症状が悪化して、1～3級に該当するようになった。

② 増進改定

障害認定日に障害等級2～3級に該当し障害年金を受給していたが、後に症状が悪化して1～2級に該当するようになった。

③ 初めて2級障害に該当

障害認定日には障害等級が2級より下だったが、基準障害が発生したこと

で今までの障害と併せて2級以上の障害になった。

④ 併合認定

障害認定日に1級か2級の人（現在は3級に軽減した人も含む）に新しく1～2級の障害が発生した。

⑤ 併合改定

1～2級の人（現在は3級に軽減した人も含む）に新たに3級以下の障害が発生した。

障害給付の受給額

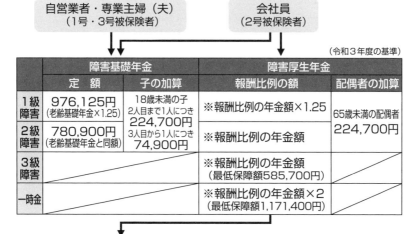

自営業者・専業主婦（夫）（1号・3号被保険者）　　会社員（2号被保険者）

（令和3年度の基準）

	障害基礎年金		障害厚生年金	
	定　額	子の加算	報酬比例の額	配偶者の加算
1級障害	976,125円（老齢基礎年金×1.25）	18歳未満の子2人目まで1人につき224,700円3人目から1人につき74,900円	※報酬比例の年金額×1.25	65歳未満の配偶者224,700円
2級障害	780,900円（老齢基礎年金と同額）		※報酬比例の年金額	
3級障害			※報酬比例の年金額（最低保障額585,700円）	
一時金			※報酬比例の年金額×2（最低保障額1,171,400円）	

※報酬比例の年金額 ＝ ① ＋ ②

※被保険者月数が300か月未満のときは、300か月として計算する。この場合、以下の式で計算する

$$(①＋②) \times \frac{300}{全被保険者月数}$$

①平成15年3月までの期間

平均標準報酬月額 $\times \dfrac{7.125}{1000} \times$ 平成15年3月までの被保険者月数

②平成15年4月以降の期間

平均標準報酬額 $\times \dfrac{5.481}{1000} \times$ 平成15年4月以降の被保険者月数

※老齢厚生年金算出時と同じ従前保障あり

159

17 障害年金がもらえない場合

等級が3級より下、犯罪行為、故意による障害状態はもらえない

●障害年金の支給停止

　障害年金が支給停止となる場合として、障害等級が3級より下の場合、犯罪行為や故意に障害の原因を起こして障害状態になった場合があります。

　障害等級が3級より下の場合に障害年金がもらえないケースでは、いくつかの注意が必要です。

　まず、以前は3級以上だったが、現在は軽くなり、3級より下になった場合です。この場合、確かに障害年金は支給されなくなりますが、再び、悪化したときには支給が再開されます。あくまで支給停止であって、受給権が消滅したわけではないと考えられるからです。また、労働基準法の障害補償を受ける権利を取得した場合、そのときから6年間支給停止されます（障害基礎年金の受給権がある場合は同時に支給停止される）。

　さらに、障害厚生年金の受給権者が、同一の障害を支給事由とする被用者年金各法の障害共済年金の受給権をもつことになった場合にも支給停止が行われます。この場合、障害基礎年金の併合認定と、障害厚生年金と障害共済年金の改定が行われますが、障害厚生年金と障害共済年金の一方は支給が停止されることになります。

●障害年金の失権

　年金の受給権が消滅することを失権といいます。まず、犯罪行為で障害状態になった場合、年金減額か、支給されないことがあります。これは、あくまで犯罪行為の場合ですので、重過失による障害の場合は、全額が支給されます。さらに、故意に障害の原因を起こして障害状態になった場合も、支給が制限されます。

　この故意の範囲は明確に決まっているわけではありません。ケース・バイ・ケースで判断されます。また、65歳を過ぎるまで3級より下だった場合は、受給権そのものが消滅します。65歳以降に3級以上になっても障害年金はもらえません。老齢年金を受給できるからというのがその理由です。ただし、ここでも、特例があります。3級より下の障害状態になって3年以内に65歳になった場合、受給権が失権するのは、3級より下の障害状況になってから3年後とみなします。さらに、受給権者が死亡したときや、併給調整の併合認定により新たな受給権を取得したとき（従前の障害厚生年金の受給権が消滅する）に、障害年金の受給権は失権します。

18 障害年金をもらうための手続き

原則として初診日から1年6か月を経過した時に請求する

● 障害年金受給の請求

　障害年金の請求手続きは、原則として、初診日から1年6か月を経過した日（障害認定日）の障害の状態を判断するため、その障害認定日以降に裁定請求することになります。

　ただし、初診日から1年6か月を経過する前に治ゆしたとき（症状が固定し、治療の効果が期待できない状態と

なったとき）は、そのときに裁定請求ができます。

　また、初診日から1年6か月経過後の障害認定日には障害年金を受けるほどの状態ではなかったものが、その後悪化して障害等級に該当する程度になったときは、65歳の誕生日前日までなら、そのときに裁定請求することができます。

第4章　公的年金のしくみと手続き

障害年金請求時の必要書類と手続き

障害年金請求時の必要書類

必要書類	備　考
年金請求書	年金事務所、市区町村役場でもらう
年金手帳 基礎年金番号通知書	本人と配偶者のもの
病歴・就労状況等申立書	障害の原因となった病気・ケガなどについて記載する
診断書	部位ごとの診断書を医師に記入してもらう
受診状況等証明書	診断書作成の病院と初診時の病院が違うとき
戸籍抄本 住民票	受給権発生日以降、提出日の6か月以内。子がいる場合は戸籍謄本世帯全員。マイナンバー記入により省略可。
印鑑	認印（シャチハタは不可）
預金通帳	本人名義のもの
配偶者の所得証明書 （または非課税証明書）	加給年金対象の配偶者がいるとき市区町村の税務課で発行
子の生計維持を証明するもの	加給年金対象の子がいるとき　在学証明書など
年金証書	本人、配偶者がすでに年金をもらっているとき
年金加入期間確認通知書	共済組合の加入期間があるとき

障害年金の手続き

初診日の年金加入状況		請求先
厚生年金		年金事務所または年金相談センター
国民年金	第1号被保険者	市区町村役場
	第3号被保険者	年金事務所または年金相談センター
20歳前に初診日がある場合		市区町村役場

161

● 遺族の生活保障

公的年金の加入者、老齢年金、障害年金の受給者が死亡したとき、残された家族に対して支給されるのが遺族給付です。遺族給付の中でも中心的な役割を果たすのが、年金形式で支給される遺族年金です。遺族年金には、遺族基礎年金、遺族厚生年金の2つがあります。遺族基礎年金と、遺族厚生年金双方の受給要件を充たしていれば、両方を受給することができます。

遺族年金を受給するためには以下の3つの要件を充たすことが必要です。

① 死亡したのがいつか

まず、死亡した人が次ページ図の**要件1**を充たしていなければなりません。

② 一定の遺族がいること

遺族基礎年金と遺族厚生年金とでは遺族の範囲が異なっています。双方の年金に共通しているのは、年金を受けるべき生計を維持されていた遺族が1人もいなければ、遺族給付が支給されないということです（図の**要件2**）。

遺族基礎年金を受給できる遺族は、被保険者または被保険者であった者の死亡の当時、その者によって生計を維持されていた「子のいる配偶者」または「子」です。子どもがいない場合、配偶者は受給できないことになります。

「子」とは、18歳未満の子、もしくは1、2級障害がある20歳未満の子のことを意味します。この場合の配偶者には、妻・夫の双方が該当します。したがって、遺族基礎年金は、母子家庭・父子家庭の生活を保障するために国から支給されるものであるといえます。

一方、遺族厚生年金が支給される遺族の範囲は遺族基礎年金よりも広範です。ただ、決められた優先順位の最先順位の人にだけ支給され、上位の権利者が受給した場合は、下位の権利者は受給権が消滅します。

このように、遺族厚生年金の方が受給できるケースが広いため、厚生年金の加入者が死亡した場合などは、遺族基礎年金はもらえないが、遺族厚生年金はもらえるというケースもあります。

なお、夫婦関係の実態があれば、内縁の妻でも受給が認められます。

③ 保険料をきちんと納めていること

保険料納付要件は、死亡日の前日において、死亡日の月の前々月までの保険料を納めるべき期間のうち、保険料納付済期間と保険料免除期間の合計が3分の2以上あることです。

ただし、障害等級1、2級の障害厚生年金の受給者、老齢年金の受給者または受給資格を充たしているもの

は、納付要件を充たしているものとして扱われます。また、令和8年3月31日までの場合、死亡したのが65歳未満の者であれば、特例として死亡日の月の前々月までの1年間に滞納がなければ受給することができます。要するに、死亡した人が生前にきちんと保険料を納めていないと、遺族は遺族年金を受け取れないことになります。

○遺族の年収

遺族年金の受給要件として、上記の要件の他に、受給権者の経済力があります。具体的には、前年の年収が850万円（所得では655万5000円）未満だったことが必要です。

遺族給付を受給するための要件

要件1

	遺族基礎年金	遺族厚生年金
死亡したのがいつか	・国民年金に加入中 ・元加入者で60歳以上65歳未満で日本在住 ・老齢基礎年金受給権者※ ・老齢基礎年金の受給資格期間を満たす※	・厚生年金に加入中 ・厚生年金に加入中に初診日があった傷病が原因で5年以内に死亡 ・障害厚生年金の1・2級の受給権者 ・老齢厚生年金受給権者※ ・老齢厚生年金の受給資格期間を満たす※

※保険料納付済期間と保険料免除期間を合算した期間が25年以上である者に限る

要件2

遺族の範囲 （生計維持関係にあること）	遺族基礎年金		遺族厚生年金		
	※子または子のある配偶者のみ	死亡当時の年齢	※遺族厚生年金には優先順位がある		死亡当時の年齢
	子のいる配偶者	18歳未満の子のいる配偶者	1位	配偶者	（妻の場合）年齢は問わない（夫の場合）55歳以上
	子	18歳未満		子	18歳未満
	年収850万円未満であること		2位	父母	55歳以上
			3位	孫	18歳未満
			4位	祖父母	55歳以上

※表中の「18歳未満」は18歳に達して最初の3月末日までをいう。また20歳未満で1・2級の障害の子も含む
※表中の「55歳以上」は55歳から59歳までは支給停止。60歳からの受給となる

要件3

	遺族基礎年金・遺族厚生年金とも
死亡者が保険料納付要件を満たしているか（障害給付の要件と同じ）	・死亡日の前日において、死亡日が含まれる月の前々月までの被保険者期間のうち、保険料納付済期間と保険料免除期間の合計が3分の2以上あること ・令和8年3月31日までは、死亡日の月の前々月までの1年間に滞納がないこと

※老齢年金受給権者、受給資格期間を満たしていた人、障害年金受給者の死亡の場合は上記要件は問わない

20 遺族年金の受給金額

基礎年金の本体部分は78万900円。子どもの数に応じて加算される

遺族基礎年金の年金額

遺族基礎年金は、子（18歳となった年度の3月31日もしくは1、2級障害で20歳未満の子どものこと）のいる配偶者、または、18歳となった年度の3月31日もしくは1、2級障害で20歳未満の子ども（親が死亡している場合）が受給することができる年金です。これは、遺族基礎年金が子育て支援を目的とする年金であるということから定められている要件となります。したがって、18歳となった年度の3月31日もしくは1、2級障害で20歳未満の子どもがいない場合は、残された配偶者は遺族基礎年金を受給することはできません。

遺族基礎年金の金額は、「本体部分」と「子ども扶養のための加算」部分で構成されます。本体部分は、老齢基礎年金と同じ金額、年間780,900円となり、子ども扶養のための加算は、第1子と第2子が224,700円、第3子以降が74,900円（金額については令和3年度の基準を記載）となっています。子どもが18歳になった年度の3月31日に達した場合や障害の状態にある子が20歳に達した場合など、支給要件から外れた場合は、年金の受給権は消滅します。

また、妻もしくは夫、つまり親がいない場合は、子どもが受給します。1人の場合は、本体部分（780,900円）だけ、2人の場合は、1人分の加算が付くという具合に増額していきます。

遺族厚生年金の年金額

遺族基礎年金の金額は、前述したように定額であるため、わかりやすいのですが、会社員の妻（夫）がもらえる遺族厚生年金の金額については、夫（妻）の死亡時の保険料納付の加入期間の長さによって計算の仕方が異なります。

夫（妻）が老齢厚生年金の受給中、もしくは老齢厚生年金の受給資格を得た後に死亡した場合には、夫（妻）が加入していた期間の実期間を基に年金額を計算します。これを長期要件といいます。

これに対して、死亡した夫（妻）が、①厚生年金の被保険者（現役の会社員）、②厚生年金の被保険者であった者で、被保険者期間中に初診日のある傷病で初診日から5年以内に死亡した、③障害等級1級または2級の障害厚生年金の受給権者であった場合には、加入月数が1か月以上あれば、加入月数を300か月（25年）あったとみなして計算します。これを短期要件といいます。

遺族厚生年金は、長期要件や短期要

件の違いがあるものの、おおむね死亡した者がもらっていたか、もらえるはずだった老齢厚生年金額の4分の3の金額となります。

また、遺族厚生年金は、「報酬比例」というしくみがとられており、死亡した人が支払っていた保険料が多いほど、遺族厚生年金の金額も多くなります。

● 老齢厚生年金と遺族厚生年金の併給を受けるとき

65歳以上で老齢厚生年金を受給できる方が、配偶者の死亡により遺族厚生年金を受給できる場合があります。年金は一人一年金が原則となりますが、この場合には併給をすることが可能で、年金額の計算は、次の①と②のどちらか高い方になります。

① 長期要件の遺族厚生年金額

② 「長期要件の遺族厚生年金額 × 2/3」と「老齢厚生年金×1/2」を合計した額

たとえば、①の長期要件で計算した遺族厚生年金の額が90万円で、自身の老齢厚生年金の額が80万円であった場合には、②の年金額は、100万円になるため、②の年金額を受給することになります。

遺族基礎年金と遺族厚生年金の受給金額

自営業（1号被保険者）				会社員（2号被保険者）

（令和3年度価格）

	遺族基礎年金			遺族厚生年金
	基本額	加　算		
子のある配偶者	780,900円（配偶者の分）	18歳未満の子2人目まで1人につき224,700円3人目から1人につき74,900円	配偶者、子、父母、孫、祖父母	（①＋②）×4分の3　死亡者の老齢厚生年金額の4分の3　①平成15.3以前の分　平均標準報酬月額 × $\frac{7.125}{1,000}$ × 被保険者期間の月数　②平成15.4以降の分　平均標準報酬額 × $\frac{5.481}{1,000}$ × 被保険者期間の月数　※老齢厚生年金と同様の従前保障あり
子	780,900円	18歳未満の子2人目224,700円3人目から1人につき74,900円		

長期要件
・死亡者の生年月日によって支給乗率を読み替える
$\frac{7.125}{1,000}$ → $\frac{7.125〜9.5}{1,000}$
$\frac{5.481}{1,000}$ → $\frac{5.481〜7.308}{1,000}$
・被保険者期間の月数は実際の加入期間を月数として計算する

短期要件
・生年月日による支給乗率の読み替えはない
・被保険者月数300か月未満のときは300か月として計算する
①と②を実間で算出した年金額に $\frac{300}{全被保険者期間月数}$

165

遺族厚生年金のさまざまな特例
受給額が少なくなり過ぎないようにしている

● 遺族には優先順位がある

163ページの図のとおり、遺族厚生年金を受給する遺族には優先順位があります。もともと遺族年金については、夫が家計を支えているという考え方から、妻や子が優先的に受給できるようになっています。そのため、夫については55歳以上であること等の受給要件があります。

さらに、妻については、遺族厚生年金の他に、中高齢の寡婦加算や経過的寡婦加算等の特例を認めています。

● 中高齢寡婦加算とは

会社員の妻で、夫が死亡したときに40歳以上65歳未満の場合、子どもがいなくても、「2階部分」の他に厚生年金から給付があります。これを中高齢寡婦加算といいます。具体的には、①夫が死亡した時に妻が40歳以上65歳未満で、生計を維持する子がいない場合、②遺族厚生年金と遺族基礎年金を両方受け取っていた「子のある妻」が、子が18歳になった年度の3月31日に達した（障害のある子の場合は20歳に達した）ため、遺族基礎年金を受け取れなくなった場合、のいずれかに該当する場合に加算されます。なお、②については40歳に達した当時、子がおり遺族基礎年金を受けていた妻に限られます。

子のいる妻の場合と子のいない妻の場合

※子がいる妻は、子が18歳年度末に到達し遺族基礎年金を受給できなくなってから中高齢の寡婦加算を受給する

子のいない妻は遺族基礎年金を受け取ることができないため、通常は、2階部分である遺族厚生年金しか受け取ることができないはずですが、遺族厚生年金しか受け取ることができないと受給金額が少なくなってしまうケースも多かったため、このような制度を作ったのです。中高齢寡婦加算の加算額は585,700円（令和3年度の基準）です。

●経過的寡婦加算とは

遺族厚生年金の中高齢寡婦加算を受給している妻は、65歳になると自身の老齢基礎年金の支給が開始されるため、それまで支給されていた中高齢寡婦加算の受給権が消滅することになります。

しかし、昭和31年4月1日以前生まれの妻については、中高齢寡婦加算にかえて経過的寡婦加算が支給されることになっています。経過的寡婦加算の加算額は、国民年金に加入可能な期間（40年間）をすべて加入した場合の老齢基礎年金額になるように、妻の生年月日によって加算が行われます。具体的には、昭和2年4月1日までに生まれた人は585,700円受給でき、一定の年齢ごとに減額し、昭和31年4月2日以降生まれの人は0円となります。

なお、遺族基礎年金や障害基礎年金を受け取ることができる場合には支給停止となるため注意が必要です。

生年月日で異なる経過的加算額の金額

令和3年度支給額

生年月日	加算額	生年月日	加算額
～ 昭 2.4.1	585,700	昭17.4.2 ～ 昭18.4.1	273,340
昭 2.4.2 ～ 昭 3.4.1	555,665	昭18.4.2 ～ 昭19.4.1	253,817
昭 3.4.2 ～ 昭 4.4.1	527,856	昭19.4.2 ～ 昭20.4.1	234,295
昭 4.4.2 ～ 昭 5.4.1	502,032	昭20.4.2 ～ 昭21.4.1	214,772
昭 5.4.2 ～ 昭 6.4.1	477,990	昭21.4.2 ～ 昭22.4.1	195,250
昭 6.4.2 ～ 昭 7.4.1	455,550	昭22.4.2 ～ 昭23.4.1	175,727
昭 7.4.2 ～ 昭 8.4.1	434,558	昭23.4.2 ～ 昭24.4.1	156,205
昭 8.4.2 ～ 昭 9.4.1	414,878	昭24.4.2 ～ 昭25.4.1	136,682
昭 9.4.2 ～ 昭10.4.1	396,391	昭25.4.2 ～ 昭26.4.1	117,160
昭10.4.2 ～ 昭11.4.1	378,991	昭26.4.2 ～ 昭27.4.1	97,637
昭11.4.2 ～ 昭12.4.1	362,586	昭27.4.2 ～ 昭28.4.1	78,115
昭12.4.2 ～ 昭13.4.1	347,092	昭28.4.2 ～ 昭29.4.1	58,592
昭13.4.2 ～ 昭14.4.1	332,435	昭29.4.2 ～ 昭30.4.1	39,070
昭14.4.2 ～ 昭15.4.1	318,550	昭30.4.2 ～ 昭31.4.1	19,547
昭15.4.2 ～ 昭16.4.1	305,377	昭31.4.2 ～	－
昭16.4.2 ～ 昭17.4.1	292,862		

22 遺族年金はどんな場合にもらえなくなるのか

失権は永遠に、支給停止は、ある理由で一時的に支給が止まること

●失権と支給停止の2つがある

遺族年金を受給できなくなるのは、失権と支給停止になった場合です。両方の違いは、失権が永遠に年金を受給する権利を失うことなのに対して、支給停止は、ある理由で年金の支給が止まっている状況を指すという点です。支給停止の場合、支給が停止される理由が消滅すれば、支給は再開されます。

① 遺族基礎年金の受給権が失権・支給停止になる場合

遺族基礎年金は受給権者である配偶者や子が、死亡したとき、婚姻したとき（事実上婚姻関係の場合を含む）、養子になったとき（直系血族または直系姻族の養子になった場合を除く）に失権します。

また、すべての子について、死亡・婚姻・配偶者以外の者との養子縁組といった一定の事由が生じた場合、配偶者の遺族基礎年金が失権します。

さらに、ⓐ離縁によって、死亡した被保険者または被保険者であった者の子でなくなったとき、ⓑ18歳に達した日以後の最初の3月31日が終了したとき（一定の障害がある場合を除く）、ⓒ障害等級1級または2級に該当する障害の状態にある子のその事情がやんだとき、ⓓ20歳に達したとき、には子

の遺族基礎年金が失権します。

一方、労働基準法による遺族補償が受けられる間は、二重取りを防ぐ観点から、6年間遺族基礎年金が支給停止されます。配偶者が遺族基礎年金を受給できる場合や、生計を同じくする父または母がいる場合には子の遺族基礎年金が支給停止されます。また、妻が1年以上行方不明である場合には、子の申請により妻の遺族基礎年金が、支給停止されます。

② 遺族厚生年金が失権・支給停止となる場合

遺族厚生年金についても、受給権者に、死亡・婚姻・直系血族および直系姻族以外の者の養子縁組（事実上の養子縁組を含む）といった事情が生じた場合には失権します。

また、子や孫の受給権は、18歳の年度末や20歳の到来により失権します。父母、孫、祖父母の受給権は、被保険者の死亡時に胎児だった子が生まれたときに失権するものとされています。さらに、遺族基礎年金の受給権を取得していない30歳未満の妻が受給している遺族厚生年金の受給権は受給権取得日から5年で消滅します。

23 第1号被保険者のための特別な遺族給付

寡婦年金と死亡一時金で、年金保険料がムダになるのを防ぐ

○ 自営業の夫が死亡したとき

会社員が死亡したときには、妻は遺族基礎年金をもらえる子どもがいなくても遺族厚生年金をもらえますが、自営業の夫が死んだ妻の場合、同じ環境では遺族基礎年金をもらうことができず、国民年金保険料がムダになってしまうことになります。そこで、このような不公平を起こさないために寡婦年金と死亡一時金という制度が設けられています。

寡婦年金とは、結婚10年以上の妻の場合、60歳から65歳まで夫がもらえたであろう老齢基礎年金の4分の3が支給される制度です。

寡婦年金をもらう要件がそろっていない場合にもらえるのが、死亡一時金です。支給を受けるには、国民年金第1号被保険者として保険料を3年以上、納めている必要があります。死亡一時金は、最も優先順位の高い遺族に一時金として支給されます。

寡婦年金の支給要件と死亡一時金の支給要件の両方を充たしている人の場合、どちらかを選択して受け取ります。

妻がまだ60歳未満の場合、寡婦年金の方が有利ですが、夫の死亡時の妻の年齢が65歳に近い場合は、死亡一時金の方が有利となります。

第4章 公的年金のしくみと手続き

寡婦年金が支給される要件

第1号被保険者の夫が死亡

夫死亡時妻は65歳未満

第1号被保険者として、保険料納付済期間と保険料免除期間の合計が **10年以上** ある

> カラ期間は使えない

婚姻関係が **10年以上** 継続していた

> 内縁関係でもよい

老齢基礎年金を受けていない
障害基礎年金の受給権がない

夫死亡時60歳未満のときは60歳まで支給停止

妻 **60歳から65歳** になるまで夫が受けられたであろう **老齢基礎年金の4分の3** の額が **寡婦年金** として支給される

遺族基礎年金ももらえるときは、どちらかを選択する

169

遺族年金をもらうための手続き

誰が受給権者になるのかについて理解する

● 遺族年金の受給権者と請求先

遺族年金は、死亡した配偶者が国民年金だけに加入していたときは「子のいる配偶者」または「子」だけが遺族基礎年金を請求できます。遺族厚生年金は、妻、夫、父母、孫、祖父母なども受給権者となることができます。もっとも、配偶者のうち、妻には年齢要件は設けられていませんが、夫には55歳以上という年齢要件があります。

遺族年金請求時の必要書類

● 遺族年金請求時の必要書類

主な添付書類	備　考
年金手帳 基礎年金番号通知書	死亡した本人と請求者のもの
戸籍（除籍）謄本 住民票（除票つき）	死亡日以降に交付されたもの　6か月以内 世帯全員。マイナンバー記入により省略可。
死亡診断書	死亡日から1か月程度までは市区町村役場で発行。 以後は住所地管轄の法務局で発行してもらう
印鑑	認印（シャチハタは不可）
預金通帳	請求者名義のもの
請求者の所得証明書 （または非課税証明書）	市区町村の税務課で発行
子の生計維持を証明するもの	加給年金対象者の子がいるとき　在学証明書など
年金証書	死亡者、請求者がすでに年金をもらっているとき
未支給年金・保険給付請求書	死亡者がすでに年金をもらっているとき
年金加入期間確認通知書	死亡者に共済組合の加入期間があるとき

● 遺族年金請求時の必要書類

死亡した人の年金加入状況		請求先
厚生年金		勤務先を管轄する年金事務所
国民年金	第1号被保険者	市区町村役場
	第3号被保険者期間がある場合	住所地を管轄する年金事務所

第5章

労災保険のしくみと
手続き

労災保険

仕事中にケガをしたときの補償である

仕事・通勤中の事故を補償する

労働者災害補償保険（労災保険）は、仕事中や通勤途中に発生した労働者のケガ、病気、障害、死亡に対して、迅速で公正な保護をするために必要な保険給付を行うことを主な目的としています。また、その他にも負傷労働者やその遺族の救済を図るためにさまざまな社会復帰促進等事業（被災労働者の社会復帰の促進、被災労働者やその遺族の援護、適正な労働条件の確保などを目的として行われる事業のこと）を行っています。

労働基準法では、労働災害に対するさまざまな補償はすべて事業主が行うと規定しています。しかし、どのような場合においても労災事故における補償責任を事業主に負わせていたのでは、事業主にとって酷なケースも生じます。

また、事業主によっては労災事故に対する補償能力が十分でない者もあります。そのため、被災労働者に対する災害補償を公平、確実に行うために、保険制度を採用し、確実に災害補償が行われる労災保険というしくみを作ったのです。つまり、労災保険は、事業主が負っている労働基準法上の災害補償を保険という方法によって代行しているといえます。

事業主の災害補償責任に対する保険であるという性格上、労災保険の保険料は全額事業主が負担することになっています。

事業所ごとに加入する

労災保険は事業所ごとに適用されるのが原則です。本社の他に支店や工場などがある会社については、本店は本

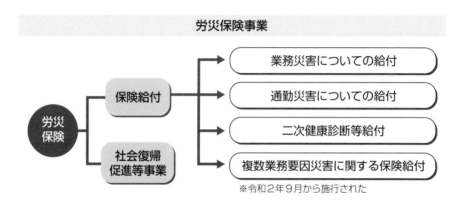

労災保険事業

- 労災保険
  - 保険給付
    - 業務災害についての給付
    - 通勤災害についての給付
    - 二次健康診断等給付
  - 社会復帰促進等事業
    - 複数業務要因災害に関する保険給付

※令和2年9月から施行された

店だけで独自に労災保険に加入し、支店は支店で本店とは別に労災保険に加入することになります。

ただ、支店や出張所などでは労働保険の事務処理を行う者がいないなどの一定の理由がある場合は、本店（本社）で事務処理を一括して行うこともできます。

●1人でも雇ったら適用される

労災保険は労働者を1人でも使用する事業を強制的に適用事業（労災保険が適用される事業）とすることにしています。つまり、労働者を雇った場合には自動的に労災保険の適用事業所になります。届出があってはじめて労災保険が適用されるわけではありません。

●暫定任意適用事業とは

労災保険は、労働者を1人でも使用する事業について適用事業とします。しかし、労災保険料が全額事業主負担であることを考えると、すべての事業を強制的に労災保険に加入させるのにはムリがあります。また、労災事故（仕事中の事故）が起きにくい事業や、起きたとしても、比較的軽いことが予想される事業も中にはあります。

そこで、個人経営の事業で一定の事業に限っては、労災保険への加入を強制しないことにしました。労災保険への加入が任意となっている事業を暫定任意適用事業といいます。「暫定」というのは「当分の間」という意味です。労働者保護の観点からは、将来的にはすべての事業について労災保険に加入するようにすべきであることから、暫定ということになっています。暫定任意適用事業は下図の①～③までの個人経営の事業になります。

なお、会社などの法人については、規模などに関係なくすべて労災保険に加入することになります。

暫定任意適用事業

暫定任意適用事業

①農業・畜産・養蚕の事業で、常時使用労働者数が5人未満のもの

②林業で労働者を常時使用せず、年間使用延労働者数が300人未満のもの

③常時使用労働者数が5人未満の事業で、総トン数5トン未満の漁船による事業と特定水面で操業する総トン数30トン未満の漁船による漁業

173

労災保険の適用範囲

就労形態に関係なく適用される

●すべての労働者に適用される

労災保険は労働者保護のための保険です。原則として事業所ごとに適用されます。適用される労働者について、正社員やパート、日雇労働者などの雇用形態は関係ありません。不法就労の外国人でも、労働災害があった場合は労災保険の適用を受けることができます。

ただ、代表取締役などの会社の代表者は、労働者ではなく使用者であるため、労災保険は適用されません。工場長や部長などの兼務役員については、会社の代表権をもたないので労災保険が適用されます。労働者に該当するかどうかは、使用従属関係があるか、会社から労働の対価として賃金（給料や報酬など）の支払いを受けているかの2つによって決まります。派遣労働者の労

災保険については、派遣元の事業主の保険関係で適用することになります。

●個人事業主などは特別加入できる

本来労災保険が適用されない会社の代表者や個人事業主などであっても、現実の就労実態から考えて一定の要件に該当する場合には、例外的に特別に労災保険から補償を受けることができます。この制度を特別加入といいます。特別加入することができる者は、次の①〜③の3種類に分けられています。

① 第1種特別加入者

中小企業の事業主（代表者）とその家族従事者、その会社の役員が第1種特別加入者となります。

ただ、中小企業（事業）の範囲を特定するために常時使用する労働者の数

特別加入者の種類

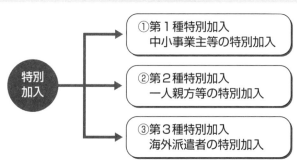

特別加入 → ①第1種特別加入
中小事業主等の特別加入

②第2種特別加入
一人親方等の特別加入

③第3種特別加入
海外派遣者の特別加入

に制限があり、業種によって下図のように異なっています。

第1種特別加入者として特別加入するためには、ⓐその者の事業所が労災保険に加入しており、労働保険事務組合に労働保険事務を委託していること、ⓑ家族従事者も含めて加入すること、が必要です。

② **第2種特別加入者**

第2種特別加入者はさらに、ⓐ一人親方等と、ⓑ特定作業従事者の2種類に分かれています。

ⓐ 一人親方等

個人タクシーや左官などの事業で労働者を使用しないで行うことを常態としている者のことです。

ⓑ 特定作業従事者

特定作業従事者とは、災害発生率の高い作業（特定作業）に従事している者を指します。たとえば、動力により駆動する機械を用いた農作業、高さが2メートル以上ある箇所で行われる農作業、特に危険度が高いとされる作業に従事する家内労働者が該当します。

第2種特別加入者の特別加入のための要件は、ⓐとⓑ共通で、所属団体が特別加入の承認を受けていることと家族従事者も含めて加入することのいずれも満たすことです。

③ **第3種特別加入者**

海外に派遣される労働者（一時的な海外出張者を除く）については、日本国内の労災保険の効力がおよびません。ただ、一定の条件を満たした場合に限り、労災保険に特別加入することができます。

海外派遣者が第3種特別加入者に該当するための要件は、派遣元の国内の事業について労災の保険関係が成立していることと、派遣元の国内の事業が有期事業でないことのいずれも満たすことです。

なお、令和3年4月から特別加入の対象者が拡大されています。具体的には、芸能従事者、アニメーション制作従事者、柔道整復師、雇用でない就業確保措置（高年齢者雇用安定法）を適用される65～70歳の者です。

第一種特別加入をするための要件

業　　　種	労働者数
金融業・保険業・不動産業・小売業	50人以下
卸売業・サービス業	100人以下
その他の事業	300人以下

3 業務災害・通勤災害

業務遂行性と業務起因性によって判断する

● 業務災害とは

　労働者の仕事（業務）中に起きた事故によるケガ、病気、障害、死亡のことを業務災害といいます。業務上の災害といえるかどうかは、労働者が事業主の支配下にある場合（＝業務遂行性）、および、業務（仕事）が原因で災害が発生した場合（＝業務起因性）、という2つの基準で判断されます。業務上の災害といえるかどうかの判断は労働基準監督署が行います。

① 労働時間中の災害

　仕事に従事している時や、作業の準備・後片付け中の災害は、原則として業務災害として認められます。

　なお、用便や給水などによって業務が一時的に中断している間についても事業主の支配下にあることから、業務に付随する行為を行っているものとして取り扱い、労働時間に含めることになっています。

② 昼休みや休憩中の災害

　事業所での休憩時間や昼休みなどの業務に従事していない時間については、休憩時間などに業務とは関係なく行った行為は、個人的な行為としてみなされますから、その行為によって負傷などをした場合であっても業務災害とはなりません。

　ただ、その災害が事業場の施設の欠陥によるものであれば、事業用施設の管理下にあるものとして、業務災害となります。

③ 出張中の災害

　出張中は事業主のもとから離れていますが、事業主の命令を受けて仕事をしているわけですから、事業主の支配下にあります。そこで出張中の災害については、ほとんどの場合、業務中に発生したものとして、業務災害となります。

　業務時間中に発生した災害であっても、その災害と業務との間に関連性が認められない場合は、業務遂行性も業務起因性も認められず、業務災害とはなりません。たとえば、就業時間中に脳卒中などが発症し転倒して負傷したケースなどが考えられます。脳卒中が業務に起因していると認定されなければ、たとえ就業時間中の負傷であっても、業務災害にはなりません。

● 通勤災害とは

　通勤災害とは、通勤途中に発生した災害のことです。たとえば、労働者が通勤途中の駅の階段で転び、ケガをした場合などです。労災保険法7条では、通勤について、「労働者が就業に関し、

住居と就業の場所との間などを合理的な経路および方法により往復することをいい、業務の性質を有するものを除くものとする」と定めています。

つまり、通勤とは、仕事に従事するために労働者が住居と仕事場（会社や工場などの実際に勤務する場所）との間を合理的な経路と方法で往復することなのです。

また、複数の事業場で就労している者の事業所間の移動および単身赴任者の赴任先住居と帰省先住居間の移動についても通勤に含まれます。

●「寄り道」には適用されない

たとえば、帰宅途中にパチンコ店に立ち寄り、小1時間ほどパチンコをした場合、パチンコ店に入った時点から後については、通勤として認められません。これに対して、帰宅途中、選挙のため投票所に立ち寄る場合などは、日常生活上必要な行為とみなされますから、投票を終えて通常の経路に戻った時点からは通勤となります。

このように通勤途中で通勤とは無関係な目的のため通常の通勤経路からいったん外れることを逸脱といいます。

また、通勤途中で通勤とは無関係の行為を行うことを中断といいます。逸脱・中断の間とその後は、日常生活上必要な行為である場合を除き、通勤には含みません。

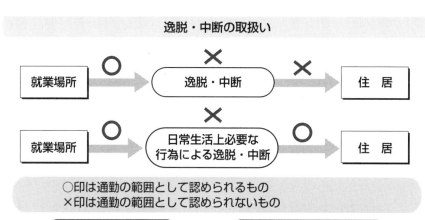

逸脱・中断の取扱い

○印は通勤の範囲として認められるもの
×印は通勤の範囲として認められないもの

逸脱・中断になる例
・パチンコ店に入る
・映画を見るため映画館に入る
・居酒屋で酒を飲む
・雀荘でマージャンをする

逸脱・中断にならない例
・選挙のため投票しに行く
・病院に診察を受けに行く
・食堂・クリーニング店に立ち寄る
・髪をカットするために理容室に立ち寄る

労災保険の補償内容

必要に応じた8つの給付がある

● 労災保険の給付内容は

　業務上または通勤途中の事故や病気などの保険事故に対応して、8つの保険給付があります。業務災害の場合の給付の名称に「補償」という言葉がつくことを除けば、通勤災害の場合の給付と内容は基本的に同じです。

① 療養（補償）給付

　業務上または通勤途中の負傷・疾病によって療養を必要とする場合に給付されます。治療を行うという現物給付の「療養の給付」と、現金給付の「療養の費用の支給」の2種類がありますが、「療養の給付」が原則です。「療養の給付」では、労災指定病院で治療を受ければ、原則として傷病が治ゆするまで必要な療養を受けることができます。

　「療養の費用の支給」は、労災指定病院以外で療養を受けた場合に、そのかかった費用を支給するというものです。治療費だけでなく、入院の費用、看護料、移送費など、通常療養のために必要なものは全額支給されます。

② 休業（補償）給付

　業務上または通勤途中の負傷・疾病による療養のために休業し、賃金を受けない日の第4日目以降から支給されます。

　休業1日について給付基礎日額の60％が休業（補償）給付として支給されます（この他、社会復帰促進等事業から給付基礎日額の20％が特別支給金として支給）。給付基礎日額とは、原則として、災害発生日以前3か月間に被災した労働者に支払われた賃金総額を、その期間の総日数で割って算出されます。

③ 傷病（補償）年金

　療養開始後1年6か月を経過しても治ゆせず、傷病等級（第1級～第3級）に該当するとき、給付基礎日額の313日～245日分の年金が支給されます。

④ 障害（補償）給付

　傷病が治ゆしたときで、一定の障害が残った場合に障害等級に応じて支給されます。第1級～第7級の場合は給付基礎日額の313日～131日分の障害（補償）年金、第8級～第14級の場合は給付基礎日額の503日～56日分の障害（補償）一時金が支給されます。

⑤ 遺族（補償）給付

　業務上または通勤途中の死亡に対して支給され、遺族（補償）年金と遺族（補償）一時金の2つがあります。年金は、労働者の死亡当時その収入によって生計を維持していた一定の範囲の遺族に支給されます。

　一時金は、その年金受給権者がいない場合に一定の範囲の遺族に対して給

付基礎日額の1000日分が支給されます。

⑥ **葬祭料（葬祭給付）**

　葬祭を行った者に対し支給されます。「31万5000円＋給付基礎日額の30日分」と「給付基礎日額の60日分」のいずれか高い方が支給額です。

⑦ **介護（補償）給付**

　一定の障害により傷病（補償）年金または障害（補償）年金を受給し、かつ、現に介護を受けている場合に月を単位として支給されます。

⑧ **二次健康診断等給付**

　一言で言うと、過労死予防のための給付です。労働安全衛生法に基づく定期健康診断等のうち、直近の一次健康診断で、脳・心臓疾患に関連する一定の項目について異常の所見が認められる場合に、労働者の請求に基づき、二次健康診断と特定保健指導を行います。

●社会復帰促進等事業

　労災保険では、各種の保険給付の他に被災労働者の社会復帰の促進、被災労働者やその遺族の援護、適正な労働条件の確保などのサービスも行っています。これが社会復帰促進等事業です。社会復帰促進等事業は大きく社会復帰促進事業、被災労働者等援護事業、安全衛生・労働条件確保事業の3つの事業に分かれています。

労災保険の給付内容

目的	労働基準法の災害補償では十分な補償が行われない場合に国（政府）が管掌する労災保険に加入してもらい使用者の共同負担によって補償がより確実に行われるようにする	
対象	業務災害と通勤災害	
業務災害（通勤災害）給付の種類	療養補償給付（療養給付）	病院に入院・通院した場合の費用
	休業補償給付（休業給付）	療養のために仕事をする事ができず給料をもらえない場合の補償
	障害補償給付（障害給付）	傷病の治癒後に障害が残った場合に障害の程度に応じて補償
	遺族補償給付（遺族給付）	労災で死亡した場合に遺族に対して支払われるもの
	葬祭料（葬祭給付）	葬儀を行う人に対して支払われるもの
	傷病補償年金（傷病年金）	治療が長引き1年6か月経っても治らなかった場合に年金の形式で支給
	介護補償給付（介護給付）	介護を要する被災労働者に対して支払われるもの
	二次健康診断等給付	二次健康診断や特定保健指導を受ける労働者に支払われるもの

5 療養（補償）給付

ケガや病気をしたときの給付である

● 療養（補償）給付には現物給付と現金給付がある

労働者が仕事中や通勤途中にケガをしたときや、仕事が原因で病気にかかって病院などで診療を受けたときは、療養（補償）給付が支給されます。療養（補償）給付は、治療費、入院料、移送費など通常療養のために必要なものが含まれます。また、給付される期間は、傷病などが治癒するまで行われます。なお、治癒するとは一般的に傷病が治ったこと（元の状態に戻ること）を表すことではなく、適切な医療を行っても医療効果が期待できなくなった状態をいいます。

療養（補償）給付には、①療養の給付、②療養の費用の支給、の2種類の方式で行うことが認められています。なお、療養の給付と療養の費用の支給の対象となる療養の範囲や給付される期間はどちらも同じです。

① 療養の給付

労災病院や指定病院などの診察を無料で受けることができます。つまり、治療の「現物給付」になります。なお、本書では、労災病院と指定病院などをまとめて、「指定医療機関」といいます。

② 療養の費用の支給

業務災害や通勤災害で負傷などをした場合の治療は、指定医療機関で受けるのが原則です。

しかし、負傷の程度によっては一刻を争うような場合もあり、指定医療機関になっていない近くの病院などにかけ込むことがあります。指定医療機関以外の医療機関では、労災保険の療養の給付による現物給付（治療行為）を受けることができないため、被災労働者が治療費を実費で立替払いをすることになります。

この場合、被災労働者が立て替えて支払った治療費は、後日、労災保険から「療養の費用」として現金で支給を受けることができます。つまり、療養の費用は、療養の給付に替わる「現金給付」ということです。

● 請求の手続きはどうするのか

請求の手続きについても、①療養の給付、②療養費用の支給とで異なるため注意が必要です。

①療養の給付の場合、指定医療機関の窓口で「療養（補償）給付たる療養の給付請求書」を提出し、指定医療機関が労働基準監督署に提出します。こうすることで必要な治療などを無料で受けることができます。

②療養費用の支給については、被災

労働者が直接、労働基準監督署に「療養（補償）給付たる療養の費用請求書」を提出します。薬局から薬剤の支給を受けた場合など請求書の様式が若干異なるため注意が必要です。

どちらの給付請求書を提出するにしても災害の原因や発生状況を記載し、事業主が証明する必要があります。

また、通勤災害の場合も請求書の様式が異なり、災害時の通勤経路、方法、所要時間等を記載する欄が設けられています。自動車通勤の場合、自動車保険などから治療費が給付される場合はそちらが優先されます。

● 指定医療機関は変更（転院）することができる

業務災害や通勤災害によって負傷したために労災保険の指定医療機関で治療を受けた場合、1回の治療では足らず、その後も治療のために何回か通院する必要があるケースや、症状によっては入院しなければならないケースがあります。

通院または入院することとなった指定医療機関が自宅から近ければ問題はないものの、出張先で負傷して治療を受けた場合などのように指定医療機関が自宅から離れているときは、近くの指定医療機関に転院することができます。また、現在治療を受けている指定医療機関では施設が不十分なため、効果的な治療ができない場合などにも指定医療機関を変えることができます。

指定医療機関を変更する場合は、変更後の指定医療機関を経由して所轄の労働基準監督署長に所定の届出を提出する必要があります。この届出を「療養（補償）給付たる療養の給付を受ける指定病院等（変更）届」といいます。この届出を提出することで変更後の指定医療機関で引き続き労災保険による療養（補償）給付の現物給付（治療など）を受けることができます。

なお、指定医療機関になっていない医療機関に転院する場合は、被災労働者のほうで治療費の全額をいったん立て替えて、後日、療養の費用の支給を受けます。

労災保険から受けられる治療のための給付

療養（補償）給付 {
①療養の給付 … 現物給付
→「治療行為」という現物をもらう

②療養の費用の支給 … 現金給付
→ 後日かかった費用が支払われる
}

6 休業（補償）給付

会社などを休んだ場合の収入の補償である

●休業（補償）給付は所得補償として支給される

労働者が業務中や通勤途中の災害で働くことができず、収入が得られない場合には、労災保険から休業（補償）給付の支給を受けることができます。

具体的な支給要件には、①業務上の事由や通勤による負傷・疾病による療養のため、②労働することができず、③賃金を受けていない、という要件をすべて満たす必要があり、休業4日目から支給が開始されます。そのため、休業中について有給休暇を取得した、あるいは会社が賃金の全額を支給した、などの場合には支給を受けることができません。

休業（補償）給付は、療養中の労働者の生活保障（所得補償）を目的として支給されるものです。給付基礎日額の6割が支給されます。また、休業（補償）給付に加えて給付基礎日額の2割の特別支給金が支給されるため、合計としては給付基礎日額の8割の金額が被災労働者に支給されます。

休業（補償）給付 ＝ 給付基礎日額の60％ × 休業日数

休業特別支給金 ＝ 給付基礎日額の20％ × 休業日数

●1日のうち一部分だけ働く場合

被災労働者の負傷の程度によっては、1日の所定労働時間のうち一部分だけ働き、その分について賃金の支給を受けることができる場合があります。そのような場合、休業（補償）給付の支給額が減額支給されます。

1日のうち一部分だけ働いて賃金の支払いを受けた場合の支給額は、1日当たり「（給付基礎日額－労働に対して支払われる賃金額）×60％」という式によって算出します。

たとえば、給付基礎日額が1日1万円の労働者が被災した場合の休業（補償）給付を計算します。この労働者が午前中のみ働いて5,000円の賃金を受けることができた場合、労災保険は1日当たり3,000円（＝（10,000円－5,000円）×60％）が支給されます。

●3日間の待期期間がある

休業（補償）給付は、療養のため労働することができずに賃金を受けられない日の4日目から支給されます。療養のため労働することができなかった最初の3日間を待期期間（待機ではなく待期）といい、休業（補償）給付の支給がありません。待期期間は連続している必要はなく、通算して3日間あれ

ばよいことになっています。待期期間の3日間については、業務災害の場合、事業主に休業補償の義務があります。つまり、3日間について賃金の支払義務が生じます。

一方、通勤災害については、事業主に災害の責任があるわけではないために待期期間の3日間について賃金を支払う必要はありません。

待期期間の3日間を数えるにあたり、労働者が所定労働時間内に被災し、かつ被災日当日に療養を受けた場合は、被災日当日を1日目としてカウントします。しかし、所定労働時間外の残業時間中などに被災した場合は、たとえ被災日当日に療養を受けたとしても被災日の翌日を1日目とします。

なお、休業（補償）給付の受給中に退職した場合は、要件を充たす限り支給が続きます。ただ、療養の開始後1年6か月が経った時点でその傷病が治っていない場合には、傷病（補償）

年金に切り替えられる場合があります。

また、事業所では業務災害によって労働者が死亡し、または休業したときは、「労働者死傷病報告書」という書類を所轄労働基準監督署に提出しなければなりません。

● 給付基礎日額は労働者の1日当たりの稼得能力

労災保険の休業（補償）給付を算出する場合に計算の基礎とした労働者の賃金の平均額を給付基礎日額といいます。給付基礎日額は労働者の一生活日（休日なども含めた暦日のこと）当たりの稼得能力を金額で表したものです。

給付基礎日額は通常、次の①の原則の計算方法によって算出された労働基準法の平均賃金に相当する額をいいます。ただ、原則の計算方法で給付基礎日額を計算することが不適切な場合は、①以外の②〜⑤のいずれかの方法によって計算することになります。

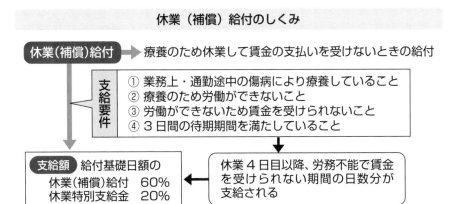

休業（補償）給付のしくみ

休業（補償）給付 ➡ 療養のため休業して賃金の支払いを受けないときの給付

支給要件
① 業務上・通勤途中の傷病により療養していること
② 療養のため労働ができないこと
③ 労働ができないため賃金を受けられないこと
④ 3日間の待期期間を満たしていること

休業4日目以降、労務不能で賃金を受けられない期間の日数分が支給される

支給額 給付基礎日額の
休業（補償）給付　60%
休業特別支給金　20%

① 原則の計算方法

　事故が発生した日以前3か月間にその労働者に実際に支払われた賃金の総額を、その期間の暦日数で割った金額です。ただ、賃金締切日があるときは、事故が発生した直前の賃金締切日からさかのぼった3か月間の賃金総額になります。

② 最低保障平均賃金

　労働者の賃金が日給、時間給、出来高給の場合は、平均賃金算定期間内に支払われた賃金総額を、その期間中に実際に労働した日数で割った額の60%の額と①の原則の計算方法で計算した額のいずれか高い方の額となります。

③ 原則の計算方法と最低保障平均賃金の混合した平均賃金

　賃金の一部が月給制で、その他に時給制で支給されている賃金がある場合などに用いる計算方法です。月給制の賃金は①の原則の計算方法で計算し、時給制などの賃金は②の最低保障平均賃金で計算します。そして、両方の額を合算して①の原則の計算方法で計算した額と比較して高いほうの額を給付基礎日額とします。

④ 算定期間中に私傷病による休業期間がある場合

　私傷病によって休業した期間の「日数」とその休業期間中に支払われた「賃金額」を控除して算定した額と、①の原則の計算方法で計算した額を比較していずれか高いほうの額を給付基

礎日額とします。

⑤ 給付基礎日額の最低保障額

　算定された給付基礎日額が3,970円（令和2年8月1日から令和3年7月31日までの間に支給事由が生じたもの）に満たない場合は、3,970円が給付基礎日額になります。

● 通勤災害の場合、一部負担金を支払う

　労災保険は、労働災害の発生について会社に責任があるため、保険で被災労働者を保障するという趣旨があります。しかし、通勤災害は業務に付随するものである一方で、会社が通勤災害を未然に防ぐことは難しく、責任があるとはいえない場合が多くあります。そのため、通勤災害については療養給付を受ける場合には、初回の休業給付から一部負担金（200円）が減額されます。

● 請求の手続き

　休業（補償）給付を請求するには、「休業（補償）給付支給請求書」を所轄労働基準監督署に提出します。なお、休業特別支給金は、休業（補償）給付と様式が同じであり、休業（補償）給付を請求すると同時に行います。

　その後、労災認定されると、本人の銀行口座へ直接振込がなされます。

　休業（補償）給付の請求書についても、災害の原因や発生状況、賃金の支

払状況について事業主が証明を行います。なお、労災の認定は事業主ではなく、労働基準監督署が行います。そのため、事業主が労災の発生を認めず証明が得られない場合には、労働者自身で提出することも可能で、事業主が証明を拒否する理由書を作成し添付します。

休業（補償）給付は、1か月ごとに請求をすることが一般的ですが、3か月ごとに請求することも可能です。た

だし、療養のため労働することができないため賃金を受けない日の翌日から2年を経過すると時効により請求ができなくなるため注意が必要です。

また、1年6か月経過しても傷病が治癒していない場合には、労基署の職権により傷病（補償）年金が支給されます。これは、休業（補償）給付を毎回申請する、労働者とそれを審査する国の負担を軽減するねらいもあります。

給付基礎日額の算出例

【原則式】…賃金締切日が 20 日の場合

事故日7/3

| 3/20 | 暦日数31日 | 4/20 | 暦日数30日 | 5/20 | 暦日数31日 | 6/20 | | 7/20 |

| 3月分賃金 25万円 | 4月分賃金 28万円 | 5月分賃金 33万円 | 6月分賃金 31万円 | 7月分賃金 29万円 |

事故が発生した直前の賃金締切日からさかのぼって3か月間の賃金で計算する

① 給付基礎日額 $= \dfrac{\text{4月賃金総額 ＋5月賃金総額 ＋ 6月賃金総額}}{\text{3か月の暦日数}}$

$= \dfrac{\text{28万円 ＋ 33万円 ＋ 31万円}}{\text{31日＋30日＋31日}} = 10,000円$

※3,970円に満たない場合は3,970円とする

【最低保障平均賃金】…労働者が日給、時給、出来高払給の場合

② 給付基礎日額 $= \dfrac{\text{4月賃金総額 ＋5月賃金総額 ＋ 6月賃金総額}}{\text{上記3か月で実際に労働した日数}} \times 60\%$

①と②の高い方を給付基礎日額とする

月給制の賃金と時給制の賃金が混在する場合

賃 金	基本給（時給）	1,000円/時	②で計算
	時間外手当	1,250円/時	
	皆勤手当	5,000円/月	①で計算
	通勤手当	4,100円/月	

この①、②の合計とすべて①で計算した場合の額を比較し、高い方を採用する

185

7 傷病（補償）年金

ケガや病気が長引いたときの補償である

● 労基署長の職権で支給決定される

傷病（補償）年金は、労災保険の他の給付と異なり、労働者からの請求により支給がなされる給付ではありません。傷病（補償）年金は一定の要件に該当する場合に所轄労働基準監督署長の職権で支給決定する給付（年金）です。

傷病（補償）年金は、仕事中（または通勤途中）の傷病（ケガまたは病気）によって、労働者が療養を開始後1年6か月経過した日、またはその日以後に、次のいずれにも該当する場合に支給されます。

① その傷病が治っていないこと

② 傷病の障害の程度が傷病等級の1級～3級に該当すること

療養開始後1年6か月を経過しても障害の程度が傷病等級に該当しない場合は、傷病（補償）年金は支給されずに、休業（補償）給付（182ページ）が支給されることになります。

傷病（補償）年金が支給されることになった場合、同時に特別支給金も支給されることになります。支給される特別支給金は、傷病特別支給金と傷病特別年金です。

傷病特別支給金は該当する傷病等級に応じて定額（114万円、107万円、100万円のいずれかの額）の一時金が支給されるものです。傷病特別年金は該当する傷病等級に応じて年金を支給するものです。なお、図中の算定基礎

傷病（補償）年金のしくみ

業務上の傷病が1年6か月経過後も治っておらず、傷病による障害の程度が一定の障害等級に該当しているときに支給

労働者が請求するのではなく 労働基準監督署長の決定により支給

年金給付が支給される

傷病等級	傷病（補償）年金	傷病特別支給金	傷病特別年金
第1級	給付基礎日額の313日分	114万円	算定基礎日額の313日分
第2級	給付基礎日額の277日分	107万円	算定基礎日額の277日分
第3級	給付基礎日額の245日分	100万円	算定基礎日額の245日分

日額は、過去1年間に支給された賞与等の総額を365日で割って算出されたものです。傷病（補償）年金の支給決定は実務上、療養開始後1年6か月を経過した日から1か月以内に被災労働者が「傷病の状態等に関する届」という書類を所轄労働基準監督署（長）に提出することによって行います。

傷病（補償）年金のための傷病等級表

傷病等級	給付の内容	障害の状態
第1級	当該障害の状態が継続している期間1年につき給付基礎日額の313日分	(1) 神経系統の機能又は精神に著しい障害を有し、常に介護を要するもの (2) 胸腹部臓器の機能に著しい障害を有し、常に介護を要するもの (3) 両眼が失明しているもの (4) そしゃく及び言語の機能を廃しているもの (5) 両上肢をひじ関節以上で失ったもの (6) 両上肢の用を全廃しているもの (7) 両下肢をひざ関節以上で失ったもの (8) 両下肢の用を全廃しているもの (9) 前各号に定めるものと同程度以上の障害の状態にあるもの
第2級	同 277日分	(1) 神経系統の機能又は精神に著しい障害を有し、随時介護を要するもの (2) 胸腹部臓器の機能に著しい障害を有し、随時介護を要するもの (3) 両眼の視力が0.02以下になっているもの (4) 両上肢を腕関節以上で失ったもの (5) 両下肢を足関節以上で失ったもの (6) 前各号に定めるものと同程度以上の障害の状態にあるもの
第3級	同 245日分	(1) 神経系統の機能又は精神に著しい障害を有し、常に労務に服することができないもの (2) 胸腹部臓器の機能に著しい障害を有し、常に労務に服することができないもの (3) 一眼が失明し、他眼の視力が0.06以下になっているもの (4) そしゃく又は言語の機能を廃しているもの (5) 両手の手指の全部を失ったもの (6) 第1号及び第2号に定めるものの他、常に労務に服することができないものその他前各号に定めるものと同程度以上の障害の状態にあるもの

8 障害（補償）給付

障害が残ったときの補償がある

● 障害（補償）給付は後遺症に対して支給される

労働者が業務上（または通勤途中）負傷し、または病気にかかった場合、そのケガまたは病気が治った（治癒）としても障害が残ってしまうこともあります。そのような場合にその障害の程度に応じて支給される労災保険の給付が障害（補償）給付です。ここでいう「治ったとき」とは、完治や全快ということではなく、傷病の症状が安定して、これ以上治療を行っても症状が良くも悪くもならない状態になったことを意味します。

● 障害（補償）給付は14種類に区分される

障害の程度によって1～14等級の障害等級に分かれます。第1級から第7級に該当した場合には障害（補償）年金が支給されます。第8級から第14級に該当した場合には障害（補償）一時金が支給されます。

第1級～第7級の場合は給付基礎日額の313日～131日分の障害（補償）年金、第8級～第14級の場合は給付基礎日額の503日～56日分の障害（補償）一時金が支給されます。給付基礎日額は、休業（補償）給付と同様に、労働

基準法の平均賃金に相当する額をいいます。ただし、賃金水準の変動や年齢階層別の最低・最高限度額などが適用され生活保障がなされています。

年金が支給される者には障害特別支給金と障害特別年金が支給され、障害（補償）一時金が支給される者には障害特別支給金と障害特別一時金がそれぞれ支給されます。

障害特別年金や障害特別一時金には算定基礎日額が使用されます。算定基礎日額は、労災が発生した日以前1年間に会社から支払われた賞与などを365日で割った額になります。

● 前払一時金の制度もある

治癒直後においては、一時的に資金を必要とすることも多く、被災労働者や家族の要求に応えるために、障害（補償）年金受給権者の請求に基づいて、一定額までまとめて前払いする障害（補償）年金前払一時金の制度が設けられています。前払一時金の金額は、障害等級によって異なりますが、最大で給付基礎日額の1,340日分を受け取ることができます。この制度の対象者は、障害等級1～7級該当の年金受給者で、障害等級8～14級については、障害（補償）一時金として受け取って

いるため対象外となります。

また、障害（補償）年金を受けていた労働者が受給開始直後に死亡した場合、障害（補償）年金前払一時金の支給額まで受け取っていないという不公平なケースもあり得ます。そこでその遺族に対して、障害（補償）年金前払一時金の最高額とすでに支給された年金額もしくは一時金の差額を、障害（補償）年金差額一時金として支給する制度もあります。これを障害（補償）年金差額一時金といいます。

●どのように請求するのか

障害（補償）給付を請求するときは、「障害（補償）給付支給請求書」を所轄労働基準監督署に提出します。特に障害の程度を審査するために重要な診断書を医師などに記載してもらい添付する必要があります。

特別支給金についても、障害（補償）給付と同時に請求し、様式も同一のものを使用します。

障害（補償）給付の支給額

障害等級	障害（補償）年金		障害特別支給金		障害特別年金	
第1級	年金	給付基礎日額の313日分	一時金	342万円	年金	算定基礎日額の313日分
第2級		〃　277日分		320万円		〃　277日分
第3級		〃　245日分		300万円		〃　245日分
第4級		〃　213日分		264万円		〃　213日分
第5級		〃　184日分		225万円		〃　184日分
第6級		〃　156日分		192万円		〃　156日分
第7級		〃　131日分		159万円		〃　131日分

障害等級1〜7級に認定

障害等級	障害（補償）一時金		障害特別支給金		障害特別一時金	
第8級	一時金	給付基礎日額の503日分	一時金	65万円	一時金	算定基礎日額の503日分
第9級		〃　391日分		50万円		〃　391日分
第10級		〃　302日分		39万円		〃　302日分
第11級		〃　223日分		29万円		〃　223日分
第12級		〃　156日分		20万円		〃　156日分
第13級		〃　101日分		14万円		〃　101日分
第14級		〃　56日分		8万円		〃　56日分

障害等級8〜14級に認定

障害（補償）給付

189

遺族（補償）給付

本人が亡くなったときの遺族への補償である

● 遺族（補償）給付は遺族の生活保障を目的とする

労働者が仕事中（業務上）または通勤途中に死亡した場合に、残された遺族の生活保障を目的として支給されるのが労災保険の遺族（補償）給付です。

遺族（補償）年金の受給資格者がいる場合には、その者に遺族（補償）年金が支給されます。遺族（補償）年金の受給資格者がいない場合や、遺族（補償）年金の受給資格者はいるがその権利が消滅し、他に年金を受け取る遺族がいない場合には、一定の遺族に遺族（補償）一時金が支給されます。

● 受給権者だけが給付を受けられる

遺族（補償）年金を受ける権利のある遺族を「受給資格者」といいます。

受給資格者になることができる遺族は、労働者の死亡当時にその労働者の収入によって生計を維持していた配偶者、子、父母、孫、祖父母、兄弟姉妹です。この場合の配偶者には事実上婚姻関係（内縁関係）と同様の事情にある者を含みます。また妻以外の遺族については、18歳未満であることや一定の障害状態にあることなどの要件があります。18歳未満とは、18歳になってから最初の3月31日までの者を指しま

す。

これらの受給資格者のうち、最も先順位の者（遺族）だけが受給権者となって、実際に遺族（補償）年金を受給することになります。

なお、労働者が労災事故で死亡した場合、受給権者（遺族）は給付基礎日額の最高1,000日分まで（200日単位）の希望する額の一時金を前払いで請求することができます。これを遺族（補償）年金前払一時金といいます。

● 受給権者が2人以上のときは等分して支給される

労災で亡くなった労働者の遺族に対しては、遺族（補償）年金が支給されますが、遺族（補償）年金は遺族の数に応じて支給額が変わります。受給権者が2人以上あるときは、遺族（補償）年金の支給額を等分した額がそれぞれの受給権者に支給されます。さらに、特別支給金として遺族特別支給金（一時金）と遺族特別年金が支給されます。

ただ、遺族は誰でもよいわけではありません。続柄や年齢などの制限があり、受給権の順位も決まっていて、最先順位の遺族だけに支給されます。最先順位の遺族が死亡や婚姻などにより受給権者でなくなったときは、次順位

の遺族が受給することになります。これを転給といいます。

●受給資格者の順位

遺族（補償）年金の受給資格者は、「被災労働者の死亡当時その収入によって生計を維持していたもの」です。これは必ずしも健康保険の扶養になっていたということではなく、主として被災労働者の収入によって生計を維持していた、あるいは生計の一部を維持していた場合も含まれています。

また、受給権者となる順位は、次のとおりとなっています。

① 妻または60歳以上か一定障害の夫
② 18歳未満あるいは一定の障害の子
③ 60歳以上か一定障害の父母
④ 18歳未満あるいは一定の障害の孫
⑤ 60歳以上か一定障害の祖父母
⑥ 18歳未満、60歳以上あるいは一定

障害の兄弟姉妹
⑦ 55歳以上60歳未満の夫
⑧ 55歳以上60歳未満の父母
⑨ 55歳以上60歳未満の祖父母
⑩ 55歳以上60歳未満の兄弟姉妹

なお、一定の障害とは障害等級5級以上の身体障害のことをいいます。

●どのように請求するのか

遺族（補償）給付を請求するときは、「遺族（補償）年金支給請求書」を所轄労働基準監督署に提出します。請求者は受給資格の順位が最も高い者が請求することになります。同順位の受給権者がいる場合には、そのうち1人を年金の請求、受領についての代表者として「選任届」を提出します。

また、死亡診断書や続柄・生計を同じくすることを証明する書類を添付します。

遺族（補償）給付

生計維持の人数	遺族（補償）年金		遺族特別支給金※2	遺族特別年金※2	
1人	年金	給付基礎日額の153日分	一時金　300万円	年金	算定基礎日額の153日分
		給付基礎日額の175日分※1			算定基礎日額の175日分
2人		給付基礎日額の201日分			算定基礎日額の201日分
3人		給付基礎日額の223日分			算定基礎日額の223日分
4人以上		給付基礎日額の245日分			算定基礎日額の245日分

※1 55歳以上の妻、または一定障害の妻の場合の支給日数です。
※2 遺族特別支給金、遺族特別年金というのは遺族（補償）年金に加えて行われる給付です。
　　遺族特別年金の支給額の単位となる算定基礎日額は、原則として1年間に支払われたボーナスの総額を基にして決定します。

10 介護（補償）給付

介護を受けている場合に支給される給付

● 介護（補償）給付を受けられる場合とは

業務災害や通勤災害で、一定の障害が残ってしまった場合、障害（補償）年金や傷病（補償）年金が支給されます。しかし、障害の程度によっては介護が必要になる場合があり、障害（補償）年金などでは不十分で、介護費用の負担が増大するおそれがあります。また、近年では核家族化などにより家族間での介護ではなく民間の介護事業所から介護サービスを受けることも増え、さらに費用負担が大きくなる可能性があります。

そこで、介護に要した費用を労災保険の中から給付できるようにしました。

具体的に、介護（補償）給付の対象者は、障害（補償）年金または傷病（補償）年金の1級と2級の受給権者で常時または随時介護を受けている必要があります。ただし、2級の受給権者は、精神神経・胸腹部臓器に障害をもつ受給権者に限られます。介護を行う者は、民間の有料の介護サービスだけに限定されず、親族、友人などによって介護を受けている場合も含まれます。

また、受給権者が①障害者支援施設（生活介護を受けている場合）、②特別養護老人ホーム、③原子爆弾被爆者特別養護ホーム、④病院または診療所に入所している間は、十分な介護サービスが受けられているものと考えられるため、支給対象にはなりません。

● 介護（補償）給付には上限と下限がある

給付は月を単位として支給されます。支給額は、受給対象者が常時介護を受けているか随時介護を受けているかによって異なります。親族などによる介護の有無によっても異なります。

① 受給対象者が常時介護を必要とする場合

民間の介護サービスを利用した場合には171,650円を上限として実際の支出に応じた介護費用が支給されます。親族などが介護を行った場合には、現実に支出した費用が73,090円未満の場合には、費用が発生していなくても一律73,090円が支給されます。73,090円を上回って費用を支出した場合は、171,650円を上限として、その額が支給されます。

② 受給対象者が随時介護を必要とする場合

民間の介護サービスを利用した場合には85,780円を上限として実際の支出

に応じた介護費用が支給されます。親族などが介護を行った場合には、現実に支出した費用が36,500円未満の場合には、費用が発生していなくても一律36,500円が支給されます。36,500円を上回って費用を支出した場合は、85,780円を上限として、その額が支給されます。

なお、月の途中から介護を受けた場合には、民間の介護サービスを利用した場合と利用しない場合とでは異なる取扱いをします。

民間の介護サービスを利用した場合には月途中であったとしても、上記の上限額の範囲内で介護費用が支給されるのに対して、民間の介護サービスを利用しなかった場合には、1円も支給されません。

● どのように請求するのか

介護（補償）給付を請求するときは、「介護（補償）給付支給請求書」を所轄労働基準監督署に提出します。親族または友人・知人により介護を受けた場合には、請求書の介護の事実に関する申立てを記載し、合わせて介護を行った期間についても記載をします。

民間の介護サービスを利用した場合には、費用を支出した額と介護を受けた日数を証明する書類を添付して請求します。また、1回目の請求には医師の診断書が必要となりますが、2回目以降は省略することができます。

請求の頻度も1か月ごとや数か月をまとめて請求することもできますが、介護を受けた月の翌月1日から2年を経過すると時効により請求権が消滅するため注意が必要です。

介護補償給付

介護（補償）給付

常時介護必要
① 民間の介護サービスを利用する場合
　…実費（上限 171,650 円）
② 親族などが介護を行う場合で支出した額が 73,090 円未満
　…一律 73,090 円
③ 親族などが介護を行う場合で支出した額が 73,090 円以上
　…支出した額（上限 171,650 円）

随時介護必要
① 民間の介護サービスを利用する場合
　…実費（上限 85,780 円）
② 親族などが介護を行う場合で支出した額が 36,500 円未満
　…一律 36,500 円
③ 親族などが介護を行う場合で支出した額が 36,500 円以上
　…支出した額（上限 85,780 円）

11 葬祭料（葬祭給付）
一定額の葬祭費用が支給される

● 葬祭料は遺族や葬儀を行った者に支給される

葬祭料（葬祭給付）は、労働者が業務上または通勤途中に死亡した場合に、死亡した労働者の遺族に対して支給されます。業務上の災害などで死亡した場合の給付を「葬祭料」、通勤途中の災害などで死亡した場合の給付を「葬祭給付」といいます。

葬祭料（葬祭給付）の支給対象者は、実際に葬祭を行う者で、原則として死亡した労働者の遺族です。

ただし、遺族が葬儀を行わないことが明らかな場合には、実際に葬儀を行った友人、知人、近隣の人などに支払われます。

葬祭料（葬祭給付）は、次の①と②の2つを比較していずれか高いほうの金額が支給されます。

① 315,000円＋給付基礎日額の30日分
② 給付基礎日額の60日分

● 葬祭料はどのように請求するのか

葬祭料（葬祭給付）を実際に請求する場合は、死亡した労働者が勤めていた事業所の所轄労働基準監督署に「葬祭料請求書」または「葬祭給付請求書」を提出します。死亡した労働者の住所地の所轄労働基準監督署ではない

ので注意が必要です。

葬祭料（葬祭給付）を請求する場合の添付書類には、死亡診断書や死体検案書などがあり、労働者の死亡の事実と死亡年月日を確認するための書類となります。なお、葬祭料（葬祭給付）は、あくまでも労働者の死亡に対して支給される給付であるため、葬祭を執り行った際にかかった費用の額を証明する書類の提出などは必要ありません。

● 遺族補償年金との関係は

葬祭料（葬祭給付）の支給要件は、「労働者が業務上または通勤途中に死亡した場合」です。そのため、たとえ傷病（保障）年金を受給している労働者が死亡した場合でも、その死亡理由が「私的な疾病」などによる場合は、葬祭料（葬祭給付）は支給されません。

また、葬祭料（葬祭給付）の請求は、遺族（補償）給付と同じ時期に行う必要はありません。ただし、遺族（補償）給付の請求書をすでに提出している場合は、労働者の死亡に関する証明書類を提出していることになるため、改めて提出する必要はありません。

なお、葬祭料（葬祭給付）の請求者が、必ずしも遺族補償年金の受給権利を持つ者である必要はありません。

12 二次健康診断等給付

一言で言うと過労死を予防するための給付

●二次健康診断等給付は労災予防のためにある

　近年、会社などの定期健康診断によって身体に何らかの異常が発見されるなど、健康に問題を抱える労働者が増えています。また、業務によるストレスや過重労働により、脳血管疾患や心臓疾患などを発症し、死亡または障害状態になったとして労災認定される件数も増えてきています。

　そこで、労災保険では、あらかじめ医師による検査を受けることができる給付を設けました。これが「二次健康診断等給付」です。

　二次健康診断等給付は、社会問題にもなった過労死の最大の原因とされる生活習慣病（従来の成人病）の発症を予防することを目的として、2001年に始まった制度です。

　会社などでの定期健康診断（一次健康診断）の結果、①肥満、②血圧、③血糖、④血中脂質の4つの項目すべてに異常の所見（医師のコメント）が認められた場合に、二次健康診断や特定保健指導を受けることができます。

●二次健康診断等給付の診断

　二次健康診断等給付では、指定医療機関になっている病院・診療所で健康診断や指導などを無料で受けることができます（現物給付）。

　二次健康診断とは、脳血管や心臓の状態を把握するために必要な医師による検査（空腹時血中脂質検査、頸部超音波検査など）のことです。一方、二次健康診断等給付で行われる指導とは、前述の医師による検査の結果に基づいて行われる指導です。これを特定保健指導といい、医師または保健師が面接によって行います。特定保健指導では、二次健康診断の結果に基づき、脳血管疾患及び心臓疾患の発生の予防を図るために医師または保健師による面接により、栄養指導、運動指導、生活指導が行われます。

　なお、会社の定期健康診断などの前にすでに脳・心臓疾患の病状があった労働者については、二次健康診断等給付の対象とはなりません。

●二次健康診断等給付の請求手続き

　二次健康診断等給付の請求は、労働者本人が労災指定病院に対して行いますが、給付請求書には事業主の証明が必要になります。二次健康診断等給付を受けようとする医療機関（病院など）を経由して所轄都道府県労働局に、二次健康診断等給付請求書を提出します。

13 労災保険の特色と申請手続き

「被保険者」という概念がないのが他の保険制度の大きな違い

● 労災の給付は誰が申請するのか

労災保険法に基づく保険給付等の申請ができるのは、本人かその遺族ですが、労働者がみずから保険給付の申請その他の手続を行うことが困難な場合には事業主が手続きを代行することができます。そのため、実際には会社が手続きを代行して労災申請するケースが多いのですが、たとえば「会社が不当に労災の証明に協力してくれない」というような場合には、本人がその旨の事情を記載して労働基準監督署に書類を提出することになるでしょう。

また、労災給付を受けるためには所定の手続きをすることが必要です。要件を満たす場合には、労災の給付とともに、社会保険の給付を受けることも可能です。

● 申請手続き

労働災害が発生したときには、本人またはその遺族が労災保険給付を請求することになります。保険給付の中には傷病（補償）年金（186ページ）のように職権で支給の決定を行うものもありますが、原則として被災者ないし遺族の請求が必要です。労災の保険給付の請求は、2年以内（障害給付と遺族給付の場合は5年以内）に被災労働

者の所属事業場の所在地を管轄する労働基準監督署長に対してしなければなりません。

労働基準監督署は、必要な調査を実施して労災認定した上で給付を行います。なお、「療養（補償）給付」については、かかった医療機関が労災保険指定病院等の場合には、「療養の給付請求書」を医療機関を経由して労働基準監督署長に提出します。その際、療養費を支払う必要はありません。

しかし、医療機関が労災保険指定病院等でない場合には、いったん、医療費を立て替えて支払わなければなりません。その後「療養の費用請求書」を直接、労働基準監督署長に提出し、現金給付してもらうことになります。

被害者などからの請求を受けて支給または不支給の決定をするのは労働基準監督署長です。この決定に不服がある場合には、都道府県労働基準局内の労災保険審査官に審査請求をすることができます。審査官の審査結果にさらに不服があるときは厚生労働省内の労働保険審査会に再審査請求ができます。

労働保険審査会の裁決にも不服がある場合は、その決定の取消を求めて、裁判所に行政訴訟を起こすことになります。

労災隠しは犯罪である

労災が発生した場合、事業主は会社管轄の労働基準監督署に「労働者死傷病報告」を提出しなければなりません。

故意に「労働者死傷病報告」を提出しない場合や、虚偽の内容を記載した労働者死傷病報告を所轄労働基準監督署長に提出すると、「労災隠し」として犯罪になるので注意しなければなりません。

メリット制とは

労働災害の発生状況について、建設業などの同じ業種の各事業所間で比べてみると、労働災害の発生していない

事業所と過去に何度も労働災害が発生している事業所とがあります。このように同じ業種であっても、事業主の労働災害防止の努力によって、各事業所間で労災発生率は大きく異なってきます。そこで、事業主の労働災害防止のための努力を労災保険率に反映させるために設けられている制度がメリット制です。平たく言うと、一定限度まで労災の発生を抑えた事業主に対しては労災保険の料率を下げる措置がとられます。逆に、一定の割合以上労災が発生した事業主については労災保険料率を上げる措置がとられることになります。

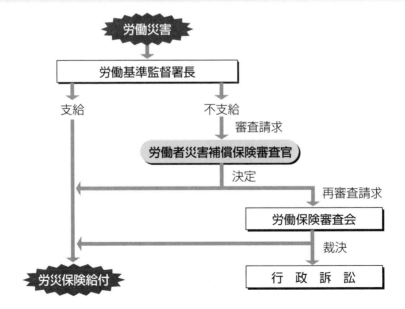

労災認定の申請手続き

14 第三者行為災害と求償・控除
求償と控除によって給付額を調整する

● 第三者行為災害とは

保険給付の原因となる事故が第三者（政府、事業主と労災保険の受給権者以外の加害者）の行為によって生じたもので、第三者が被災労働者または遺族に対して損害賠償の義務を負っているものを第三者行為災害といいます。

たとえば、会社の営業で外回りをしていて横断歩道を渡っているときに車にはねられた、マイカー通勤者が出勤途中に追突されてケガをした、社用で文房具店に向かうために道路を歩行していたら、建設現場から飛来してきたものにあたって負傷したといったようなケースです。

第三者行為災害については、被災労働者や遺族は、労災保険に対して保険給付の請求権を取得すると同時に、第三者に対して民事上の損害賠償請求権を取得することになります。

しかし、同一事由で両者から二重の損害のてん補（補償）を受けるとなると、被災労働者や遺族は実際に発生した損害額より過剰な利益を受けることになります。そこで、第三者行為災害の場合には、労災保険の給付と民事上の損害賠償は支給調整されることになっています。

● 求償と控除による給付額を調整

具体的な調整方法は、被災労働者や遺族がどちらの請求権を先に行使するかによって違ってきます。

① 求償

先に労災保険の給付請求権を行使した場合、政府は、保険給付の価額の限度で被災労働者や遺族が第三者に対してもつ損害賠償請求権を取得することになります。考え方としては、第三者の行うべき損害賠償を政府が肩代わりしたということで、政府が労災保険の給付額に相当する額を第三者（交通事故の場合は保険会社など）から返してもらうわけです。このように政府が取得した損害賠償請求権を行使することを求償といいます。

② 控除

被災者が第三者から先に損害賠償を受けたときは、政府は、その価額の限度で労災保険の給付をしないことができます。これを控除といいます。控除される範囲については、労災保険の給付と同一事由のものに限定されています。つまり、加害者から治療費や休業損害（休業により得ることができなくなった利益）を受けた場合は、労災保険で同一事由の療養（補償）給付や休業（補償）給付は、その価額で控除さ

れることになります。

ただ、精神的苦痛に対する慰謝料は、同一事由による給付とはいえないため、加害者から受けていても控除されません。

また、保険給付に上乗せして支給される特別支給金も控除の対象にはなりません。特別支給金とは、労災保険の社会復帰促進等事業（172ページ）から支給されるもので、保険給付とは異なる性質をもつためです。

たとえば、労災保険から休業（補償）給付が支給される場合の支給額は給付基礎日額の100分の60とされていますが、これとは別に休業特別支給金が同様に100分の20支給されます。加害者から休業損害を受けた場合、特別支給金としての100分の20の部分については控除されないということです。

●自賠責保険などとの調整

第三者行為災害は、業務災害、通勤災害ともに発生する可能性がありますが、特に通勤災害では、自動車事故によるものが少なくありません。この場合、労災保険の給付と加害者が加入していた自賠責保険など（自動車損害賠償責任保険または自動車損害賠償責任共済）の保険金とが調整されることになります。

労災保険と自賠責保険との調整についても「求償」と「控除」の関係は、基本的には同じです。労災保険と自賠責保険等のどちらを先行させるかについても、被災労働者や遺族が選択することができます。

●第三者行為災害届を提出する

第三者行為災害が発生し、労災保険の給付を受ける場合、所轄の労働基準監督署に、「第三者行為災害届」と必要な添付書類（交通事故証明書など）を提出します。提出しない場合は、給付が一時差し止められることもあります。

求償と控除

損害賠償の調整

①求償
労災保険の給付を先に行った場合に、労災保険で給付した分の金額を災害の加害者から返してもらうこと

②控除
被災労働者が労災保険の給付がなされる前に加害者から損害賠償を受けた場合に、賠償を受けた額の範囲で国が労災保険の給付をしないこと

15 副業時の労災
通勤中や業務中の被災など問題点を把握しておく

●副業・兼業と労災保険

労災保険は、正社員・パート・アルバイトなどにかかわらず雇用されているすべての労働者が加入できます。そして、業務中や通勤時に被った負傷、疾病、障害、死亡に対して必要な給付を受けることができます。ただし、本業と副業・兼業のように複数の事業場で働く労働者については次のような問題があり、副業・兼業促進の妨げとなっていました。そこで、労災保険の改正が令和2年9月に行われ、見直しが行われています。

① **複数事業労働者が業務中に被災した場合の給付額**

これまで、複数事業労働者がA社で10万円、B社で7万円の賃金（平均賃金）を支給されていたケースで、B社で業務災害にあった場合、給付額はB社（災害発生事業場）で得ていた7万円を基に給付基礎日額が計算されていました。

法改正後は、A社とB社の賃金の合計額17万円を基に給付基礎日額が算定されることになります。なお、日給や時給の場合には、給付基礎日額の原則の計算方法の他に、最低保障平均賃金（184ページ）がありますが、各事業場の合算前の計算では、最低保障平均賃

金を適用せずに計算し、合算することになります。

② **複数事業労働者が通勤中に被災した場合の給付額**

複数事業労働者が通勤中に被災した場合でも、①と同様、両方の使用者から支払われる賃金の合計を基に保険給付額が算定されます。

③ **複数業務要因による災害**

脳・心臓疾患や精神障害などの疾病は、複数の事業で働く労働者がいずれかの事業場の要因で発症したかがわかりにくい労働災害です。これまで、精神障害や脳・心臓疾患の労災認定においては労働時間の通算は行わず、労災認定の基準時間となる160時間や100時間という時間外労働もそれぞれの就業場所ごとで判断することになっていました。つまり、A社とB社で通算して160時間や100時間を超えていたとしても、それぞれの会社で超えていない場合には労災認定がされない可能性がありました。

法改正後は、A社とB社の時間外労働やストレスなどの業務負荷を総合的に評価して労災認定を行います。このように労災認定された災害を「複数業務要因災害」といいます。

200

●保険料はどのように算定するのか

労災保険料は、保険給付の実績額に基づいて算定されます。たとえば、労災発生が多い事業場は保険料が高く、労災発生が少ない事業場は保険料が低くなります（メリット制）。

法改正によって、非災害発生事業場の分も合算した賃金額をベースに労災給付がなされることになりますが、非災害発生事業場にとっては努力しても防ぎようのない労災であるため、非災害発生事業場の次年度以降の保険料には反映させないものとしています。

●どんな保険給付が設けられるのか

新たに賃金額の合算と業務負荷の総合評価が導入されたことにより、保険給付にも以下の給付が創設されました。

・複数事業労働者休業給付
・複数事業労働者療養給付
・複数事業労働者障害給付
・複数事業労働者遺族給付
・複数事業労働者葬祭給付
・複数事業労働者傷病年金
・複数事業労働者介護給付

●どのように申請するのか

複数業務要因災害に関する保険給付が創設されたため、「業務災害用」の様式が、「業務災害用・複数業務要因災害用」の様式に変更されました。業務災害と複数業務要因災害に関する保険給付は同時に行います。複数事業労働者にあたらない場合は、従来通り、業務災害として労災認定されます。

様式の具体的な変更点は、「その他就業先の有無」を記載する欄が新たに設けられたことです。また、脳・心臓疾患や精神障害などの疾病は、どちらの事業場が原因か判断がつきにくいため、主に負荷があったと感じる事業場の事業主から証明をもらい提出します。

様式は、厚生労働省のホームページからダウンロードできます。
https://www.mhlw.go.jp/bunya/roudoukijun/rousaihoken06/03.html

給付額の算定の基となる賃金の考え方

改正前の制度

| A社の平均賃金 10万円 |
| B社の平均賃金 7万円 | → 災害発生

↓

B社の平均賃金を基に給付額が算定される

改正後の制度

| A社の平均賃金 10万円 |
| B社の平均賃金 7万円 | → 災害発生

↓

A社とB社の平均賃金の合計額を基に給付額が算定される

16 過労死

過重業務や異常な出来事による過重負荷の度合いが認定の基準になる

● 過労死の認定基準

　長時間労働や激務などによる疲労が蓄積し、脳血管障害や心臓疾患などの健康障害を起こして死亡することを過労死といいます。過労死が社会問題になったため、平成26年11月からは過労死等防止対策推進法が施行されています。

　過労死は、激務に就いたことで持病が急激に悪化した場合には、業務が有力な原因であり労災の対象になります。

　しかし、業務で使用する有害物質を起因とする病気や、職場内の事故による負傷と異なり、業務と発生した傷病との間の因果関係の証明が難しく、必ずしも労災認定されるとは限りません。

　過労死の労災認定については、厚生労働省の行政通達である「脳血管疾患及び虚血性心疾患等（負傷に起因するものを除く）の認定基準」に従って判断します。この認定基準では、脳・心臓疾患は長く生活をする中で自然に発症するということを前提としつつ、「業務による明らかな過重負担」が自然経過を超えて症状を著しく悪化させることを認めています。

　そして、過労死の対象疾病として、脳血管疾患は「脳内出血（脳出血）、くも膜下出血、脳梗塞、高血圧性脳症」を挙げており、虚血性心疾患等は「心筋梗塞、狭心症、心停止（心臓性突然死を含む）、解離性大動脈瘤」を挙げています。

● どんな要件があるのか

　認定基準では業務において次のような状況下に置かれることによって、明らかな過重負荷（脳・心臓疾患の発症を誘発する可能性があると思われる出来事）を受け、そのことによって発症したと認められる場合に、「労災」として取り扱うとしています。

① 異常な出来事

　発症直前から前日までの間に、大きな事故を目撃したなど、業務に関連して極度の緊張や興奮、恐怖、驚がくなど強度の精神的負荷を引き起こす突発的または予測困難な異常事態に遭遇した場合をいいます。

　また、「作業中に海中に転落した同僚を救助した」など、緊急に強度の身体的負荷を強いられる突発的または予測困難な異常事態に遭遇した場合や、「急な配転で、なれない肉体労働をさせられた」など、急激で著しい作業環境の変化に遭遇した場合も含まれます。

② 短時間の過重業務

　発症前1週間程度の間に、特に過重な業務に就労することによって身体

的・精神的負荷を生じさせたと客観的に認められる場合をいいます。

③ **長期間の過重業務**

発症前6か月程度の間に、著しい疲労の蓄積をもたらす特に過重な業務に就労することによって身体的・精神的負荷を生じさせたと客観的に認められる場合をいいます。

著しい疲労の蓄積をもたらす要因として特に重要視されるのが労働時間です。認定基準では、発症前1か月間から6か月にわたって、1か月あたり概ね45時間を超えて時間外労働が長くなるほど、業務と発症との関連性が徐々に強まるとされています。また、発症前1か月間に概ね100時間、または発症前2か月から6か月間にわたり1か月あたり概ね80時間を超える時間外労働が認められる場合は、業務と発症との関連性が強いと評価されます。

残業については、会社の残業命令に基づき労働者が残業をすることを前提としていますが、多くの企業の実態として労働者自らの判断で長時間の残業に従事することも少なくありません。この場合、会社が長時間残業の事実を知り、または知り得た場合は、法的責任を問われることになります。もし労働者が、1か月あたり100時間を超える残業をしていたり、2か月以上連続で1か月あたり80時間を超える残業をしている場合には、会社は残業禁止命令を出し、産業医の診察を受けさせるなど、メンタル不調を防止する適切な措置を講じる必要があります。

近年は、過重労働を原因として労災が認定される事案が増えており、会社が従業員の健康に配慮する義務に違反したとして、会社の責任を認める裁判例が増えています。一方、自分の健康管理を怠ったとして、労働者側の落ち度を認める裁判例もあります。

業務の過重性の評価項目

チェック項目とその内容

- **労働時間**
  時間の長さ・休日の有無
- **勤務体制（不規則かどうか）**
  スケジュール・業務内容の変更の頻度・程度
- **拘束時間**
  拘束時間数、実労働時間数・労働密度、休憩・仮眠施設の状況
- **出張の実態**
  出張の内容・頻度・移動距離、宿泊の有無、休憩・休息の状況

- **交代制・深夜勤務の実態**
  シフトの変更の頻度・程度、休日の割合、深夜勤務の頻度
- **勤務先の環境**
  温度環境・騒音の有無・時差の有無
- **業務内容の特性（緊張を伴う業務かどうか）**
  ノルマの厳しさ・時間的制約の有無・人前での業務・他人の人生を左右するような重要な業務など

17 過労自殺

3つの判断基準があり、基準を満たす場合、過労自殺として労災認定がなされる

● 過労自殺にも判断基準がある

近年の社会問題のひとつに自殺者の多さが挙げられます。労働者に限れば、6000人～7000人前後という高い水準が続いています。

労災保険では故意による災害を給付対象としておらず、「自殺」は適用対象外とされています。一方、「過労自殺」については業務起因性を認めて適用対象とする、とされています。そのため、「過労自殺」か「業務以外の原因による自殺」であるかを判別する必要があります。以前は、過労自殺は極めて例外的な場合以外には労災認定されませんでしたが、平成8年以降、会社の安全配慮義務違反を理由に損害賠償責任を認める判決が出され、過労自殺を労災認定する裁判例も出されました。

自殺の原因には業務によるものだけでなく、家庭環境、健康問題等の個人的な要因もあるため、業務と自殺の因果関係を認め、労災認定をするにあたり、新たな判断基準が必要になりました。そこで、厚生労働省ではその判断基準として「心理的負荷による精神障害の認定基準」を作成しています。

この判断基準では、労働者に発病する精神障害は、業務による心理的負荷、業務以外の心理的負荷、各々の労働者

ごとの個人的要因の3つが関係して起こることを前提とした上で、次の①～③のすべての要件を満たす精神障害を、労災認定の対象である業務上の疾病として扱うとしています。

① 対象疾病を発病していること

判断指針における「対象疾病に該当する精神障害」は、原則として国際疾病分類第10回修正版（ICD-10）第Ⅴ章「精神および行動の障害」に分類される精神障害とされています。

② 対象疾病の発病前概ね6か月の間に、業務による強い心理的負荷が認められること

業務による心理的負荷の強度の判断にあたっては、精神障害発病前6か月程度の間に、対象疾病の発病に関与したと考えられる業務によるどのような出来事があり、また、その後の状況がどのようなものであったのかを具体的に把握し、それらによる心理的負荷の強度はどの程度であるかについて、認定基準の「業務による心理的負荷評価表」を指標として「強」「中」「弱」の3段階に区分します。

具体的には次のように判断し、総合評価が「強」と判断される場合には、②の認定要件を満たすものと判断されることになります。

・「特別な出来事」に該当する出来事がある場合

　発病前6か月程度の間に、「業務による心理的負荷評価表」の「特別な出来事」に該当する業務による出来事が認められた場合には、心理的負荷の総合評価が「強」と判断されます。「特別な出来事」に該当する出来事がない場合は、どの「具体的出来事」に近いかの判断、事実関係が合致する強度、個々の事案ごとの評価、といった方法により心理的負荷の総合評価を行い、「強」「中」または「弱」の評価をします。

・**出来事が複数ある場合の全体評価**

　対象疾病の発病に関与する業務による出来事が複数ある場合、それぞれの出来事の関連性などを考慮して、心理的負荷の程度を全体的に評価します。

・**時間外労働時間数の評価**

　長時間労働については、たとえば、発病日から起算した直前の1か月間に概ね160時間を超える時間外労働を行った場合などは、当該極度の長時間労働に従事したことのみで、心理的負荷の総合評価が「強」とされます。

③　業務以外の心理的負荷および個体側要因により対象疾病を発病したとは認められないこと

　「業務以外の心理的負荷」が認められるかどうかは、「業務以外の心理的負荷評価表」を用いて検討していきます。評価の対象となる出来事としては、次のようなものが挙げられています。

・**自分の出来事**

　離婚または自分が重い病気をした場合など

・**自分以外の家族や親族の出来事**

　配偶者や子供、親または兄弟が死亡した、配偶者や子供が重い病気やケガをした場合など

・**金銭関係で多額の損失をした場合**

・**事件、事故、災害の体験**

　つまり、②の評価において、業務による強い心理的負荷が認められたとしても、業務以外の心理的負荷や個体側要因（既往歴やアルコール依存など）が認められる場合には、どの要因が最も強く精神障害の発症に影響したかを検討した上で最終的な評価が出されるということです。

自殺が業務上の災害として認められるための要件

従業員の自殺 → 原因は業務による心理的負担 → 業務上の精神障害の認定 → 故意による死亡とはいえない → 業務上の災害として認定

第5章　労災保険のしくみと手続き

18 精神疾患等の労災認定
心理的負荷が強ければ「労災」と判断される可能性もある

● 業務災害の認定基準

業務災害の認定基準については厚生労働省が発表している、「心理的負荷による精神障害の認定基準」という指針が参考になります。

メンタルヘルス疾患は心理的負荷が業務に起因する場合に労災認定されますが、同じ心理的負荷を与えられても、労働者個々のストレス耐性の差により、疾病を発病するかしないかが変わってきます。そのため、業務による心理的負荷が発病との因果関係にあるかどうかにつき、発病前の約6か月間に業務による強い心理的負荷がかかったかどうかにより判断されます。この場合は、労働者の個々の差、つまり労働者の主観に基づくのではなく、同じ業務に就く一般的な労働者がどのように感じるのかという観点から検討されます。

「心理的負荷による精神障害の認定基準」の中では、新たに労働者の心理に負担がかかる場面を類型化して示しています。また、場面を類型化するだけでなく、その中でも労働者にかかる心理的負荷の程度に応じて「弱」「中」「強」に分けて具体例を示しています。業務による強い心理的負荷が認められる場合には、業務中の疾病として、労災に該当する可能性も生じます。

たとえば、仕事上のノルマを達成できないことは、労働者にとって心理的に負担となる出来事です。この中でも、ノルマが会社から強く求められていたものでなかった場合には、労働者にかかる心理的な負荷の度合いは「弱」、ノルマが達成できなかったために昇進を遅らされるなどペナルティを課された場合には、労働者にかかる負荷は「中」、経営に影響するようなノルマを達成できず、そのために左遷された場合には、労働者にかかる負荷は「強」であるとされています。

そして、労働者にかかる心理的負荷の程度が「強」であると判断されれば、原則としてメンタルヘルスに関する疾患が業務災害であると認定されます。また、心理的負荷の程度が「中」や「弱」であっても、状況によっては業務災害と認定されます。

なお、労働者にかかる負荷がどの程度のものかについては、さまざまな要素を総合的に考慮して判断することになります。労働者の心理に負荷がかかる出来事は必ずしも1つだけではなく、いくつかの出来事が重なって労働者の心理的負荷を強めることがあります。たとえば、一つひとつの事実を見れば、労働者には「中」程度の心理的

負荷しかかかっていないと判断できるような場合でも、それが積み重なって労働者の心理的負担が増大しているような場合には、「強」程度の心理的負荷がかかっているものと判断されることになります。さらに長時間労働が認められる場合には、労働時間が長ければ長いほどメンタル不調になりやすいため、心理的負荷の程度も強度が増すことになります。

事業者としてはこの指針を参考にして、メンタルヘルス疾患が業務災害（業務上の疾病）に該当するかどうかを判断していくのがよいでしょう。

●長時間労働を伴う場合

労働者にとって心理的負荷となる出来事について、「業務による心理的負荷評価表」という形で類型化され、まとめられています。それぞれの出来事について心理的負荷の程度が「強」「中」「弱」と分類されていますが、仕事の進め方に裁量権がない場合や、孤独で単調であったりする場合、周囲の協力体制のない場合、騒音、照明といった職場環境の悪さも心理的負荷を強める一因と考えられています。

そして、特に恒常的に長時間労働が認められる場合は、心理的負荷は強いものとして評価されます。本来の心理的負荷が「弱」や「中」と評価されるような出来事であっても、その出来事の前後に1か月あたり100時間程度の残業をしている場合は、その長時間労働が心理的負荷に作用していると認められます。出来事の心理的負荷に長時間労働の影響を考慮して総合的に評価されると、「弱」や「中」と評価されるものも「強」という評価になるとされています。心理的負荷が「強」と判断される場合は、メンタル不調の業務起因性が認められ、労災認定が認められやすくなります。

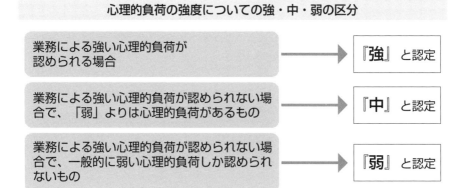

心理的負荷の強度についての強・中・弱の区分

業務による強い心理的負荷が認められる場合	→	『強』と認定
業務による強い心理的負荷が認められない場合で、「弱」よりは心理的負荷があるもの	→	『中』と認定
業務による強い心理的負荷が認められない場合で、一般的に弱い心理的負荷しか認められないもの	→	『弱』と認定

被災した場合の労災認定

仕事中に被災した場合に、労災と認定されるケースもある

◉仕事中に地震によりケガをした

　仕事中に自然災害が発生し、それが原因でケガをした場合には、労災と認定されないことが一般的です。労災は、業務に起因するケガについて保障を行うものですが、災害によるケガは、業務に起因するものとはいえないからです。

　ただ、東日本大震災において、厚生労働省は、仕事中に地震や津波に遭ってケガをした場合には、通常、地震によって建物が倒壊したり、津波にのみ込まれるという危険な環境下で仕事をしていたと認められるため、業務災害として労災保険給付を受けることができるとの見解を示しています。また、震災により行方不明となった場合ついても、死亡が判明した場合、あるいは、行方不明となった時から1年後に死亡とみなされた場合（民法31条）に、労災保険の遺族補償給付（遺族補償年金または遺族補償一時金）の請求ができるとしています。

　通勤災害についても、地震や津波により自宅が倒壊や流失したために避難所で生活をしている人は、避難所が「住居」と扱われるため、「住居」から会社へ向かう際の災害は通勤災害として認められます。

　今後起きる災害について、東日本大震災と同様な取扱いがなされるとは限りませんが、仕事中に被災してケガをした場合に、労災と認定されるケースがあります。まずは労働基準監督署に相談しましょう。

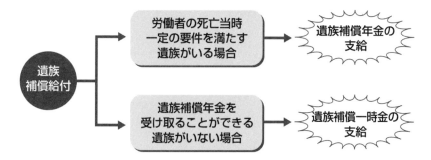

遺族補償年金と遺族補償一時金

第6章

雇用保険のしくみと手続き

1 雇用保険給付の全体像
雇用保険はハローワークで手続きをする

● どんな保険なのか

　雇用保険とは、労働者が失業している期間や育児などで仕事ができない期間について、国が生活の保障をしようという趣旨でできた公的保険制度です。

　雇用保険にはさまざまな給付がありますが、雇用保険の給付のうち、失業等給付は、大きく求職者給付、就職促進給付、雇用継続給付、教育訓練給付の４つに分けることができます（次ページ）。

① 求職者給付とは

　求職者給付とは、被保険者が離職して失業状態にある場合に、失業者の生活の安定をはかるとともに求職活動を容易にすることを目的として支給される給付です。中心となるのは一般被保険者に対する基本手当ですが、被保険者の種類（212ページ）に応じてさまざまな内容の給付が行われます。

② 就職促進給付とは

　失業した場合に雇用保険から給付を受けることができる所定給付日数は人によって差があります。そのため、熱心に求職活動を行った結果、所定給付日数がまだ残っているうちに次の働き口が見つかる人もいるでしょう。逆に、自分の所定給付日数がなくなるまで支給を受けてから、本腰を入れて職探し

をはじめる人もいます。これでは、熱心に求職活動を行った人とそうでない人との間で不公平が生じることになってしまいます。そこで、所定給付日数を多く残して再就職が決まった人には、一定の手当（再就職手当や就業手当）を支給することになっています。

③ 雇用継続給付とは

　高年齢になると労働能力も低下し、それに伴って給料も下がる場合があります。また、親の介護のために仕事を休む人もいます。その結果、給料がもらえなくなってしまう場合もあります。このような場合に、同じ職場で働き続けられるよう、雇用保険で一定の給付を行っています。これが雇用継続給付で、失業を予防するための給付ということができます。

　なお、育児休業給付は、令和２年の法改正により、雇用継続給付から外れ、新たに育児休業給付という区分が創設され、子を養育するために休業した労働者の生活及び雇用の安定を図るための給付と位置付けられました（次ページ）。

④ 教育訓練給付とは

　仕事をする上では一定の資格が必要な場合もあります。また、何らかの資格や特技があれば、給料や待遇などの面で有利になることもあります。その

ため、資格をとるためや知識・技能などを身につけるために勉強した場合の支出について一定の援助をしてくれる制度が教育訓練給付です。

● 適用事業所とは

1人でも人を雇ったら雇用保険の適用事業所となる事業所で労働者を1人でも雇った場合、原則として、雇用保険に加入しなければなりません。このように強制的に雇用保険への加入義務が生じる事業所を強制適用事業所といいます。雇用保険は事業所ごとに適用されるため、本店と支店などは個別に適用事業所となります。

個人事業の場合、例外的に強制的に適用事業所にならない事業所もあります。これを暫定任意適用事業といいます。暫定任意適用事業となるのは、個人経営で常時5人未満の労働者を雇用する農林・畜産・養蚕・水産の事業です。暫定任意適用事業は、事業主が申請して厚生労働大臣の認可があったときに適用事業所となることができます。

● 雇用保険二事業とは

雇用保険事業は、そもそも失業等給付と雇用保険二事業に大きく分けられます。雇用保険二事業では、雇用安定事業と能力開発事業を行います。雇用安定事業では、雇用維持のために事業主に対して各種助成金の支給などを行っています。また、能力開発事業では、能力開発、向上を目的として、職業訓練の実施や教育訓練の支援などを行っています。

雇用保険の給付の概要

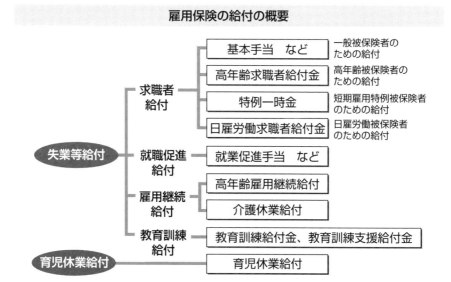

雇用保険の給付を受ける対象

被保険者にもさまざまな種類がある

● 被保険者の種類は4種類

雇用保険の給付の支給対象となる（受給資格者）のは、雇用保険の制度に加入している事業所（適用事業所）で、一定期間（被保険者期間）、雇用保険の被保険者（雇用保険に加入している人のこと）として働いていた人だけです。被保険者には、次の4種類があります。

① 一般被保険者

次の②～④までの被保険者以外の被保険者で、ほとんどの被保険者がこれに該当します。一般被保険者とは、1週間の所定労働時間が20時間以上で、31日以上雇用される見込みのある者のことです。フリーターやパートタイム労働者も、この要件を満たせば雇用保険の被保険者になります。

② 高年齢被保険者

65歳以上の一般被保険者がこれに該当します。ただし、③と④に該当する者は除きます。

③ 短期雇用特例被保険者

冬季限定の清酒の醸造や夏季の海水浴場での業務など、その季節でなければ行えない業務のことを季節的業務といいます。季節的業務に雇用される者のうち、雇用期間が4か月以内の者及び週の労働時間が20時間以上30時間未満の者を除いた者が短期雇用特例被保険者として扱われます。

ただ、④に該当する者は除きます。また、短期雇用特例被保険者が同一の事業主に1年以上引き続いて雇用された場合は、1年経ったときから短期雇用特例被保険者から一般の被保険者に切り替わります。

④ 日雇労働被保険者

雇用保険の被保険者である日雇労働者のことです。日雇労働者とは、日々雇い入れられる者や30日以内の短い期間を定めて雇用される者のことです。

● 失業等給付をもらうための要件

雇用保険の中心は求職者に給付される求職者給付ですが、求職者給付の支給を受けるためには、被保険者の種類ごとに以下のような被保険者期間の要件を満たしていなければなりません。

① 一般被保険者

基本手当をもらうためには、①離職によって、雇用保険の被保険者資格の喪失が確認されていること、②現に失業していること、③離職日以前の2年間に通算して12か月以上の被保険者期間があること、の3つが要件になります。

③の要件については、特定受給資格者（220ページ）については、離職日以

212

前の1年間に通算して6か月以上の被保険者期間があるかどうかで判断します。

各月の賃金支払基礎日数（基本給の支払の対象となっている日数のことで、有給休暇や休業手当の対象となった日数も加えられる）が11日以上の月を被保険者期間1か月とします。

なお、各月ごとに区切った結果、端数が生じた場合、その期間が15日以上であり、賃金支払基礎日数が11日以上であれば、2分の1か月としてカウントします。さらに、令和2年8月以降は「賃金支払の基礎となった時間が80時間以上ある月」についても被保険者期間を1か月として数えます。これらの11日以上や80時間以上の基準は、次の②、③の被保険者期間の算定時も同様に準用されます。

② 高年齢被保険者

離職日以前1年間に被保険者期間が6か月以上あることが必要です。

③ 短期雇用特例被保険者

離職の日以前1年間に被保険者期間が6か月以上あることが支給要件となります。なお、被保険者期間は一般被保険者と同様に、離職日からさかのぼって、1か月中に賃金支払の基礎となった日数が11日以上ある月などを1か月として計算します。

●安易な離職は認められない

1つの会社に1年いなかったという場合については、以前に勤めていた会社での被保険者期間を通算することも可能ですが、かつて勤めていた会社の離職時に基本手当の受給資格を満たしている場合には、通算することができなくなります。

たとえばX社に数年勤務し、受給資格を取得後、Y社に転職し6か月経過後に退職した場合、Y社の被保険者期間だけでは12か月という要件を満たしません。そこで、X社に勤務していた頃の被保険者期間を通算したいところですが、X社離職時に受給資格を取得しているため、X社に勤務している時代の被保険者を通算することはできなくなるのです。

パートタイマーの取扱い

1週間の所定労働時間	将来の雇用の見込み	
	31日未満	31日以上
20時間以上	×	一般被保険者
20時間未満	×	×

※×印のところに該当する者は被保険者とならない

3 失業等給付の受給額

基本手当の日額は賃金日額に基づいている

● 離職前 6 か月の賃金が基準

失業等給付は、人によって「もらえる額」が違います。

一般被保険者の受ける基本手当は、離職前 6 か月間に支払われた賃金に基づきます。失業している 1 日あたりにつき賃金日額をもとにして計算した基本手当日額、だいたい離職前の賃金（賞与を除く）の平均と比べて45％〜80％の金額が支給されます。

> 賃金日額×賃金日額に応じた給付率（原則45〜80％）

ここでいう賃金日額とは、何でしょうか。これは原則として離職前 6 か月の間に支払われた賃金の 1 日あたりの金額で、時給や日給でもらっていた場合には、別に最低保障の計算を行います。賃金日額は、原則として退職前 6 か月間の給与の総額÷180日で計算します。ただし、時給制・日給制・出来高払い制などで働いている人など、180で割ってしまうと、賃金日額が少なくなってしまう人については、「退職前 6 か月間の給与の総額÷ 6 か月間の労働日数×100分の70」で算定した金額と、原則の計算方法を比較して高い方の金額を賃金日額とします。

次に、基本手当日額ですが、これは賃金日額のだいたい45％〜80％の間の額で、年齢と賃金日額によって異なるのが普通です。

年齢と賃金日額によって異なるということは、世帯として生活費が多く必要であると見込まれる年齢層には多く給付するということです。所得の低かった人には給付率が高くなっており、反対に所得の高かった人の給付率は低くなっています。

たとえば、離職時の年齢が30歳以上45歳未満で賃金日額が2574〜5030円の場合、給付率は 8 割と設定されているので、2059円〜4023円が基本手当日額となります（令和 2 年 8 月 1 日改定）。基本手当日額は毎年 8 月 1 日に改定が行われています。

一般の離職者に対する給付率は賃金に応じて50〜80％ですが、60歳以上65歳未満の人への給付率は45％〜80％と下限が低く設定されています。

● 高年齢被保険者への給付

高年齢被保険者とは、65歳以上の一般被保険者のことです。高年齢被保険者に支給される給付を高年齢求職者給付金といいます。

65歳以降に離職した高年齢求職者の

場合は、一般被保険者と支給方法が異なります。65歳以上の高年齢被保険者が失業した場合は、受給できる金額は、65歳前の基本手当に比べてかなり少なくなり、基本手当に代えて、基本手当の50日分（被保険者として雇用された期間が1年未満のときは30日分）の給付金が一括で支給されます。

　また、高年齢被保険者の失業の認定（失業していることを確認する手続きのこと）は、1回だけ行われます（一般の被保険者は失業期間の28日ごとに1回行うことになっています）。認定日の翌日に再就職しても、もらった高年齢求職者給付金は返還する必要がありません。

●短期雇用特例被保険者への給付

　短期雇用特例被保険者とは、季節的業務（夏季の海水浴場での業務など）に雇用される者のうち、雇用期間が4か月以内の者及び週の労働時間が20時間以上30時間未満の者を除いた者のことです。短期雇用特例被保険者に支給される求職者給付を特例一時金といいます。その名のとおり一時金（一括）で支給されます。

　特例一時金の支給を受けようとする者は、離職の日の翌日から数えて6か月を経過する日までに、失業の認定を受けなければなりません。

　特例一時金を受けるための手続きは、一般の被保険者が基本手当を受けるための手続きと同じです。つまり、離職票を持って公共職業安定所に行き、求職の申込みをすることになります。特例一時金の支給額は、当分の間、基本手当の日額の40日分に相当する額になります。

　ただ、失業の認定日から受給期限（支給を受けることができる期限のこと）までの日数が40日未満の場合は、受給期限までの日数分だけが支給されることになります。

基本手当日額の計算式

$$\text{賃金日額の原則} = \frac{\text{6か月間に支払われた賃金総額}}{180日}$$

$$\text{基本手当日額} = \text{賃金日額} \times \text{給付率}$$

※給付率は、60歳以上65歳未満で、賃金日額によって45〜80％それ以外で、賃金日額によって50〜80％
※賃金日額は、日給や時給の場合の最低保障の例外がある年齢に応じた上限額、下限額もある

4 失業等給付の受給日数

受給期間は原則として1年間

●所定給付日数はケースごとに異なる

　失業者に支給される求職者給付（基本手当）はどのくらいなのか確認しておきましょう。給付日数は離職理由、被保険者であった期間、労働者の年齢によって決定されます。

　次ページの図の一般受給資格者とは、定年退職や自己の意思で退職した者のことです。

　特定受給資格者とは、事業の倒産、縮小、廃止などによって離職した者、解雇など（自己の責めに帰すべき重大な理由によるものを除く）により離職した者のことです。

　また、特定理由離職者とは、期間の定めのある労働契約期間が満了し、更新を希望したにもかかわらず更新がないことにより離職した者、体力の低下など正当な理由のある自己都合退職者のことです。

　就職困難者とは、身体障害者、知的障害者、刑法などの規定により保護観察に付された者、社会的事情により就職が著しく阻害されている者（精神障害回復者など）に該当する者のことです。

　具体的には、失業理由が自己都合か会社都合かによって、本人が受ける基本手当の所定給付日数が変わってきます。自己都合で辞めた人より倒産・解雇などが原因で離職した人の方が保護の必要性が高いので、給付日数も多めに設定されているのです。一般受給資格者は離職時等の年齢に関係なく、被保険者であった期間に応じて、90日から150日の給付日数となります。

　一方、特定受給資格者と認定された場合、退職時の年齢と被保険者期間に応じて、90日〜330日の給付が受けられます。たとえば被保険者であった期間が20年以上の38歳の人で、自己都合で辞めた場合の基本手当の給付日数は150日です。倒産・解雇などによる退職者であれば270日となります。

●受給期間（受給期限）がある

　求職者給付には受給期間（または受給期限）があります。この期間を過ぎてしまうと、たとえ所定給付日数が残っていても、求職者給付の支給を受けられなくなります。

① 受給期間

　一般被保険者が受ける給付を基本手当といいます。基本手当は離職の日の翌日から1年間に限り受給することができます。この期間を受給期間といいます。ただし、所定給付日数330日の者は離職の日の翌日から1年と30日、360日の者は離職の日の翌日から1年

216

と60日がそれぞれ受給期間となります。

② 受給期間が延長されるケース

受給期間の間に一定の理由（219ページ）により、引き続き30日以上働くことができなかったときは、その働くことができなかった日数だけ受給期間を延長することができます。延長できる期間は最大で3年間です。つまり、原則の1年間と延長できる期間をあわせると最長4年間が受給期間になるということです。

③ 高年齢求職者給付金と特例一時金の受給期限

高年齢求職者給付金（214ページ）と、特例一時金（215ページ）についても、受給できる期限（受給期限）が定められています。

高年齢求職者給付金の受給期限は離職日の翌日から1年間、特例一時金の受給期限は離職日の翌日から6か月間です。なお、高年齢求職者給付金と特例一時金については、基本手当で認められている受給期間延長（219ページ）の制度はありません。

基本手当の受給日数

● 一般受給資格者の給付日数

離職時等の年齢 ＼ 被保険者であった期間	1年未満	1年以上5年未満	5年以上10年未満	10年以上20年未満	20年以上
全 年 齢 共 通	－	90日		120日	150日

● 特定受給資格者および特定理由離職者の給付日数

離職時等の年齢 ＼ 被保険者であった期間	1年未満	1年以上5年未満	5年以上10年未満	10年以上20年未満	20年以上
30歳未満	90日	90日	120日	180日	－
30歳以上35歳未満		120日	180日	210日	240日
35歳以上45歳未満		150日		240日	270日
45歳以上60歳未満		180日	240日	270日	330日
60歳以上65歳未満		150日	180日	210日	240日

● 特定受給資格者が障害者などの就職困難者である場合

離職時等の年齢 ＼ 被保険者であった期間	1年未満	1年以上
45歳未満	150日	300日
45歳以上65歳未満		360日

受給日数の延長

就職できないときは給付日数が延長されることがある

○給付日数が延長されることもある

基本手当の支給は、離職時の年齢、離職事由、被保険者期間、就職困難者か否かにより給付日数の上限が設けられています。しかし、社会情勢、地域性あるいは求職者本人の問題により、なかなか就職することができず、所定の給付日数だけでは保護が足りないこともあります。このような場合、所定給付日数を延長して、基本手当が支給されます。これを延長給付といいます。

延長給付には次の5種類があります。

① 訓練延長給付

職業訓練を受け、職業能力を向上させることが就職につながると判断されたときに、受給資格者が公共職業安定所長の指示により、公共職業訓練等を受講する場合に、ⓐ90日を限度として、公共職業訓練を受けるために待機している期間、ⓑ2年を限度として、公共職業訓練等を受けている期間、ⓒ30日を限度として、公共職業訓練等の受講終了後の期間について、失業している日については所定給付日数を超えて基本手当が支給されます。

② 広域延長給付

広域延長給付は、失業者が多数発生した地域において、広い範囲で職業の紹介を受けることが必要と認められる受給資格者について、90日分を限度に所定給付日数を超えて基本手当が支給されます。

③ 全国延長給付

全国延長給付は、全国的に失業の状況が悪化した場合には、一定期間すべての受給資格者に対し90日を限度に所定給付日数を超えて基本手当が支給されます。

④⑤ 個別延長給付、地域延長給付

個別延長給付と地域延長給付とは、特定受給資格者と、期間の定めのある労働契約が更新されなかったことにより離職した者（一定の特定理由離職者）で再就職のための職業指導を行うことが適切と認められた者に支給される延長給付のことです。

これらに加えて、個別延長給付を受けるには、心身の状況や激甚災害の被害を受けたため離職した場合などに該当する必要があります。これらの要件に応じて、給付日数は60 ～ 120日（所定給付日数が270日、330日の場合は30 ～ 90日）延長されます。また、地域延長給付は、雇用機会が不足する地域に居住する者が対象で、60日を限度に給付日数が延長されます。地域延長給付は、令和4年までの暫定措置です。

6 受給期間の延長と傷病手当の受給

妊娠・出産、育児、ケガ・病気、看護などの場合である

● 受給期間は延長できる

雇用保険の失業等給付は、働く意思と働ける状況にある者に支給されるものです。

そこで、出産や病気など一定の理由で働けない場合、失業等給付の支給を先送りすることができます。これを受給期間の延長といいます。

受給期間を延長できる理由は、以下のとおりです。

① 妊娠および出産

② 病気や負傷

③ 育児

④ 親族の看護（6親等以内の血族、配偶者、3親等以内の姻族の看護に限る）

⑤ 事業主の命令による配偶者の海外勤務に同行

⑥ 青年海外協力隊など公的機関が行う海外技術指導による海外派遣（派遣前の訓練・研修を含む）

これらの理由によって、すぐに職業に就くことができない場合は、働くことができない期間が30日を経過した日の翌日から1か月以内にハローワークに受給期間延長申請書と受給資格者証に受給期間延長の理由を証明するものを添えて提出します。

● 傷病手当の受給

ハローワークに行って（出頭）、求職の申込みをした後に、引き続き30日以上働くことができなかったときは、受給期間の延長をすることができます。これに対して、疾病または負傷が原因で継続して15日以上（30日未満）職業に就けない場合は、傷病手当支給申請書を提出することで基本手当に代えて、傷病手当を受給することができます。傷病手当も求職者給付のひとつです。なお、15日未満の病気やケガなどについては、傷病証明書により失業の認定が受けられます。つまり、基本手当の対象です。

傷病手当が支給されるのは、一般被保険者だけです。傷病手当の受給要件は次の3つです。

① 受給資格者であること

② 離職後、ハローワークに出頭し、求職の申込みをすること

③ 求職の申込み後に病気やケガのため、継続して15日以上職業に就けない状態にあること

傷病手当の支給額は基本手当とまったく同額です。単に名前が変わって支給されるものと考えてください。

7 特定受給資格者
倒産などで離職した人が対象となる

●特定受給資格者とは

　特定受給資格者とは、たとえば勤務先の倒産や解雇などによって、再就職先を探す時間も与えられないまま離職を余儀なくされた人をいいます。最近の深刻な失業率の悪化などの社会情勢を受けて、倒産などによる離職者を手厚く保護することを目的とした制度です。

　特定受給資格者に該当する一般被保険者であった人は、他の求職者よりも基本手当の所定給付日数が長く設けられています。特定受給資格者であるかどうかは、具体的には、次ページの図のように定められています。ハローワークではこの基準に基づいて受給資格を決定していますので、倒産などで離職した人は、確認しておきましょう。

　また、会社の意思により労働契約が更新されなかった有期契約労働者や、一定のやむを得ない事情による自己都合退職者で、離職日以前の1年間に通算して6か月以上の被保険者期間がある者については、特定受給資格者に該当しない場合であっても、特定理由離職者として特定受給資格者と同様の雇用保険の給付を受けることができます（特定受給資格者と同様の所定給付日数が受給できるのは、会社の意思により労働契約が更新されなかった有期契

約労働者に限られます）。

　ただし、特定理由離職者として認められるのは離職日が平成21年3月31日から令和4年3月31日までの人に限ります。

●問題となるケース

　特定受給資格者にあたるかどうかについてはハローワークが個別に判断する場合もあります。

　たとえば、会社都合で、入社した時に取り決めをした賃金が支払われなかったために退職したような場合です。この場合、就職後1年以内に退職した場合は特定受給資格者と認められますが、1年を経過した時点では、採用時のことを理由に退職したとは認められないとされています。また、毎月、所定の労働時間を超えた時間外労働が多すぎたため退職したような場合です。

●執拗な退職強要で辞めた場合は

　会社による不当な退職強要があり、やむなく退職した場合は、会社都合退職になります。

　具体的には、直接的、間接的な退職の勧奨、人事異動の名を借りた退職の強要、いじめによる退職の強要などがあった場合です。

たとえば、長い間経理の仕事一本で勤めていた人をまったく経験のない営業部門に異動させる場合、介護が必要な家族がいる人を単身赴任が必要な地域に異動させる場合などです。

特定受給資格者の範囲

「解雇」等による離職の場合	①解雇により離職（自己の責めに帰すべき重大な理由によるものを除く） ②労働条件が事実と著しく相違したことにより離職 ③賃金の額の３分の１を超える額が支払期日までに支払われなかったこと ④賃金が、85％未満に低下したため離職 ⑤法に定める基準を超える時間外労働が行われたため、または事業主が行政機関から指摘されたにもかかわらず、危険若しくは健康障害を防止するために必要な措置を講じなかったため離職 ⑥法令に違反し妊娠中、出産後の労働者、家族の介護を行う労働者などを就業させた場合、育児休業制度などの利用を不当に制限した場合、妊娠・出産したこと、それらの制度を利用したことを理由として不利益な取扱いをした場合により離職 ⑦職種転換等に際して、労働者の職業生活の継続のために必要な配慮を行っていないため離職 ⑧期間の定めのある労働契約の更新により３年以上引き続き雇用されるに至った場合に更新されないこととなったことにより離職 ⑨期間の定めのある労働契約の締結に際し更新されることが明示された場合において契約が更新されないこととなったことにより離職 ⑩上司、同僚からの故意の排斥または著しい冷遇若しくは嫌がらせを受けたことによって離職 ⑪事業主から退職するよう勧奨を受けたことにより離職 ⑫使用者の責めに帰すべき事由により行われた休業が引き続き３か月以上となったことにより離職 ⑬事業所の業務が法令に違反したため離職
「倒産」等による離職の場合	①倒産に伴い離職 ②１か月に30人以上の離職の届け出がされた離職および被保険者の３分の１を超える者が離職した離職 ③事業所の廃止に伴い離職 ④事業所の移転により、通勤することが困難となったため離職

8 ハローワークでの手続き
離職票を持ってハローワークへ行く

● 被保険者証はなくさずに

退職時に会社から渡される「雇用保険被保険者証」は、雇用保険に加入していたことを証明するものです。これは、入社時に会社がハローワークで被保険者としての資格の取得手続を行った際に発行されます。

勤め先が変わっても、一度振り出された被保険者番号は、変わりません。再就職先に被保険者証を提出し、新たな被保険者証を作成して、記録を引き継ぐことになります。失業等給付を受けるのに必要ですので、大切に保管しましょう。

● 離職票が退職した社員に届く

従業員が退職した場合、会社は退職日の翌日から10日以内に、管轄のハローワークに「雇用保険被保険者資格喪失届」を提出しなければなりません。「資格喪失届」には、被保険者の氏名、生年月日、被保険者となった年月日、退職理由などが記され、退職日以前の賃金の支払状況を記入した「離職証明書」が添付されます。

離職証明書は3枚1組の複写式の用紙になっており、1枚目が事業主控、2枚目は公共職業安定所用、3枚目が離職票として、3枚目だけが退職者に手渡されます。つまり、離職証明書には退職者に交付する離職票と同じことが書いてあることになります。

会社から交付された「離職票」は失業等給付の申請をする際に必要になる重要なものです。通常は会社から郵送などで届けられますが、退職後2週間経っても届かないようであれば、会社に確認した方がよいでしょう。

● ハローワークに離職票を提出する

失業等給付をもらう手続は、自分の住所地を管轄するハローワークに出向いて退職時に会社から受け取った離職票を提出し、求職の申込みをすることから始まります。

その際に、離職票と雇用保険被保険者証、本人の写真、印鑑、マイナンバーカード、運転免許証など住所や年齢を確認できるものを提出して、失業等給付を受給できる資格があるかどうかの審査を受けます。

ハローワークに求職の申込みを行い、失業の状態と認められ受給資格が決定した場合でも、決定日から7日間はどんな人も失業等給付を受けることができません。この7日間を待期期間と呼んでいます。7日に満たない失業であれば、手当を支給しなくても、大きな

問題はないといえるからです。

つまり、待期期間を経た翌日が、失業等給付の対象となる最初の日ということになります。

◯給付制限とは

この待期期間を過ぎると4週間に1回、失業認定日にハローワークに行くことになります。ここで失業状態にあったと認定されると、その日数分の基本手当が支給されます。

倒産、リストラなどの理由で退職した特定受給資格者は会社都合で退職したので、給付制限がありません。したがって、待期期間の満了から約4週間後の失業認定日の後、基本手当が指定

口座に振り込まれます。

これに対して、自己の都合で離職した人の場合、待期期間の後にさらに原則として3か月間（令和2年10月1日以降に離職された方は2か月間）は基本手当の給付が行われません。このことを給付制限と呼びます。自己都合で退職する者は何らかの備えをしているのが通常だからです。もっとも、自己都合であっても正当な理由があると認められた場合には給付制限は行われません。

たとえば、健康上の理由や家庭事情の急変、通勤が困難になった場合の離職などについては退職について「正当な理由がある」と認められます。

基本手当が支給されるまでの流れ

●支給までの流れ（給付制限のない場合）

●支給までの流れ（給付制限がある場合）

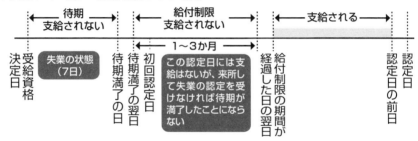

雇用継続給付の内容

失業しないようにするための給付がある

失業を予防するための給付

少子高齢化に伴う雇用情勢の変化の中では、労働者にさまざまな問題が起きています。たとえば、年をとったことによって、労働能力が低下したり、今までどおりの勤務が困難となったりして、賃金収入が低下することもあるでしょう。また、育児のための休業を取得したため、その分賃金収入がなくなることもあります。こうした状況を放置してしまうと、労働者の雇用の継続が困難となり、失業者が増えてしまうことも考えられます。

そこで、雇用保険では、雇用の継続が困難となる事由が生じた場合に、失業を回避できるように一定の給付を行っています。これが雇用継続給付（高年齢雇用継続給付・介護休業給付）です。なお、令和2年の改正で、これまで雇用継続給付に位置づけられていた育児休業給付は、給付総額が増加してきたため新たな体系に位置づけられています（210ページ）。

退職を決意する前にこういった給付があることを知っていれば、安易に職を辞めずにすんだといったケースもあるかもしれませんので、詳しく確認しておきましょう。

育児休業をした場合の給付

少子化傾向や女性の社会進出に対応するため、育児休業を取得しやすくし、また、育児休業後の職場復帰を支援することを目的とした給付が育児休業給付です。

1歳未満の子の養育を理由に休みを取得できるのが育児休業制度です。なお、子が1歳以上になっても保育園に預けられないなどの事情がある場合には、1歳6か月まで、それでも上記のような事情がある場合で働けないときには2歳まで延長することができます。

育児休業給付金は、雇用保険の一般被保険者が育児休業を取得した場合に支給されます。支給金額は、休業開始時の賃金日額に支給日数を乗じた額の50％（休業開始後6か月間については67％）相当額となります。

介護休業をした場合の給付

被保険者が家族（配偶者や父母、子など一定の家族）を介護するために、介護休業を取得した場合に支給されます。介護休業給付を受けることができるのは、介護休業開始前2年間に、賃金支払の基礎となった日数が11日以上、もしくは賃金支払の基礎となった時間が80時間以上ある月が12か月以上あ

る被保険者だけです。介護休業給付は、介護休業開始日から最長3か月（93日）を限度として取得でき、介護休業開始時賃金日額の67%（原則）相当額が支給されます。介護休業給付は、同一の家族について3回に分けて支給することもできますが、通算の限度日数は93日となります。

●高年齢雇用継続給付とは

今後の急速な高齢者の増加に対応するために、労働の意欲と能力のある60歳以上65歳未満の者の雇用の継続と再就職を援助・促進していくことを目的とした給付が高年齢雇用継続給付です。

高年齢雇用継続給付には、①高年齢雇用継続基本給付金と、②高年齢再就職給付金の2つの給付があります。

① 高年齢雇用継続基本給付金とは

高年齢雇用継続基本給付金が支給されるのは、60歳以上65歳未満の一般被保険者です。被保険者（労働者）の60歳以降の賃金が60歳時の賃金よりも大幅に低下したときに支給されます。具体的には、60歳時点に比べて各月の賃金額が75%未満に低下した状態で雇用されているときに、下図のような額の高年齢雇用継続基本給付金が支給されます。

高年齢雇用継続基本給付金が支給されるのは、原則として、被保険者の60歳到達日の属する月から65歳に達する日の属する月までの間です。

② 高年齢再就職給付金とは

雇用保険の基本手当を受給していた60歳以上65歳未満の受給資格者が、基本手当の支給日数を100日以上残して再就職した場合に支給される給付です。

高年齢再就職給付金の支給要件と支給額については、高年齢雇用継続基本給付金と同じです（下図参照）。

高年齢雇用継続基本給付金の支給額

支払われた賃金額		支　給　額
みなし賃金日額×30日の	61%未満	実際に支払われた賃金額×15%
	61%以上75%未満	実際に支払われた賃金額×15%から一定の割合で減らした率
	75%以上	不支給

※みなし賃金日額とは60歳に達した日以前の6か月間の賃金の総額を180日で割った金額のこと

技能習得手当

職業訓練を受講し、延長給付も受けられる

● 職業訓練を受講すると技能習得手当が支給される

　就職・転職をする場合は、何らかの資格や技術をもっていた方が有利です。

　ただ、就職や転職にあたって、何か手に職をつけたいと思っても、専門学校などに通うとなるとそれなりのお金と時間がかかります。そのような場合、独立行政法人高齢・障害・求職者雇用支援機構の運営する訓練施設（職業能力開発促進センターなど）や都道府県で運営する公共職業訓練学校（民間の専門学校に訓練を委託して行う場合もある）で職業訓練を受けるという方法があります。公共職業訓練の受講料は無料です。その上、雇用保険の失業等給付（基本手当）の給付制限が解除されたり、訓練中は失業等給付が延長支給されたりする場合もあります。

　職業訓練の受講対象者は、原則として、積極的な求職活動をしている者で、受講開始日からさかのぼって1年以内に公共職業訓練を受講していない者です（自治体によって異なることもあります）。訓練期間は3か月から1年とされ、訓練内容としては、職業能力開発促進センターは、たとえば金属加工科、住宅リフォーム技術科など「ものづくり」を中心とした講座を用意して

います。また都道府県では、その地域の経済の実情に合わせた訓練を行っており、介護サービス科、ホテルサービス科などの講座を設けているところもあります。

　ただ、訓練の内容（科目）によっては、年齢や離職者・転職者向け、障害者あるいは雇用保険受給者を対象とするなど、年齢や状況によって対象者を限定している場合もあります。離職者・転職者向けの訓練は、ハローワークが求職者に対する職業相談などを行い、離職者訓練の受講が就職に必要であると認め、職業訓練を受けるために必要な能力があると、ハローワークが判断した場合に、離職者訓練受講の斡旋が行われることになります。なお、公共職業訓練の情報は、インターネットで探すこともできます。

　職業訓練を受けるときに知っておきたい給付金が、雇用保険の技能習得手当です。技能習得手当は、職業訓練を利用して失業中に新しい技術を身につけたいという人をバックアップしてくれる手当です。

● 技能習得手当には2種類ある

　雇用保険の基本手当（求職者給付のこと）を受給する権利のある者（受給

資格者）が公共職業安定所長の指示する公共職業訓練を受講する場合、その受給期間について、基本手当に加えて、技能習得手当が支給されます。技能習得手当には、①受講手当と②通所手当の2つの種類があります。

① 受講手当

受給資格者が公共職業安定所長の指示する公共職業訓練などを受講した日であって、かつ基本手当の支給の対象となる日について1日あたり500円（上限20,000円）が支給されます。

待期期間（7日間）、給付制限される期間、傷病手当（219ページ）が支給される日、公共職業訓練を受講しない日については受講手当は支給されません。いわば、訓練生の昼食代補助のようなものです。

② 通所手当

公共職業安定所長の指示する公共職業訓練等を受講するために電車やバスなどの交通機関を利用する場合に支給される交通費です。マイカーを使った場合も支給の対象となります。原則として、片道2km以上ある場合に支給されます。支給額は通所（通学）距離によって決められていて、1か月の上限額は4万2500円です。基本手当の支給の対象とならない日や公共職業訓練等を受けない日があるときは、その分、日割り計算で減額され支給されます。

●家族と離れて暮らすときには寄宿手当も出る

雇用保険の受給資格者が公共職業訓練等を受けるために、扶養家族（配偶者や子など）と離れて暮らす必要がある場合には、その期間について、寄宿手当が支給されます。寄宿手当の支給額は月額1万700円（定額）です。ただし、1か月のうち、家族と一緒に暮らしている日については、1万700円からその分減額され寄宿手当が支給されることになります。

技能習得手当や寄宿手当の受給手続きには、受講届や通所届を、失業認定日にハローワークへ提出することが必要です。

技能習得手当

技能習得手当

┣ ①受講手当・・・1日あたり原則500円（上限 20,000円）

┗ ②通所手当・・・交通費実費（1か月の上限 42,500円）

11 再就職を支援するさまざまな給付

再就職を促進するいろいろな制度がある

● 再就職を応援するのが就職促進給付

雇用保険には失業したときに支給される給付だけでなく、失業者の再就職活動をより直接的に援助・促進するための給付があります。これを就職促進給付といいます。就職促進給付には支給目的によって以下の3つの種類があります。

① 就業促進手当

② 移転費

③ 求職活動支援費

①はさらに、「就業手当」「再就職手当」「就業促進定着手当」「常用就職支度手当」の4種類に分かれます。ただし、就職促進手当（常用就職支度手当は除く）の受給対象者に、65歳以上の高年齢受給資格者（失業した高年齢被保険者で高年齢求職者給付金の受給資格のある者）は含まれませんので、65歳以上の定年退職者などが仕事を見つけたとしても支給されません。

● 再就職手当は早期再就職したときに支給される

受給資格者（失業した一般被保険者で基本手当の受給資格のある者）が失業後、早期に再就職した場合に支給されます。支給額は所定給付日数の支給残日数に基本手当日額を掛けて算出した金額の6割に相当する額です（一定の上限額があります）。

再就職手当＝所定給付日数の支給残日数×60％もしくは70％×基本手当日額（上限あり）

給付額は基本手当の支給残日数によって異なります。基本手当の支給残日数が3分の2以上の受給者に対しては支給残日数に基本手当日額を掛けて算出した金額の7割、3分の1以上の受給者に対しては支給残日数に基本手当日額を掛けて算出した金額の6割が支給されます。

なお、再就職手当を計算する際の基本手当日額については、離職時の年齢によって上限額が定められており、離職時の年齢が60歳未満の場合には6,195円、60歳以上65歳未満であれば5,013円が上限となります（令和2年8月1日現在）。

さらに、離職前の賃金と比べて再就職後の賃金が下がった場合に、新しい職場に6か月間定着することを条件として、賃金の下がった部分の6か月分（上限は基本手当日額×支給残日数×40％）が、一時金（就業促進定着手当）として、上記の再就職手当に上乗せされて支給されます。

再就職手当は、受給資格者が以下の要件のすべてに該当する場合に支給されます。

① 受給手続後、7日間の待期期間満了後に就職、または事業を開始したこと

② 就職日の前日までに失業の認定を受けた上で、基本手当の支給残日数が、所定給付日数の3分の1以上あること

③ 離職した前の事業所に再び就職したものでないこと。また、離職した前の事業所と資本・資金・人事・取引面で密接な関わり合いがない事業所に就職したこと

④ 自己都合などの理由で離職したために給付制限を受けている場合には、求職申込後、待期期間満了後1か月の期間内は、ハローワークまたは職業紹介事業者の紹介によって就職したものであること

⑤ 1年を超えて勤務することが確実であること

⑥ 原則として、雇用保険の被保険者になっていること

⑦ 過去3年以内の就職について、再就職手当または常用就職支度手当の支給を受けたことがないこと

⑧ 受給資格決定（求職申込み）前から採用が内定した事業主に雇用されたものでないこと

⑨ 再就職手当の支給決定の日までに離職していないこと

● 中高年齢者の受給資格者や障害者などが再就職した場合の手当

就職時に45歳以上の中高年齢者の受給資格者（再就職援助計画の対象者）や障害者など一般に就職が困難な人が再就職した場合で、一定の要件を満たした場合には、常用就職支度手当が支給されることがあります。この支度手当は、就職が困難な人などが、支給日数が残っている受給期間内に、ハローワークの紹介で安定した職業についた場合に支給される手当です。常用就職支度手当の支給額は、基本手当の支給残日数により、45〜90日分の基本手当日額の40%となります。前述の再就職手当の支給要件に該当した場合には、

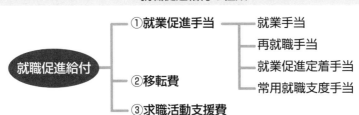

就職促進給付の種類

就職促進給付
- ①就業促進手当
  - 就業手当
  - 再就職手当
  - 就業促進定着手当
  - 常用就職支度手当
- ②移転費
- ③求職活動支援費

再就職手当が支給され、常用就職支度手当は支給されません。

● 1か月以内に申請手続をすること

再就職手当や常用就職支度手当は、要件を満たして待っているだけでは受給できないため、申請を行う必要があります。再就職手当の場合、支給申請書に必要事項を記入し、ハローワークに提出します。この申請書には、再就職先の事業主の署名・押印が必要ですから、あらかじめもらっておくようにしましょう。

● 就業手当とはどんな給付か

雇用保険の失業等給付の受給者は、すべて正社員として再就職できるわけではありません。中には、パートや派遣社員、契約社員として働くことになる人もいます。また、実際このような正社員以外の雇用形態が増えてきています。そこで、こうした再就職手当（228ページ）の受給要件に該当しない人に支給されるのが、就業手当です。就業手当は、基本手当の支給残日数が所定給付日数の3分の1以上かつ45日以上あり、安定した職業に該当しない就業をしたことなどの要件に該当する場合に支給されます。

就業手当の支給額は、基本手当日額の30％に相当する額で、就業日ごとに支給されます。ただし、1日あたり1,858円（60歳以上65歳未満は1,503

円、令和2年8月1日改正）が上限となっています。就業手当を受給するには、原則として、失業の認定にあわせて、4週間に1回、前回の認定日から今回の認定日の前日までの各日について、「就業手当支給申請書」に、受給資格者証と就業した事実を証明する資料（給与明細書など）を添付してハローワークに申請する必要があります。

● 就業または就労した場合に基本手当はどうなるのか

受給期間中に就業（就労）をする場合には、就業手当の支給の有無に注意する必要があります。就業手当は、受給期間中にアルバイト的な職に就いた人に、アルバイトの給料とは別に、手当を支給する制度です。

「給料の他に手当がもらえる」と聞くと、得をするのではないかと考える人がいますが、そうではありません。基本手当に3割がもらえるといっても、上限金額は1,800円程度です。しかも、就業手当を受け取ると、基本手当を全額受け取ったとみなされます。その結果、アルバイトをした日数分の手当が先送りされることはなく、所定給付日数から完全に消滅してしまうのです。つまり、1,800円程度の就業手当をもらうために、基本手当の日額数千円が受け取れなくなり、損をする計算です。

●要件を満たせば移転費がもらえる

　ハローワークの紹介で就職先が決まった者の中には、再就職のために転居が必要な者もいるでしょう。こういった者には「移転費」が支給されます。移転費が支給されるのは次の①または②のいずれかに該当し、公共職業安定所長が必要と認めた場合です。

① 受給資格者がハローワークの紹介した職業に就くため、または公共職業訓練等を受けるため、住所または居所を変更する場合

② 事業所または訓練施設が、自宅から往復4時間以上かかり、住所または居所を変更する必要があると認める場合

　移転費には、鉄道運賃、船賃、航空賃、車賃、移転料、着後手当の6つの種類があります。

●求職活動支援費とは

　求職活動支援費は、「広域求職活動費」「短期訓練受講費」「求職活動関係役務利用費」に分けることができます。これらは、その名のとおり、求職活動

を円滑に行うための支援費になります。

① 広域求職活動費

　自分にあった働き口を探すために、県外に行ったりして就職活動を行う者もいます。これらの者は就職活動に相当の交通費がかかります。このような場合に役に立つのが雇用保険の広域求職活動費です。広域求職活動費は、待期期間満了後、または給付制限期間の経過後に広域求職活動を行う場合に支給されます。

② 短期訓練受講費

　短期訓練受講費は、受給資格者などが再就職のために必要な教育訓練を受け、修了した場合に、本人が支払った教育訓練費用（入学金や受講料など）の一部が支給される制度です。

③ 求職活動関係役務利用費

　求人者と面接をするために、子の保育サービスを利用する場合があります。そういった場合に、保育サービス費用の本人負担費用の一部を支給する制度が、求職活動関係役務利用費です。

常用就職支度手当の額

支給残日数	常用就職支度手当の額
90日以上	90日分×基本手当日額×40%
45日以上90日未満	残日数×基本手当日額×40%
45日未満	45日分×基本手当日額×40%

12 教育訓練給付

各種手当をもらいながら、仕事に必要な知識、技能が習得できる

●働く人の能力開発を助ける制度

　会社などで働いている者の中には、スキルアップのために特殊技術を習得したり、外国語を学習したり、資格をとったりする者もいます。働く人のこのような主体的な能力開発の取り組みを国でも支援しようというのが教育訓練給付の制度です。この給付は在職中も受けることができます。教育訓練給付の支給を受けることができるのは、以下の①、②のいずれかに該当する者で、厚生労働大臣の指定する教育訓練を受講し、訓練を修了した者です。

①　雇用保険の一般被保険者、高年齢被保険者

　厚生労働大臣が指定した教育訓練の受講を開始した日（受講開始日）において雇用保険の一般被保険者、高年齢被保険者である者のうち、支給要件期間が3年以上ある者です。なお、支給要件期間とは、受講開始日までの間に被保険者等（一般被保険者、高年齢被保険者又は短期雇用特例被保険者）として雇用された期間です。他の事業所での被保険者等の雇用された期間を通算できますが、被保険者資格の空白期間が1年以上ある場合は通算できません。

　初めて教育訓練給付を受けようとする場合、支給要件期間は当分の間「1

年以上」に短縮されています。

②　一般被保険者、高年齢被保険者であった者

　受講開始日において一般被保険者、高年齢被保険者でない者のうち、一般被保険者資格などを喪失した日（離職日の翌日）以降、受講開始日までが1年以内であり、かつ支給要件期間が3年以上ある者が対象になります。ただし、初めて教育訓練給付を受けようとする場合、支給要件期間は当分の間「1年以上」になります。

●どんな内容の教育訓練があるのか

　教育訓練には、一般教育訓練、特定一般教育訓練、専門実践教育訓練に分けることができます。一般教育訓練の例としては、資格学校などでのPC技能、英語、簿記、ファイナンシャルプランナー、社会保険労務士などがあります。また、専門実践教育訓練の例としては、看護師、介護福祉士、美容師などの公的資格、経営学博士（MBA）向け専門職大学院など、より専門的で訓練期間も長いものが該当します。

　令和元年10月から、早期のキャリア形成に貢献し、資格合格率が全国平均以上の講座については、特定一般教育

訓練として、訓練受講費の支給率が40%（上限20万円）となる制度が創設されています。特定一般教育訓練には、介護支援専門員実務研修、介護職員初任者研修、ITパスポート試験合格目標講座などが該当します。

◉ 支給額は教育訓練内容によって異なる

支給額は、下図のように受講者本人が教育訓練施設に対して支払った教育訓練経費の20〜70%です。ただし、それぞれの教育訓練には上限額が設定されており、一般教育訓練では10万円、専門実践教育訓練では120万円などというように決められています。また、教育訓練にかかった経費が4,000円を超えない場合は支給されません。

一般教育訓練受講開始前1年以内にキャリコンサルタントが行うキャリアコンサルティングを受けた場合には、2万円を上限として教育訓練給付に加えることができます。

◉ 教育訓練支援給付金とは

専門実践教育訓練を受講する者で、訓練開始時に45歳未満で一定の条件に該当する者が、訓練期間中、失業状態にある場合に教育訓練支援給付金が支給されます。支給額は、基本手当日額の80%に相当する額です。支給日数は、訓練開始日から修了日までの失業の認定を受けた日です。なお、基本手当が支給される場合、教育訓練支援給付金は支給されません。つまり、基本手当の支給が終了した後、訓練期間中である場合に金銭的負担を軽減するための給付金制度だといえます。

教育訓練給付

区分	支給率	上限額
①一般教育訓練を受け、修了した者	20%	10万円
②専門実践教育訓練を受け、修了した者	50%	120万円※1
③②に加えて、1年以内に一般被保険者または高齢被保険者として雇用された者	70%	168万円※2

※1　1年間で40万円を超える場合の支給額は40万円で、訓練期間が最大で3年のため、120万円が上限となる。
※2　訓練期間が3年の場合168万円が上限、2年と1年の場合はそれぞれ112万円、56万円が上限となる。

13 日雇労働被保険者と日雇労働求職者給付金の受給額
日々雇われる者のことである

●日雇労働求職者給付金の支給

　日雇労働被保険者が失業したときは、雇用保険の日雇労働求職者給付金が支給されます。ただ、前2か月の各月において同じ事業主の適用事業に18日以上雇用された者は、日雇労働者として扱われなくなります。日雇労働被保険者が前2か月の各月において、同一の事業主の適用事業所に18日以上雇用された場合、原則として、その翌月の初日以降、一般被保険者、高年齢被保険者、短期雇用特例被保険者のいずれかに切り替わります。

　日雇労働被保険者の要件を満たす者は、自分で「日雇労働被保険者資格取得届」に添付書類を添えて管轄公共職業安定所長に提出します。安定所は「日雇労働被保険者手帳」を交付します。この届出の提出は要件に該当することになった日から5日以内です。

　日雇労働被保険者が失業したときで、その日雇労働被保険者が一定の要件を満たす場合は、雇用保険から日雇労働求職者給付金が支給されます。

　ただ、日雇労働被保険者には、①就労と不就労を常時繰り返す者と②一定の期間は就労を続けるが、その後の期間は失業の状態が長く続く者がいます。そこで、日雇労働求職者給付金について

も、①と②の就労形態にあわせて、普通給付と特例給付の2種類に分かれています。普通給付を受給するためには、その日雇労働被保険者につき、失業の日の属する月の前2か月間において、印紙保険料が通算して26日分以上納付されていることが必要です。

　支給日数の限度は、日雇労働被保険者が失業した日の属する月の前2か月間における印紙保険料の納付状況によって決まります。

●失業の認定は毎日行われる

　日雇労働求職者給付金は、日雇労働者が失業していることにつき認定を受けた日について支給されます。失業の認定は公共職業安定所で日々、その日について行われ、その日の分が支給されることになります。失業の認定を受けるためには、所定の時刻までに安定所に出頭して求職の申込みをする必要があります。ただし、失業の認定を受けようとする日が、安定所が職業紹介を行わない日である場合は、その日の翌日から1か月以内に届け出て失業の認定を受けます。

　支給日額は、次のとおり3種類あります。日雇労働求職者給付金の待期期間は1日だけで2日目以降の不就労日

から給付金が支給されます。

① **第１級給付金（7,500円）**

前２か月間に第１級印紙保険料（176円）が24日分以上納付されている場合

② **第２級給付金（6,200円）**

  ⓐ　前２か月間に第１級印紙保険料と第２級印紙保険料（146円）が合計で24日分以上納付されている場合

  ⓑ　前２か月間に納付された第１級、第２級、第３級（96円）の印紙保険料を第１級から順番に選んだ24日分の印紙保険料の平均額が第２級印紙保険料の額以上である場合

③ **第３級給付金（4,100円）**

  ①、②以外の場合

●特例給付の受給要件は３つある

一方、特例給付については、次の①～③のすべての要件に該当する日雇労働被保険者に支給されます。

① 継続する６か月間につき、印紙保険料が各月11日以上、かつ通算78日分以上貼付（納付）されていること

② ①の期間のうちの最後の５か月間に雇用保険の日雇労働求職者給付金（普通給付または特例給付）の支給を受けていないこと

③ ①の期間に続く２か月間（特例給付の申出日がその２か月間の期間内にあるときはその申出日までの間）に普通給付による日雇労働求職者給付金を受給していないこと

●特例給付の日額

継続する６か月間（算定基礎期間）に対応する各月の該当欄（被保険者手帳）に貼付（納付）された印紙の等級によって、下図のように決まっています。特例給付は算定基礎期間に続く４か月間の失業している日について、通算60日分を限度として支給されます。

特例給付

①	第１級給付金	7,500円	前６か月において第１級印紙保険料が72日分以上納付されている場合
②	第２級給付金 （ⓐまたはⓑの場合）	6,200円	ⓐ　前６か月において第１級印紙保険料と第２級印紙保険料が合計して72日分以上納付されている場合
			ⓑ　納付された第１級、第２級、第３級の印紙保険料を第１級から順に選んだ72日分の印紙保険料の平均額が第２級印紙保険料の額以上である場合
③	第３級給付金	4,100円	①、②以外の場合

資料 1　労災保険の料率

労 災 保 険 率 表

(単位：1／1,000)　　　　　　　　　　　　　　　　　　　　　　　（平成 30 年 4 月 1 日改定）

事業の種類の分類	業種番号	事業の種類	労災保険率
林業	02又は03	林業	60
漁業	11	海面漁業（定置網漁業又は海面魚類養殖業を除く。）	18
	12	定置網漁業又は海面魚類養殖業	38
鉱業	21	金属鉱業、非金属鉱業（石灰石鉱業又はドロマイト鉱業を除く。）又は石炭鉱業	88
	23	石灰石鉱業又はドロマイト鉱業	16
	24	原油又は天然ガス鉱業	2.5
	25	採石業	49
	26	その他の鉱業	26
建設事業	31	水力発電施設、ずい道等新設事業	62
	32	道路新設事業	11
	33	舗装工事業	9
	34	鉄道又は軌道新設事業	9
	35	建築事業（既設建築物設備工事業を除く。）	9.5
	38	既設建築物設備工事業	12
	36	機械装置の組立て又は据付けの事業	6.5
	37	その他の建設事業	15
製造業	41	食料品製造業	6
	42	繊維工業又は繊維製品製造業	4
	44	木材又は木製品製造業	14
	45	パルプ又は紙製造業	6.5
	46	印刷又は製本業	3.5
	47	化学工業	4.5
	48	ガラス又はセメント製造業	6
	66	コンクリート製造業	13
	62	陶磁器製品製造業	18
	49	その他の窯業又は土石製品製造業	26
	50	金属精錬業（非鉄金属精錬業を除く。）	6.5
	51	非鉄金属精錬業	7
	52	金属材料品製造業（鋳物業を除く。）	5.5
	53	鋳物業	16
	54	金属製品製造業又は金属加工業（洋食器、刃物、手工具又は一般金物製造業及びめっき業を除く。）	10
	63	洋食器、刃物、手工具又は一般金物製造業（めっき業を除く。）	6.5
	55	めっき業	7
	56	機械器具製造業（電気機械器具製造業、輸送用機械器具製造業、船舶製造又は修理業及び計量器、光学機械、時計等製造業を除く。）	5
	57	電気機械器具製造業	2.5
	58	輸送用機械器具製造業（船舶製造又は修理業を除く。）	4
	59	船舶製造又は修理業	23
	60	計量器、光学機械、時計等製造業（電気機械器具製造業を除く。）	2.5
	64	貴金属製品、装身具、皮革製品等製造業	3.5
	61	その他の製造業	6.5
運輸業	71	交通運輸事業	4
	72	貨物取扱事業（港湾貨物取扱事業及び港湾荷役業を除く。）	9
	73	港湾貨物取扱事業（港湾荷役業を除く。）	9
	74	港湾荷役業	13
電気、ガス、水道又は熱供給の事業	81	電気、ガス、水道又は熱供給の事業	3
その他の事業	95	農業又は海面漁業以外の漁業	13
	91	清掃、火葬又はと畜の事業	13
	93	ビルメンテナンス業	5.5
	96	倉庫業、警備業、消毒又は害虫駆除の事業又はゴルフ場の事業	6.5
	97	通信業、放送業、新聞業又は出版業	2.5
	98	卸売業・小売業、飲食店又は宿泊業	3
	99	金融業、保険業又は不動産業	2.5
	94	その他の各種事業	3
	90	船舶所有者の事業	47

令和3年3月分（4月納付分）からの健康保険・厚生年金保険の保険料額表

- ・健康保険料率：令和3年3月分〜　適用
- ・介護保険料率：令和3年3月分〜　適用
- ・厚生年金保険料率：平成29年9月分〜　適用
- ・子ども・子育て拠出金率：令和2年4月分〜　適用

（東京都）　　　　　　　　　　　　　　　　　　　　　　　　　　　　　　　　　　　　　　（単位：円）

標準報酬		報酬月額		全国健康保険協会管掌健康保険料				厚生年金保険料（厚生年金基金加入員を除く）	
				介護保険第2号被保険者に該当しない場合		介護保険第2号被保険者に該当する場合		一般、坑内員・船員	
等級	月額			9.84%		11.64%		18.300%※	
				全額	折半額	全額	折半額	全額	折半額
		円以上	円未満						
1	58,000	～	63,000	5,707.2	2,853.6	6,751.2	3,375.6		
2	68,000	63,000 ～	73,000	6,691.2	3,345.6	7,915.2	3,957.6		
3	78,000	73,000 ～	83,000	7,675.2	3,837.6	9,079.2	4,539.6		
4(1)	88,000	83,000 ～	93,000	8,659.2	4,329.6	10,243.2	5,121.6	16,104.00	8,052.00
5(2)	98,000	93,000 ～	101,000	9,643.2	4,821.6	11,407.2	5,703.6	17,934.00	8,967.00
6(3)	104,000	101,000 ～	107,000	10,233.6	5,116.8	12,105.6	6,052.8	19,032.00	9,516.00
7(4)	110,000	107,000 ～	114,000	10,824.0	5,412.0	12,804.0	6,402.0	20,130.00	10,065.00
8(5)	118,000	114,000 ～	122,000	11,611.2	5,805.6	13,735.2	6,867.6	21,594.00	10,797.00
9(6)	126,000	122,000 ～	130,000	12,398.4	6,199.2	14,666.4	7,333.2	23,058.00	11,529.00
10(7)	134,000	130,000 ～	138,000	13,185.6	6,592.8	15,597.6	7,798.8	24,522.00	12,261.00
11(8)	142,000	138,000 ～	146,000	13,972.8	6,986.4	16,528.8	8,264.4	25,986.00	12,993.00
12(9)	150,000	146,000 ～	155,000	14,760.0	7,380.0	17,460.0	8,730.0	27,450.00	13,725.00
13(10)	160,000	155,000 ～	165,000	15,744.0	7,872.0	18,624.0	9,312.0	29,280.00	14,640.00
14(11)	170,000	165,000 ～	175,000	16,728.0	8,364.0	19,788.0	9,894.0	31,110.00	15,555.00
15(12)	180,000	175,000 ～	185,000	17,712.0	8,856.0	20,952.0	10,476.0	32,940.00	16,470.00
16(13)	190,000	185,000 ～	195,000	18,696.0	9,348.0	22,116.0	11,058.0	34,770.00	17,385.00
17(14)	200,000	195,000 ～	210,000	19,680.0	9,840.0	23,280.0	11,640.0	36,600.00	18,300.00
18(15)	220,000	210,000 ～	230,000	21,648.0	10,824.0	25,608.0	12,804.0	40,260.00	20,130.00
19(16)	240,000	230,000 ～	250,000	23,616.0	11,808.0	27,936.0	13,968.0	43,920.00	21,960.00
20(17)	260,000	250,000 ～	270,000	25,584.0	12,792.0	30,264.0	15,132.0	47,580.00	23,790.00
21(18)	280,000	270,000 ～	290,000	27,552.0	13,776.0	32,592.0	16,296.0	51,240.00	25,620.00
22(19)	300,000	290,000 ～	310,000	29,520.0	14,760.0	34,920.0	17,460.0	54,900.00	27,450.00
23(20)	320,000	310,000 ～	330,000	31,488.0	15,744.0	37,248.0	18,624.0	58,560.00	29,280.00
24(21)	340,000	330,000 ～	350,000	33,456.0	16,728.0	39,576.0	19,788.0	62,220.00	31,110.00
25(22)	360,000	350,000 ～	370,000	35,424.0	17,712.0	41,904.0	20,952.0	65,880.00	32,940.00
26(23)	380,000	370,000 ～	395,000	37,392.0	18,696.0	44,232.0	22,116.0	69,540.00	34,770.00
27(24)	410,000	395,000 ～	425,000	40,344.0	20,172.0	47,724.0	23,862.0	75,030.00	37,515.00
28(25)	440,000	425,000 ～	455,000	43,296.0	21,648.0	51,216.0	25,608.0	80,520.00	40,260.00
29(26)	470,000	455,000 ～	485,000	46,248.0	23,124.0	54,708.0	27,354.0	86,010.00	43,005.00
30(27)	500,000	485,000 ～	515,000	49,200.0	24,600.0	58,200.0	29,100.0	91,500.00	45,750.00
31(28)	530,000	515,000 ～	545,000	52,152.0	26,076.0	61,692.0	30,846.0	96,990.00	48,495.00
32(29)	560,000	545,000 ～	575,000	55,104.0	27,552.0	65,184.0	32,592.0	102,480.00	51,240.00
33(30)	590,000	575,000 ～	605,000	58,056.0	29,028.0	68,676.0	34,338.0	107,970.00	53,985.00
34(31)	620,000	605,000 ～	635,000	61,008.0	30,504.0	72,168.0	36,084.0	113,460.00	56,730.00
35(32)	650,000	635,000 ～	665,000	63,960.0	31,980.0	75,660.0	37,830.0	118,950.00	59,475.00
36	680,000	665,000 ～	695,000	66,912.0	33,456.0	79,152.0	39,576.0		
37	710,000	695,000 ～	730,000	69,864.0	34,932.0	82,644.0	41,322.0		
38	750,000	730,000 ～	770,000	73,800.0	36,900.0	87,300.0	43,650.0		
39	790,000	770,000 ～	810,000	77,736.0	38,868.0	91,956.0	45,978.0		
40	830,000	810,000 ～	855,000	81,672.0	40,836.0	96,612.0	48,306.0		
41	880,000	855,000 ～	905,000	86,592.0	43,296.0	102,432.0	51,216.0		
42	930,000	905,000 ～	955,000	91,512.0	45,756.0	108,252.0	54,126.0		
43	980,000	955,000 ～	1,005,000	96,432.0	48,216.0	114,072.0	57,036.0		
44	1,030,000	1,005,000 ～	1,055,000	101,352.0	50,676.0	119,892.0	59,946.0		
45	1,090,000	1,055,000 ～	1,115,000	107,256.0	53,628.0	126,876.0	63,438.0		
46	1,150,000	1,115,000 ～	1,175,000	113,160.0	56,580.0	133,860.0	66,930.0		
47	1,210,000	1,175,000 ～	1,235,000	119,064.0	59,532.0	140,844.0	70,422.0		
48	1,270,000	1,235,000 ～	1,295,000	124,968.0	62,484.0	147,828.0	73,914.0		
49	1,330,000	1,295,000 ～	1,355,000	130,872.0	65,436.0	154,812.0	77,406.0		
50	1,390,000	1,355,000 ～		136,776.0	68,388.0	161,796.0	80,898.0		

◆介護保険第2号被保険者は、40歳から64歳までの方であり、健康保険料率（9.84%）に介護保険料率（1.80%）が加わります。
◆等級欄の（）内の数字は、厚生年金保険の標準報酬月額等級です。
　4(1)等級の「報酬月額」欄は、厚生年金保険の場合「93,000円未満」と読み替えてください。
　35(32)等級の「報酬月額」欄は、厚生年金保険の場合「635,000円以上」と読み替えてください。
◆令和3年度における全国健康保険協会の任意継続被保険者について、標準報酬月額の上限は、300,000円です。

※厚生年金基金に加入している方の厚生年金保険料率は、基金ごとに定められている免除保険料率（2.4%〜5.0%）を控除した率となります。

加入する基金ごとに異なりますので、免除保険料率および厚生年金基金の掛金については、加入する厚生年金基金にお問い合わせください。

○被保険者負担分（表の折半額の欄）に円未満の端数がある場合
　①事業主が、給与から被保険者負担分を控除する場合、被保険者負担分の端数が50銭以下の場合は切り捨て、50銭を超える場合は切り上げて1円となります。
　②被保険者が、被保険者負担分を事業主へ現金で支払う場合、被保険者負担分の端数が50銭未満の場合は切り捨て、50銭以上の場合は切り上げて1円となります。
　（注）①、②にかかわらず、事業主と被保険者間で特約がある場合には、特約に基づき端数処理をすることができます。
○納入告知書の保険料額
　納入告知書の保険料額は、被保険者個々の保険料額を合算した金額になります。ただし、合算した金額に円未満の端数がある場合は、その端数を切り捨てた額となります。
○賞与にかかる保険料額
　賞与に係る保険料額は、賞与額から1,000円未満の端数を切り捨てた額（標準賞与額）に、保険料率を乗じた額となります。
　また、標準賞与額の上限は、健康保険は年間573万円（毎年4月1日から翌年3月31日までの累計額。）となり、厚生年金保険と子ども・子育て拠出金の場合は月額150万円となります。
○子ども・子育て拠出金
　事業主の方は、児童手当の支給に要する費用等の一部として、子ども・子育て拠出金を負担いただくことになります。（被保険者の負担はありません。）
　この子ども・子育て拠出金の額は、被保険者個々の厚生年金保険の標準報酬月額および標準賞与額に、拠出金率（0.36%）を乗じて得た額の総額となります。

資料

索　引

あ

育児休業	224
遺族補償一時金	208
遺族補償年金	194、208
一元適用事業	12
逸脱	177
iDeCo	50
医療費の自己負担限度額	43

か

介護医療院	120
介護休業	224
介護認定審査会	92、129
介護保険審査会	129
介護予防・日常生活支援総合事業	75
寡婦年金	169
企業年金	150
寄宿手当	227
基本手当	223
基本手当日額	214、215
求償	198
求職活動支援費	231
求職者給付	210
給付基礎日額	182
給付制限	223
教育訓練給付	210
教育訓練支援給付金	233
強制適用事業所	20
業務の過重性の評価項目	203
繰上げ・繰下げ	140
ケアマネジャー	85
経過的寡婦加算	167
継続事業	12
慶弔金	24
健康保険・厚生年金保険の保険料額表	237
健康保険組合	38

高額介護サービス費	108
控除	198
公的保険	10
高年齢雇用継続給付	225
高年齢被保険者	212
高齢任意加入	152
国民年金基金	148
個人型年金	150
雇用継続給付	210
雇用保険二事業	211
雇用保険料	18

さ

再雇用	30
再就職手当	228
在職老齢年金	144
暫定任意適用事業	173
資格取得時決定	26
資格取得届	31
資格喪失届	31
指定事業者	102
社会復帰促進等事業	179
社会保険	20
就業手当	230
就職促進給付	210
重要事項説明書	130
出産による保険料免除	134
ショートステイ	104
障害手当金	158
障害等級	155
障害年金の支給停止	160
障害年金の失権	160
傷病手当	219
傷病等級表	187
賞与	24
職業訓練	226

心理的負荷による精神障害の認定基準	204
心理的負荷の強度についての強・中・弱の区分	207
随時改定	27
全国健康保険協会	38
選定療養	47
増加概算保険料	17

た

第1号被保険者	76
第1種特別加入者	174
待期期間	222
第三者行為災害届	199
第三者行為による傷病届	69
第3種特別加入者	174
退職金	24
第2号被保険者	77
第2種特別加入者	175
短期雇用特例被保険者	212
短時間労働者	22
中高齢寡婦加算	166
中断	177
通勤災害	176
通勤手当	24
定時決定	26
適用事業所	211
電子申請	36
同日得喪	30
特定疾病	77
特別加入	174
特別加入保険料	19
特別支給の老齢厚生年金	138
特別養護老人ホーム	118
特例給付	235
特例任意加入	152

な

二元適用事業	13

任意適用事業所	20
認知症高齢者の日常生活自立度	99
認定調査票	86
年金分割	146
年金保険料の支払猶予制度	134
年金保険料の追納制度	135
年金保険料の免除制度	134
年度更新	16

は

働き方改革	22
日雇労働被保険者	18、212
評価療養	47
報酬月額	28
報酬比例部分	139
保険医療機関	40
ホテルコスト	107

ま、や、ら、わ

前払一時金	188
メリット制	197
メンタルヘルス疾患	206
有期事業	12
要介護認定	82
要介護認定等基準時間	98
離職票	222
療養費	41
労災認定の申請手続き	197
労災保険料率表	236
老人保健施設	118
労働保険	11
労働保険事務組合	14
労働保険料	14、16

索引

【監修者紹介】

森島 大吾（もりしま だいご）

1986年生まれ。三重県出身。社会保険労務士、中小企業診断士。三重大学大学院卒業。観光業で人事労務に従事後、介護施設で人事労務から経営企画、経理まで幅広い業務に従事する。2020年1月に「いちい経営事務所」を開設。会社員時代には、従業員の上司には言えない悩みや提案を聞くことが多く、開業してからも経営者の悩みに共感し寄り添うことをモットーに、ネガティブな感情をポジティブな感情に動かす『感動サービス』の提供を行っている。人事労務から経理まで多岐にわたる業務に従事していた経験と中小企業診断士の知識を活かして、給与計算代行や労働保険・社会保険の手続き代行だけでなく、経営戦略に寄与する人事戦略・労務戦略の立案も行い、ヒト・モノ・カネの最大化に向けたサポートをしている。
監修書に、『入門図解 テレワーク・副業兼業の法律と導入手続き実践マニュアル』『入門図解 高年齢者雇用安定法の知識』『入門図解 危機に備えるための 解雇・退職・休業・助成金の法律と手続き』『失業等給付・職業訓練・生活保護・給付金のしくみと手続き』『図解で早わかり最新 医療保険・年金・介護保険のしくみ』『株式会社の変更登記と手続き実務マニュアル』『最新 親の入院・介護・財産管理・遺言の法律入門』（小社刊）がある。

図解
最新 社会保険・労働保険の基本と手続きがわかる事典

2021年5月30日　第1刷発行

監修者	森島大吾
発行者	前田俊秀
発行所	株式会社三修社
	〒150-0001　東京都渋谷区神宮前2-2-22
	TEL　03-3405-4511　FAX　03-3405-4522
	振替　00190-9-72758
	https://www.sanshusha.co.jp
	編集担当　北村英治
印刷所	萩原印刷株式会社
製本所	牧製本印刷株式会社

©2021 D. Morishima Printed in Japan
ISBN978-4-384-04867-4 C2032